신앙 예화153

오늘의 만나, 3분 묵상집

신앙 예화
153

· 강형선 엮음 ·

좋은땅

프롤로그(Prologue)

① 오늘(today)

일 년 중 아무것도 할 수 없는 날은 단 두 날이다.

하나는 '어제'이고, 하나는 '내일'.

그래서 사람들은 사랑하며 믿고 살기에 가장 좋은 날은 '오늘(today)'뿐이라고 이야기한다.

'오늘'은 잘게 나누어진 '지금(now)'이 모인 것이므로 결국 우리의 유일한 시간 자산은 '지금'밖에 없다. (Only possession is Now)

'지금', '이 순간'이 가장 소중하다.

1980년대 미국 경제계의 신화를 이룬 코카콜라(Coca-Cola)의 로베르토 고이주에타(Roberto Goizueta) 회장은

"어제는 지나간 역사였습니다. 내일은 알 수 없는 미스터리(mystery)입니다. 그러므로 현재는 우리의 인생에서 가장 소중한 것입니다. 그래서 사람들은 '현재(present)'를 가리켜 인생에서 가질 수 있는 가장 소중한 '선물(present)'이라고 부르는 것인지도 모르겠습니다."라고 말했다.

어느 책에도 '그대가 헛되이 보낸 오늘은 어제 죽어간 이들이 그렇게 살고 싶어 했던 내일'이라는 말이 나온다.

② 만나(Manna)

하나님은 우리에게 '오늘'을 주시면서 오늘의 '먹을거리'도 같이 주셨다. 지금부터 약 3,500년 전, 백만 명이 넘는 이스라엘 민족은 하나님의 선민이었음에도 무려 400년째 대를 이어 애굽(Egypt)의 노예로 고통스러운 삶을 살고 있었다. 매일 울리는 그들의 고통 소리는 마침내 하늘에 닿았고 기약이 이르매 하나님께서는 지도자 모세(Moses)를 세워 백성들을 애굽에서 탈출시켰다.

그러나 그들을 맞이한 땅은 젖과 꿀이 흐르는 약속의 가나안(Canaan) 땅이 아닌 메마르고 건조한 중동지방의 광야였다. 먹을 것이 없었던 광야에서 그들은 무려 40년간 방황했다. 방황하는 그들에게 하나님은 반석에서 생수를 터지게 하는 기적을 베풀어 목마름을 해갈시키고 매일 아침 하늘에서 '오늘의 만나(Manna)'를 눈처럼 내려 주셨다. 그들은 이렇게 주린 배를 채웠다. 실로 상상하기 어렵고 놀라운 기적이었다. 만나는 그들에게 유일한 밥(主食)이었고 요리할 수 없는 광야에서 하나님은 가장 간편하면서도 가장 위엄있는 기적의 방법으로 그들을 보살피셨다.

살기 위해서 반드시 먹어야 했던 만나(Manna).

그 후 3,500년이 지난 21세기의 오늘도 반드시 먹어야 살 수 있는 인간의 생존 방식은 전혀 바뀌지 않았다. 다만 지금은 어떤 것을 먹어야 할까를 고민할 정도로 먹거리의 풍요에 젖어 살고 있다. 그러나 우리의 관심은 지난날 광야의 기적과 풍요한 오늘의 먹거리에만 머물러서는 안 된다. 그 시절 만나를 내리신 하나님께서 이스라엘 민족에게 주지시키고자 하신 중요한 말씀을 우리는 알아야 한다.

"사람이 떡으로만 사는 것이 아니요" [신명기 8:3]

곰곰이 생각해 보라. 좋은 것으로 배를 부르게 채운다고 사람이 잘 사는 것일까? 이미 그 당시에도 사람은 떡으로만 살 수 있는 존재가 아니라는 것을 알고 있었다.

배고픔의 신호는 몸(flesh)에서만 보내지 않는다. 몸이 보내는 배고픔의 신호와 무관하게 우리의 정신세계에 수신되는 또 다른 신호가 있다. 그것은 영혼(soul)의 배고픔이다.

영혼의 배고픔은 이렇게 채울 수 있을까?

③ 3분(three minutes)

영혼의 양식 메뉴가 무엇이 되었든 간에 일단 배고픔을 해결하기 위한 필요 시간 중, '3분'은 어떤 이에게는 충분히 긴 시간이기도 하고 다른 이에게는 반대로 짧은 시간이기도 하다.

어느 기자가 아인슈타인(Albert Einstein, 1879~1955) 박사에게 물었다고 한다.
"상대성이론(相對性理論)이 무엇입니까?"
아인슈타인은 웃으면서 답했다.

"사랑하는 젊은 남녀가 함께 있으면 1시간도 1분 같고, 뜨거운 난로 위에 앉아 있는 사람은 1분이 1시간같이 느껴지는 이론입니다."

이처럼 주의 말씀을 사모하는 이에게는 3분이 빠르게 지나가 버리지만 세상 사람들에게는 말씀을 읽는 3분도 지루할 수 있다.

그러므로 각자 형편에 따라 하루 3분이라도 잘 활용하면 신앙의 근육을 단련하는 데 유익한 영혼의 비타민이 될 수 있는 반면, 형식과 습관에 얽매이면 버려진 휴지 조각같이 무익한 시간이 되어 버릴 것이다.

④ 묵상(meditation)

묵상은 말뜻 그대로 세상의 잡념에서 벗어나 아무런 왜곡이 없는 순수한 마음 상태로 돌아가는 것이다. 어떤 이는 현실에서 초월(transcendence)하는 것이라고도 한다.
내 마음의 넓이와 무게를 달아 보는 시간이면서 내 삶의 무게중심이 어디에 있는가를 살펴보는 시간이다. 그러므로 묵상 속의 기도는 내 영혼의 호흡과 같은 것이다. 질식하지 않기 위해 숨을 쉬어야 하는 것과 같은 것이다.

> "너희는 귀를 기울이고 내게로 와서 들으라. 그리하면 너희의 영혼이 살리라" [이사야 55:3]

'오늘의 만나, 3분 묵상'은 갈수록 하나님의 말씀이 소홀해지는 세상 속에서 말씀에 의지하여 삶의 힘과 즐거움을 얻고자 하는 간식과 같은 것이다. 그래서 유익하고 재미가 있어야 하지만 읽은 이에 따라서 내용이 빈약하게 느껴질 수도 있다. 이 문제는 후일 누군가에 의해 더 좋은 양질의 만나로 보충될 것이다.

아무쪼록 토막글들이 모인 '신앙 예화 153'이 읽는 이로 하여금 조금이라도 영혼을 풍성케 하고 시간과 물질을 아우르며 시공간을 초월하는 은혜의 종합 선물 세트가 되었으면 하는 것이 바람이다.

> "나의 반석이시요, 나의 구속자이신 여호와여, 내 입의 말과 마음의 묵상이 주님 앞에 열납되기를 원하나이다." [시편 19:14]

엮은이

차례

제3장   그리스도인의 아름다운 인생(beautiful life)

제6장 그리스도인, 세상의 빛(light)과 소금(salt)

제11장　　**하나님의 선물, 지혜의 삶**

제12장 행복한 가정, 작은 천국

제1장

❖

그리스도인 최고의 품격,
감사(thanks)

1.
감사로 생각을 바꾸면 나타나는 기적

어느 날 장미꽃이 이렇게 불평하며 말했다.

"하나님! 왜 저에게 가시를 주셔서 저를 이렇게 힘들게 하시나이까?"

이렇게 말하자 하나님께서 대답하셨다.

"나는 너에게 가시를 준 적이 없다. 본래 가시나무였던 너에게 아름다운 장미꽃을 주었다."

세상의 모든 사람은 죄인으로 태어났다. 그러나 하나님은 우리를 하나님의 자녀로 바꾸셨다. 세상에 이보다 더 큰 기적은 없다. 그러므로 '감사'는 우리의 본질이다. 감추어진 하나님의 선물이다.

어느 마을 다리 밑에 노숙자 두 사람이 살고 있었다. 그 다리 입구 쪽에는 기념 비석이 세워져 있었는데 비석에는 다리를 세우기 위해 기부한 사람들의 이름이 새겨져 있었다. 한 노숙자는 그 기념 비석에 침을 뱉으며 언제나 욕을 해 댔다.

"에이, 양심도 없는 놈들! 돈 좀 있다고 생색내기는."

그러나 다른 한 노숙자는 늘 이렇게 말했다.

"참 고마운 사람들 아닌가. 그들이 다리를 만들어 준 덕분에 많은 사람이 강을 건너갈 수 있고 덕분에 우리가 다리 아래서 비도 피할 수 있고 말일세. 나도 언젠가 이 사람들처럼 좋은 일을 할 수 있다면 좋을 텐데 말이야."

그로부터 30년이 지난 후 그 다리 옆에 더 큰 새 다리가 세워졌다. 그리고 기념 비석에 새겨진 이름 중에는 늘 고마운 마음을 가졌던 그 노숙자의 이름도 들어 있었다. 그는 노숙자 생활을 하는 동안 버려진 고철을 열심히 주워 모아 돈을 모았고 마침내는 철물점을 경영하는 부자가 되었던 것이다. 그러나 침을 뱉으며 항상 욕을 했던 다른 노숙자는 여전히 그 다리 밑에 살면서 세상을 탓하며 살고 있었다.

사람은 같은 상황을 두고 불평을 선택할 수도 있고 감사한 마음을 선택할 수도 있다. 그런데 불평하는 사람은 언제나 불평하고 감사하는 사람은 언제나 감사한다. 내 삶에 안된 것, 못된 것, 안 좋은 것에 우리의 시선을 고정하면 "왜 이렇습니까?"라고 늘 불평할 수밖에 없다. 불평과 감사 모두는 우리가 살아가면서 형성된 습관이고 개인의 인격이다.

"범사에 감사하라 이것이 그리스도 예수 안에서 너희를 향하신 하나님의 뜻이니라" [데살로니가전서 5:18]

2.
은혜(grace)

1918년, 미국의 미네소타주 보베이(Bovey)라는 작은 마을의 탄광촌에서 사진관을 운영하는 에릭 엔스트롬(Eric Enstrom, 1875~1968)이라는 사람이 있었다.

어느 날, 사진관으로 야윈 얼굴에 백발인 한 노인이 세상사에 지친 모습으로 보잘것없는 신발 털개를 팔러 들어왔다.

이 노인의 이름은 찰스 윌덴(Charles Wilden).

초라한 모습의 노인은 물건을 팔기보다는 잠깐 쉬어 가기를 요청했다. 그리고 몹시 시장했던지 미안하지만 차 한 잔만 얻어 마실 수 있느냐고 부탁하자 에릭은 마침 남아 있던 빵과 수프를 조금 주었다. 그러자 노인은 테이블에 앉아 소박한 빵과 수프를 앞에 두고 감사 기도를 드렸다.

에릭은 그 모습을 보는 순간 큰 감동과 전율을 느꼈다. 작은 것에도 감사 기도를 드리는 초라한 그 노인이 아름답게 보였다.

"이 노인은 세상의 것들을 많이 갖지는 못했지만, 다른 사람들보다 더 많은 것을 가졌구나. 그는 감사할 줄 아는 마음을 가졌으니까."

비록 그 노인은 가난하고 삶에 지친 모습이었지만 그의 소박한 감사 기도 속에서 그가 마음이 부유한 사람임을 깨닫게 되었다. 에릭은 그 순간 노인의 모습을 사진으로 찍었다. 그리고 나중에 이 노인의 기도하는 모습을 사진으로 본 딸, 로다(Rhoda)도 감동을 받게 되었다. 그래서 로다는 이 사진을 유화로 그렸다.

"감사는 모든 것을 이기는 힘이다."

식탁에서 감사 기도를 드리는 노인의 모습을 그린 유화 작품은 '은혜(The Grace)'라는 이름으로 조금씩 알려지게 되었고 지금은 전 세계에 널리 알려진 유명 작품이 되었다. 사진사 에릭은 이 사진을 통해 당시 제1차 세계대전으로 인해 고통받고 있는 많은 사람에게 아직 감사할 것이 많이 남아 있다는 것을 보여 주고 싶었다고 했다.

오직 감사, 절대 감사, 무한 감사, 전천후 감사, 역설의 감사, 초월적 감사, 평생 감사, 즉각 감사, 불멸의 감사 등은 하나님이 인간에게 주신 은혜에 대한 인간의 반응이다.

3.
불합격도 감사합니다

직원들에게 대우가 좋기로 소문난 한 외국계 기업에서 신입사원을 채용하고자 1, 2차 필기시험과 면접을 거친 후 다섯 명의 최종 지원자가 남았다. 담당자가 이들 다섯 명에게 3일 이내에 최종 결과를 알려 줄 것이라고 통보했다.

지원자들은 초조한 심정으로 결과를 기다리고 있었다. 다섯 명 중, 한 여성 지원자는 며칠 후 회사로부터 다음과 같은 내용의 E-Mail을 받게 되었다.

"귀하께서 우리 회사에 지원해 주셔서 감사합니다. 그러나 안타깝게도 귀하는 이번에 우리 회사에 채용되지 않았습니다. 회사가 채용할 인원이 제한되어 있어서 귀하처럼 재능 있고 뛰어난 인재를 모시지 못하게 된 점을 매우 애석하게 생각합니다."

그녀는 마음이 아팠지만, 한편으로는 E-Mail에 담긴 위로의 내용에 고마운 마음이 들었다. 그래서 아래와 같은 짧은 감사의 응답 메일을 회사로 보냈다.

"앞으로 귀사의 하시는 모든 일들이 잘되시기를 바랍니다. 귀사의 일취월장과 무궁한 발전을 기원하며 감사의 마음을 간직하겠습니다."

그로부터 3일째 되던 날, 그녀는 뜻밖에도 회사로부터 최종 합격했다는 전화를 받게 되었다. 어리둥절하던 그녀가 나중에 알고 보니 그녀가 받았던 불합격 통지 E-Mail은 회사가 마련한 채용 시험의 마지막 시험 문제였던 것이다. 다섯 명의 지원자 모두가 그녀와 똑같은 불합격 통지 메일을 받았지만, 회사에 감사 메일을 보낸 사람은 오직 그녀 한 사람뿐이었던 것이다. 회사는 불합격 통보에도 감사한 마음을 전한 그녀를 최종 합격자로 채용했던 것이다.

살아가면서 어떠한 상황에서도, 아무리 불리하고 불행한 처지에 놓였을 때라도 감사할 줄 아는 사람이 인정과 선택을 받게 된다는 사례이다.

옛날에 임금이 나라의 관리를 뽑을 때 평가의 기준으로 '용모(容貌)', '언변(言辯)', '글씨(筆體)', '판단력(判斷力)' 4가지를 보았다고 한다. '신언서판(身言書判)'이라는 말이다. 하지만, 현대는 여기에 '감사할 줄 아는 마음'을 평가의 기준으로 더하기도 한다.

4.
만델라의 전적(全的) 감사

넬슨 만델라(Nelson Mandela, 1918~2013)는 남아프리카 공화국에서 평등 선거 실시 후 뽑힌 세계 최초의 흑인 대통령이다. 그는 대통령으로 당선되기 전에 아프리카 민족회의(ANC)의 지도자로서 남아공 옛 백인 정권의 인종차별에 맞선 투쟁을 지도했다. 이로 인하여 44세인, 1962년 반역죄로 체포되었고 무기징역을 선고받아 무려 27년 동안 감옥 생활을 했다. 그리고 1990년 2월 출소했다. 1993년에 노벨평화상을 수상했으며 1994년 실시된 선거에서 대통령으로 당선되었다. 그는 대통령 취임 후 진실과 화해 위원회(TRC)를 결성하여 용서와 화해를 강조하는 과거사 청산을 시행했다.

그가 긴 감옥 생활을 하는 동안 대다수 사람은 "만델라가 분노와 좌절 속에서 감옥 안에서 자살할 것이다, 건강이 극도로 악화하여서 생명을 포기하게 될 것이다." 이렇게 예상했다고 한다. 그러나 27년이 지나 71세가 되었음에도 그는 너무나 씩씩하고 건강하게 출소하였다. 많은 사람이 찾아가서 물었다.

"어떻게 이렇게 건강을 유지했습니까?"

그러자 만델라는 다음과 같이 말했다.

"나는 감옥에서 하나님께 늘 감사했어요. 하늘을 보고 감사했고,
땅을 보고 감사했고, 물을 마시면서도 감사했어요. 강제 노동을 할
때도 늘 감사했기 때문에 제가 건강을 유지할 수 있었습니다."

별빛에 감사하는 자에게
달빛을 주시고,
달빛에 감사하는 자에게
햇빛을 주시고,
햇빛에 감사하는 자에게
영원히 지지 않는
주님의 은혜의 빛을 주신다.

찰스 스펄전

넬슨 만델라(Nelson Rolihlahla Mandela, 1918~2013)

5.
행복의 비결

한 소녀가 산길을 걷다가 나비 한 마리가 거미줄에 걸려 바둥거리는 것을 보게 되었다. 소녀는 가시덤불을 제치고 들어가서 나비를 구해서 훨훨 날려 보내 주었다. 하지만 소녀의 팔과 다리는 가시에 찔려서 피를 흘리고 말았다.

그때 멀리 날아간 줄 알았던 나비가 순식간에 천사가 되어서 소녀에게 다가와 자기 자신을 구해 주어서 정말 고맙다고 인사를 했다. 그리고 소원 한 가지를 들어주겠다고 말했다. 그러자 소녀는 이렇게 말했다.

"이 세상에서 가장 행복한 사람이 되게 해 주세요."

그러자 천사는 소녀의 귀에 무슨 말인가를 속삭이고는 사라져 버렸다. 이 소녀는 자라서 어느덧 성년이 되었고 결혼해서 엄마가 되었고 나이가 들어서 할머니가 되었다. 그리고 자신이 소원했던 너무나도 행복한 인생을 살게 되었다. 동네 사람들은 할머니를 '행복의 할머니'로 불렀다.

세월이 흘러서 마침내 죽음을 눈앞에 둔 시간에 할머니에게 많은 사람이 찾아와서 물었다.

"할머니, 그렇게 행복하게 살았던 비결이 무엇입니까?"
그러자 할머니는 자신의 소녀 시절을 이야기해 주었다.

"내가 소녀였을 때 수풀 속 거미줄에 걸린 나비를 구해 준 적이 있단다. 그런데 그 나비가 갑자기 천사가 되어서 나에게 찾아와 고맙다며 소원이 무엇이냐고 물었단다. 그때 내가 말했지. 평생토록 행복한 삶을 살고 싶다고.
그때 그 천사가 알았다며 내 귀에 대고 이렇게 말해 주었단다.

'무슨 일을 당하든지 항상 감사하다고 말하세요.'

그래서 나는 천사의 말대로 평생 감사하다고 말하면서 살았단다. 그랬더니 정말로 가장 행복한 사람이 되었단다."

사람은 행복해서 감사하다고 말하지만, 사실은 감사하기 때문에 행복해질 수 있는 것이다.

6.
남은 것으로 감사하기

감사 잘하기로 유명한 할아버지 한 분이 계셨다. 할아버지의 입에서는 "감사합니다"가 끊이지 않았다. 한번은 할아버지가 시장에서 고기 한 근을 사서 돌아오다가 그만 넘어져 고기를 땅에 떨어뜨려 버리고 말았다.

그때 지나가던 개 한 마리가 냉큼 고기를 물고 달아나 버렸다. 그런데도 할아버지는 "하나님, 감사합니다!"라고 큰 소리로 외쳤다.

옆에서 지켜보던 젊은이가 이해할 수 없다는 듯 물었다.

"할아버지, 왜 감사하십니까?"
할아버지가 대답했다.

"아, 이 사람아, 고기는 잃어버렸지만 내 입맛은 그대로 남아 있지 않은가?"

스포츠 분야와 비즈니스에서 큰 성과를 남긴 사람들의 특성을 연구하여 심리학 박사학위를 취득한 찰스 가필드 박사는 자기 삶에 큰 업적을

내고 세상을 변화시킨 위대한 사람들에게는 공통적인 특징이 있다고
했다.

그것은 상황이 아무리 어렵게 진행되고 제아무리 큰 곤욕을 치른다고
해도 그들은 언제나 할 수 있다는 '긍정적인 생각'을 한다는 것이다.

'긍정적인 생각'은 그리스도인의 신앙생활의 핵심 요소이다. 그리스도
인에게 있어서 자신을 변화시키고 성장시킬 수 있는 원천은 바로 긍정적
인 생각에서 온다. 우리 앞에 다가와 있는 목표나 문제들이 크든지 작든
지 늘 긍정과 감사함으로 바라볼 때 하나님께서는 좋은 열매로 우리를 인
도하신다.

7.
세계 7대 불가사의

　오랫동안 살던 동네를 떠나 다른 곳으로 이사를 하게 된 어느 부부가 있었다. 그들에게는 초등학생 딸 안나(Anna)가 있었다. 안나를 새 학교에 전학시켜 준 첫날, 안나가 학교에서 벌인 행동에 부모님은 할 말을 잃고 말았다.

　안나는 그날 학교에서 있었던 일을 부모님께 이야기했다. 사회 시간에 '세계 7대 불가사의'에 대한 시험을 보았다고 했다. 안나를 뺀 나머지 아이들은 이미 배운 내용이었기에 모두가 바쁘게 답을 써 내려가기 시작했지만 배우지 않았던 안나는 난감한 표정을 짓고 있었다. 선생님이 다가와 물었다.

　"안나, 걱정하지 말고 생각나는 것을 쓰면 된단다."

　시험이 끝나자 선생님은 정답을 공개했다. 학생 대부분이 정답을 맞힌 듯했다.

　1. 이집트의 쿠푸왕 피라미드, 2. 페루의 잉카 유적지 마추픽추, 3. 중국의 만리장성, 4. 인도의 타지마할 사원, 5. 로마의 콜로세

움, 6. 요르단의 고대도시 페트라, 7. 이탈리아의 피사의 사탑

이는 2010년에 세계 7대 불가사의로 발표된 것이었다. 그러자 안나의 엄마는 배운 적이 없는 안나가 어떻게 썼을지 걱정이 되어 물었다.

"넌 어떻게 썼니?"

"선생님이 그냥 아는 것을 쓰라고 하셔서 전 이렇게 썼어요."

안나가 쓴 세계 7대 불가사의는 "1. 볼 수 있는 것, 2. 들을 수 있는 것, 3. 말할 수 있는 것, 4. 느낄 수 있는 것, 5. 웃을 수 있는 것, 6. 생각할 수 있는 것, 7. 사랑할 수 있는 것"이었다.

안나가 들려준 이야기에 부모님은 눈물을 글썽이며 말을 잇지 못했다. 그러면서 부모인 자신들조차도 이미 가지고 있는 것들이 얼마나 소중한지 그동안 잊고 있었음을 새삼 알게 되었다. 정말 하나님이 아무 대가 없이 주신 이 모든 것들이 진정한 불가사의였음을 깊이 깨달았다.

중국 속담에도 "기적은 하늘을 날거나 바다 위를 걷는 것이 아니라 땅에서 걸어 다니는 것이다"라는 말이 있다. 감사는 기적을 만드는 첫걸음으로, 오늘의 감사는 내일의 기적을 만들 수 있다.

"미래에 대한 하나님의 주권을 인정하라.
지금 하나님께 드리는 뜨거운 감사가
우리의 미래를 결정할 것이다."

"감사는 행복의 연습이고,
불평은 불행의 연습이다."

8.
불평 나라, 감사 나라

불평만 일삼는 불평 나라의 한 젊은이가 감사 나라로 유학을 가게 되었다. 불평 나라 사람들은 그 젊은이를 향해 외쳤다.

"제발 감사를 꼭 배워서 우리에게도 감사를 가르쳐 주세요."

젊은이는 감사 나라에서 열심히 공부하여 감사 박사학위를 따게 되었다. 이젠 더 이상 감사에 대해 배울 것이 없을 정도로 유식해진 그는 자랑스럽게 자기 나라로 돌아오게 되었다.

기대에 부푼 많은 사람들이 그 젊은이를 마중하기 위해 모였다. 감사 전문가가 되었을 그의 이야기를 듣기 위해 인터뷰 시간을 준비했고, 사람들은 기대에 찬 표정으로 그의 소감을 기다렸다.

젊은이가 드디어 입을 열었다.

"감사 나라는 감사밖에는 배울 것이 없었습니다. 전 감사만 징그럽게 배우다 왔습니다. 감사… 솔직히 이젠 지겹고 짜증만 납니다."

한편, 감사 나라의 한 젊은이가 불평 나라로 유학을 가게 되었다. 그 역시 많은 사람들의 기대를 받으며 떠났다. 감사 나라 사람들은 손을 흔들며 말했다.

"어떻게든 불평 나라 사람들의 문화와 풍습, 역사를 배워서 그들과 더 화목하게 여러 면으로 교류할 수 있게 해 주세요."

젊은이는 열심히 공부하여 불평 박사학위를 땄다.

불평 나라에 대해 잘 알게 된 그는 드디어 귀국하게 되었다. 가족을 비롯한 여러 사람은 그가 불평 나라에 대해 어떤 것을 배워 왔는지 궁금해했다. 그를 위해 마련된 단상에 오른 젊은이는 이렇게 연설을 시작했다.

"감사할 줄 아는 게 얼마나 감사한 일인지 배웠습니다. 그 중요한 진리를 가르쳐 준 불평 나라 사람들에게 진심으로 감사합니다."

감사를 드리기 위해서는 성공이니 합격, 승진 등 특별한 감사 제목이 있어야만 감사한다고 생각하기 쉽다. 그러나 하나님은 우리가 처한 모든 상황 즉, 범사에 다 감사하라고 말씀하신다. 이는 어떤 상황에서도 감사의 제목을 찾아 계속 감사를 드리면 더욱 감사할 일이 생기기 때문이다.

사탄은 끊임없이 염려와 두려움, 미움과 시기, 질투, 다툼과 짜증 등 우리의 마음 밭에 불평의 씨앗을 심으려고 한다. 그럴 때 우리는 사탄의 계략을 알아채서 빨리 감사의 씨앗으로 바꾸어 심도록 하여야 한다.

감사는 깨닫는 만큼 감사할 수 있고, 행복은 감사하는 만큼 행복할 수 있다. 행복은 감사의 문을 통해서만 들어온다.

심장이 박동하면 자연스럽게 피가 흐르고 온몸이 건강해지듯, 감사가 박동하면 자연스럽게 우리의 인생에 건강의 피가 흐르게 된다.

> "그리스도인의 현재의 고난, 아픔 상처들과 인생의 수많은 조각
> 들은 버릴 것이 하나도 없다. 이 모든 것이 합력하여 선을 이룰 것
> 이다." [로마서 8:28]

미래에 대한 하나님의 주권을 인정하라.
지금 하나님께 드리는 뜨거운 감사가 우리의 미래를 결정할 것이다.

> "아무것도 염려하지 말고 다만 모든 일에 기도와 간구로, 너희 구
> 할 것을 감사함으로 하나님께 아뢰라. 그리하면 모든 지각에 뛰어
> 난 하나님의 평강이 그리스도 예수 안에서 너희 마음과 생각을 지
> 키시리라." [빌립보서 4:6~7]

9.
지혜로운 감사

멕시코의 어느 마을에 아주 진귀한 현상이 일어났다고 한다. 한쪽에서는 뜨거운 온천수가 솟아나고 바로 옆에서는 얼음물 같은 냉수가 솟아나는 굉장히 진귀한 일이 벌어졌다.

너무나 특이한 일들에 소문이 빠르게 나서 많은 관광객들이 그곳으로 몰리기 시작했다.

동네 아낙들이 뜨거운 온천수에 빨래하는 모습이 눈에 들어왔다. 빨래를 뜨거운 온천물에 삶듯이 담갔다가 바로 옆에 차가운 물에 헹구는 이런 모습을 보고 사람들은 감탄하였다.

어떤 사람이 여행 가이드에게 말했다.

"정말 좋겠습니다. 뜨거운 물과 차가운 물이 동시에 나오니 얼마나 고마운 일입니까?"

그러자 가이드는 의외의 말을 했다.
"예, 처음에는 저들도 감사했는데, 지금은 불평이 많다는 겁니다.

이왕 주실 거면 비누도 함께 주시지, 그러지 않았다는 것입니다."

어떤 사람이 산에서 조난을 당했다. 힘들게 연락이 되어서 구조 헬기가 내려 준 밧줄을 몸에 묶고 무사히 구조가 되었다.

얼마나 감사한 일인가? 그런데 그 사람은 이렇게 말했다.
"구조 헬기가 너무 늦게 왔다."

어떤 사람이 물에 빠져 죽게 된 것을 마침 지나가는 사람이 발견하고, 목숨을 걸고 그 사람을 건져내었다. 정신을 차리고 살 만하니 이렇게 말했다.

"내 보따리는 어떻게 되었느냐?"

영국의 매튜 헨리(Matthew Henry, 1662~1714)는 유명한 성서학자이다.
어느 날 이 성서학자의 집이 도둑을 맞게 되었다.

도둑을 맞은 매튜 헨리는 오히려 두 가지 감사를 했다고 한다.

"물건은 도둑맞았지만 내 영혼을 도둑맞지는 않았다."
"내가 도둑이 되지 않고 도둑맞은 자가 되었다."

초기 청교도 신앙인들은 식사 때마다 이렇게 기도해 사람들에게 감동을 주었다.

"사람 중에는 먹을 것이 있어도 식욕이 없는 이가 있습니다. 또한 식욕이 있어도 먹을 것이 없는 이가 있습니다. 저희에게 먹을 것과 식욕을 주신 하나님 감사합니다."

감옥과 수도원의 겉모습 생활은 별로 차이가 없다. 그런데 감옥과 수도원의 차이는 단지 불평을 하느냐, 감사를 하느냐의 차이일 뿐이다. 거친 식사, 험한 잠자리, 자유롭지 못한 행동 등, 환경은 비슷하다. 감옥에서는 하루를 불평으로 보내고 수도원에서는 하루를 감사로 보낸다.

그러므로 우리는 매사에 감사한 마음으로 사물을 대하는 훈련이 필요하다. 범사에 감사하는 것이 하나님의 뜻일진대 비록 고난과 시련 중에서라도 하나님께 감사하는 자세는 하나님의 섭리에 따르는 지혜로운 처사이다.

감사하는 생활 자세는 그리스도인의 최대 덕목이다. 그러므로 그리스도인들은 어떤 상황 속에서도 감사하는 지혜가 필요하다.

제2장

영원한 생수,
복음(Gospel)

10.
세상이 줄 수 없는 행복

1976년 세상을 떠난 하워드 휴즈(Howard Hughes, 1905~1976)는 미국의 유명한 공학자요, 항공 산업의 개척자로서 기업인이며 영화 제작자이다. 가장 미국적이었던 부자였고 평생 해 보고 싶었던 것은 다 해 보거나 시도해 본 사람이었다. 그의 이런 모습이 진취적이고 자유주의를 신봉하는 미국인들에게는 가장 이상적인 억만장자의 삶으로 보였다.

그러나 그가 사망한 후 그는 실제로 여러 신체질환과 정신질환을 앓아 불행한 노후를 보냈으며 이상적인 억만장자의 삶과는 한참 먼 삶이었다는 것이 밝혀졌다. 사망한 이유는 아이러니컬하게도 영양실조였다.

억만장자가 왜 영양실조로 죽었을까?

그는 정신적인 고독과 공허를 달래기 위해 방탕한 생활을 했고, 건강이 나빠지자 자식이 없는 그의 주변에 재산을 노리는 사람들이 몰려들었고 이로 인해 사람을 불신하는 강박장애에 빠지고 말았다. 주위 사람들이 자기를 독살하려 한다고 생각했기 때문에 집에서 요리사를 불러 놓고 그것도 의심스러워 오직 주스만 마시고 살았다. 영양실조에 걸려 죽었을 때 그의 머리카락은 정강이까지 길게 내려왔고 손톱은 매의 발톱처럼 되어 버렸고 수없이 결혼하고 이혼했기에 막상 죽었을 때 그를 위해 울어 주는 사람은 한 사람도 없었다. 그는 결코 행복하지 못했고 고독하고 쓸쓸한 사람의 대명사로 세상에 알려질 수밖에 없었다.

1911년 노벨문학상을 받은 벨기에 작가 '마테를링크(Maeterlinck)'의 소설 '파랑새(L'Oiseau bleu)'에는 행복의 파랑새를 찾아 떠나는 남매의 환상적인 모험 이야기가 나온다. 행복의 무지개를 찾아 산을 넘고 들을 달리고 개울을 건너도, 행복은 저만큼 멀리 있고 손에 잡히지 않는다. 이는 결국 환경에서 행복을 찾으려 하는 사람은 언제나 허무하게 될 수밖에 없다는 것을 보여 준다.

철학자 파스칼은 "모든 인간의 마음속에는 하나님께서 만들어 놓으신 공백이 있다. 이것은 다른 어떤 것으로도 채워질 수 없고 오직 인간을 창조하신 하나님에 의해서만 채워질 수 있다."라고 말했다.

성자 어거스틴 역시 "하나님, 당신은 당신 자신을 위해 우리를 만드셨습니다. 그렇기에 우리의 마음은 당신 안에서 안식을 찾을 때까지는 평안을 누리지 못합니다."라고 고백했다.

진정한 행복은 예수 그리스도 안에 있다. 마음의 공백을 채우기 위해서

는 하나님께서 우리의 마음속에 계서야 하며 그렇지 않으면 결코 행복해
질 수 없는 법이다.

11.
인생 낙원

　미국의 서남부에 있는 애리조나주에는 자기 재산이 얼마인지조차 모를 정도로 엄청난 재산을 소유한 억만장자 부자들이 은퇴 후에 모여서 살고 있는 '썬 밸리(Sun Valley)'라는 실버타운이 있다. 이곳은 모든 시설이 초현대화된 곳으로 호화로울 뿐 아니라 55세 이하는 아예 입주가 허락되지 않는 아주 특별한 곳이다. 일반 평범한 동네에서 흔히 들을 수 있는 아이들의 시끄러운 소리는 들을 수 없다. 아무 데서나 볼썽사납게 애정 표현을 하는 젊은 커플도 볼 수 없다. 자칭 청정지역이라고 소문난 곳이기도 하다. 갖가지 잡다한 음식 냄새를 풍기는 노점상도 없고 길거리 벤치에 누워 자는 노숙자도 물론 없으며 자동차 소음에 노인들이 놀라지 않도록 시속 25km 이하의 속도로 달려야만 하는 곳이다.

　그런데 이곳에서는 언제 보아도 행복한 삶을 누릴 수 있을 것 같은 입주자들인데도 불구하고 바깥 일반 사람들보다 치매 발병률이 훨씬 더 높다는 조사 결과가 나왔다. 미국 국민은 물론 이곳에 관심을 가졌던 외국인들도 놀라지 않을 수 없었다.

　이러한 충격적인 사실 보도에 대해 대한민국의 유명한 정신의 학과 박사인 이시형 원장(병원 없는 사회를 꿈꾸는 국민 의사)께서 그 이유를 알아보기 위해 직접 그곳을 방문하여 조사하였다.

그 마을을 조사해 보니 정말 지상낙원이 따로 없었다고 한다. 모든 편의시설이 완벽하게 갖춰져 있었고, 최신 의료 시설에 최고 실력을 갖춘 의사들이 근무하는 곳이었다. 그런데도 많은 사람이 치매에 걸렸는데 연구 결과는 아이러니컬하게도

첫째로, 그들에게는 일상적으로 겪는 스트레스가 전혀 없었고

둘째로, 생활에 불편한 점과 걱정되는 일도 전혀 없었고

셋째로, 단조로운 생활에 전혀 변화가 없기 때문이다라는 진단 이었다.

이런 이유가 오히려 치매와 병을 유발하는 원인이 되고 있었다는 것이다. 그래서 이곳에 와서 살고 있던 많은 사람이 이제는 복잡하고 시끌벅적한 자신들이 원래 살았던 곳으로 서서히 돌아가고 있다고 한다.

생각해 보면 '행복한 삶'이라는 것은 아무 걱정 없이 편안하게 사는 것으로 생각하기 쉽다. 그러나 그것보다는 오히려 이런저런 일들로 얽히고설킨 일들을 겪으면서 그것을 해결하기 위해 만나고, 대화하고, 걱정하고, 마음 쓰는 과정에 있다는 것이 정신력을 가진 인간에겐 매우 중요하고 필요하다는 것이었다.

그래서 '인생 낙원'이란 곳은 다름 아닌 내가 가장 고민하고, 걱정하며, 다투고, 화내며 살고 있는 삶의 현장이라는 것이다. 다만 이러한 삶의 현장을 잘 조절하고 이를 조화롭게 균형을 유지하는 자세와 능력이 있다면 나는 나의 삶을 행복하게 만들 줄 아는 사람이 되는 것이다. 그러기에 '썬밸리'와 같은 그런 특정 지역이 결코 인생 낙원이 아니라 '지금 내가 살고 있는 여기(Now & Here)'가 바로 '인생 낙원'이 될 수 있음을 알아야 한다.

"예수께서 대답하여 이르시되 이 물을 마시는 자마다 다시 목마르려니와 내가 주는 물을 마시는 자는 영원히 목마르지 아니하리니 내가 주는 물은 그 속에서 영생하도록 솟아나는 샘물이 되리라." [요한복음 4:13~14]

12.
영혼의 양식

항상 시간이 없다며 쩔쩔매는 어떤 사람에게 물었다.

"왜 그리 바쁘게 사세요?"
그의 대답은 '행복하기 위해서'였다.

많은 건물과 돈을 갖고도 악착같이 돈을 벌려는 사람에게 물었다.

"왜 그렇게 많은 돈이 필요하세요?"
그의 대답은 '행복하기 위해서'였다.

많은 권력을 갖고도 만족하지 못하는 정치인에게 물었다.

"왜 그렇게 큰 권력이 필요하세요?"
그의 대답은 '행복하기 위해서'였다.

도대체 "행복"이 어떤 것이기에 모두들 '행복', '행복' 하는지 궁금했다.
나이 지긋하신 철학자에게 물었다.

"행복이 도대체 무엇입니까?"

그의 대답은 "그걸 알기 위해서 평생 공부했지만, 아직도 잘 모르겠네."였다.

많은 신도로부터 추앙받는 스님에게 물었다.

그의 대답은 "그걸 알기 위해서 산에 들어가 평생 도를 닦고 수련했지만, 아직도 깨닫지 못했습니다."였다.

수십 개의 기업체를 가진 대기업 회장에게 물었다.

"행복이 무엇입니까?"

그의 대답은 "그걸 알기 위해서 평생 돈을 벌었지만, 아직도 난 행복하지 않아."였다.

참으로 답답한 일이었다.

행복을 찾기 위해 많은 사람을 만났지만, 해답을 찾지 못하고 돌아오던 길에 추운 거리에서 잠을 자는 노숙자를 만났다. 그는 물었다.

"행복이 무엇입니까?"

그의 대답은 간단했습니다.

"오늘 저녁 먹을 끼니와 잠잘 곳만 있으면 행복하죠."

예수님은 마태복음 6장 11절에서 "오늘 우리에게 일용할 양식을 주시옵고"라는 기도를 가르쳐 주셨다. 우리는 늘 배고픔과 목마름으로 갈급해 있다. 그러나 과연 무엇이 우리의 목마름과 배고픔을 영원히 채워 줄 수 있을까?

물질인 육체가 죽지 않게 하려면 물질인 음식이 필요한 것처럼, 인간의 중심이며 나의 실체인 내 영혼이 살려면 생명의 근원이신 하나님의 양식이 필요하다. 내 영혼이 병들고 건강하지 못하면 결국 우리 육체의 건강까지 다 잃게 된다. 그래서 영혼의 양식이 중요한 것이다.

> "내가 곧 생명의 떡이니라. 나는 하늘에서 내려온 살아 있는 떡이니 사람이 이 떡을 먹으면 영생하리라. 내가 줄 떡은 곧 세상의 생명을 위한 내 살이니라 하시니라." [요한복음 6:48, 6:51]

13.
생수의 강

미국 서부의 사막 지대에 사는 원주민이 뉴욕시의 초청을 받게 되었다. 며칠 동안을 뉴욕에서 지내며 여기저기를 즐겁게 구경했다. 마지막 날, 어떤 사람이 그에게 물었다.

"당신이 뉴욕에서 며칠 동안 지내면서 가장 인상 깊었던 것이 무엇입니까?"

그때 그 원주민이 수도 옆으로 가서 수도꼭지를 틀면서 대답했다.

"원하면 이렇게 언제나 물을 얻을 수 있는 것이 가장 부러웠습니다."

사막에 사는 인디언에게는 하늘을 찌를 듯이 높이 솟은 빌딩도, 거리를 메운 자동차도, 호화찬란한 의복이나 구미를 돋우는 음식도 일 순위가 아니다. 언제나 원하면 마실 수 있는 물이 바로 일 순위였던 것이다.

성도의 신앙생활에도 날마다 샘솟는 샘물이 필요하다. 하나님을 떠난 현대인은 돈이 있어도 목마르고 권력이 있어도 목마르고 지위나 명예가 있어도 늘 목마르다. 인생의 갈급함, 어떻게 해결할 수 있을까?

꿈 많은 한 여인이 있었다. 그녀는 돈 많은 신랑을 만나 결혼하면 행복한 삶을 살 수 있을 것으로 생각했다. 그러나 현실은 꿈과 달랐다. 남편은 더 많은 돈을 벌기 위하여 가정을 팽개쳐 버린 것이다. 이번에는 정치가와 결혼했다. 그러나 정치가의 삶은 권력 다툼의 전쟁터였다. 그녀는 결국 여기에도 행복이 없다고 결론짓고 그를 떠났다. 이번에는 학자와 결혼했다. 학자와 살면 시끄럽지 않게 조용히 살 수 있다고 생각했다. 하지만 학자는 항상 서재에 들어가 연구만 하고 나오지 않았다. 결국 이도 포기할 수밖에 없었다.

그래서 이번에는 시골로 내려갔다. 맑은 공기를 마시며 밭에 농작물을 심고 건강한 삶을 살기로 계획했다. 그러나 새벽부터 시작되는 농사일에 하루 종일 시달렸다. 이도 결국 포기해야만 했다. 이제 시원한 파도 소리를 들으며 살고 싶어 어부와 결혼했다. 하지만 배를 타고 나간 남편에게 폭풍이 불지는 않을까 하는 걱정이 끝이 없었다. 결국 어부의 아내도 포기할 수밖에 없었다.

아무리 남편을 바꾸어도 공허하고 의욕 없는 삶은 바뀌지 않았다. 꿈도 희망도 없어진 그때 예수님은 친히 찾아와 이 여인을 만나 주셨다. 그리고 세상의 행복만 좇던 이 여인에게 영원한 생수의 말씀을 듣게 하셨다.

"누구든지 목마르거든 내게로 와서 마시라. 나를 믿는 자는 성경
에 이름과 같이 그 배에서 생수의 강이 흘러나오리라" [요한복음
7:37~38]

"하나님은 순결한 사랑과 복이 흘러넘치는 샘이요, 그리스도는
하나님의 충만하심을 은혜로 보여 주시려고 예비하신 저수지와
같고, 성령님은 하나님과 어린양의 보좌 이래로 흐르는 생명수의
강과 같다." [앤드류 머레이(Andrew Murray)]

14.
찬양의 힘

피터 빌혼(Peter Philip Bilhorn, 1865~1936)은 미국의 복음성가 가수이자 찬송가 작사, 작곡가이다. 그는 타고난 음악적 재능이 있었으나 젊은 시절 술집에서 노래를 불렀다.

그러던 어느 날 무디(Dwight Lyman Moody) 목사의 부흥회에서 은혜를 받고 복음성가 가수로서의 새로운 삶을 시작하기로 작정 하였다. 그가 부른 복음성가 가운데 "날개 상한 새는 날 수 없다" 라는 노래가 있었다. 그는 미국의 어느 교도소를 방문했을 때 자 신이 지은 이 노래를 죄수들을 위해 불러 주었다. 노래가 끝난 후 교도소에 있던 한 소년이 달려와서 눈물을 글썽이며 물었다.

"선생님, 날개가 상한 새는 영영 날 수 없나요?"
그는 그 소년의 갑작스러운 질문에 답을 주지 못했고, 그날 밤 그는 잠을 이루지 못했다. 그는 낮에 만났던 그 소년의 낙담한 눈 빛과 얼굴을 떠올리며 다시 노래를 짓기 시작했다. 그리고 새로운 노래를 가지고 교도소에 다시 찾아가서 찬양을 불렀다.

"날개가 상한 새라도 성부, 성자, 성령의 이름으로 나아가면 다시 날 수 있습니다. 하나님께 나가면 그 어떤 죄도 용서받을 수 있습니다. 예수님께 맡기기만 하면 실패한 과거도 새롭게 됩니다. 성령님께 그대를 맡기십시오. 그대의 날개는 다시 새로워지고 높이 높이 푸른 하늘을 날 수 있을 것입니다.”

그리고 20년 세월이 흘렀다. 뉴욕의 한 행사장에서 군인의 제복을 입은 한 육군 대령이 피터에게 다가왔다.

“선생님, 20년 전 교도소를 찾아왔을 때 그 날개 꺾인 노래 때문에 안타까움에 울먹이던 소년을 기억하십니까? 다시 선생님이 찾아와 주셔서 하나님의 이름으로 꺾인 날개는 회복되고 치료되어 저 푸른 하늘을 날 수 있다는 선생님의 노래를 듣고 기뻐 춤추던 소년을 기억하십니까? 바로 제가 그 소년입니다. 그때 저는 선생님의 노래를 들으며 하나님의 이름을 붙잡고 열심히 기도했고 이렇게 새사람이 되었답니다. 감사합니다, 선생님”

찬양은 상처받은 영혼을 어루만지며 인간의 삶에 새로운 힘과 능력을 부어 준다. 찬양은 인간을 향한 노래기 아니라 전능하신 하나님을 향하여 드리는 노래이기에 하나님께서는 세상이 줄 수 없는 위로와 신령한 은혜를 공급해 주신다. 그리고 낙담하고 실패한 영혼을 어루만지시고 소망을 주신다.

본래 피터 빌혼은 형제들과 함께 마차 제조업을 하였다. 1883년 무디 목사의 교회에서 열린 부흥 집회에서 주님을 영접하였는데 타고난 아름다운 목소리에 음악적 창의성까지 갖추었기에 무디 목사에 의해 복음 찬송 작곡가와 찬양 사역자로 발탁되었다. 그는 많은 부흥회에서 찬양하였고 평생 2천여 편의 아름답고 은혜스러운 찬송을 작사, 작곡하였다. 뿐만 아니라 그는 집회 때마다 대형 오르간을 옮기는 작업을 힘들어하는 것을 보고 휴대용 오르간을 연구 개발하여 시카고에 '빌혼 휴대용 오르간 회사'를 만들어 큰 수익을 거두었고 선교사업에도 헌신하였다. 빌혼이 만든 오르간은 지금도 세계 각처 미군 부대의 채플에서 애용되고 있다. 1900년에 영국 수정궁전에서 4천 명의 찬양대를 지휘하였고, 빅토리아 여왕은 그를 버킹엄 궁전에 초대하여 찬양을 듣기도 하였다. 그가 작사, 작곡한 익숙한 찬송가로는 다음의 곡들이 있다.

① 86장 내가 늘 의지하는 예수(작사, 작곡)

② 260장 우리를 죄에서 구하시려(작사)

③ 410장 내 맘에 한 노래 있어(작사)

④ 246장 나 가나안 복지 귀한 성에 들어가려고(작곡)

⑤ 347장 허락하신 새 땅에(작곡)

15.
그리고, 그 다음에는?(And after that?)

이탈리아 우르바노(Urbaniana) 대학의 정문에 가면 "And after that?(그리고 그 다음에는?)"이라는 글귀가 새겨져 있다고 한다. 이 글귀가 새겨진 연유는 다음과 같다.

17세기, 이 대학의 법대를 다니던 한 가난한 학생이 청운의 꿈을 품고 공부를 열심히 하고자 했다. 하지만 너무 가난해서 뜻을 이루기 어려웠다. 그래서 자선사업을 하는 어느 유명한 할머니 한 분을 찾아가 자기의 경제적인 어려움을 호소하며 공부를 계속할 수 있도록 도움을 요청했다. 이 청년의 사정을 들으면서 할머니가 물었다.

"청년이 하려는 계획은 무엇이오?"
"예, 먼저 열심히 공부해서 법대를 마쳐야겠습니다."
"그리고 그 다음에는?"
"대학을 졸업한 후 변호사가 되어 가난한 사람들 편에 서서 억울함을 도와주고 사회의 정의를 위해 힘쓰겠습니다."
"그리고 그 다음에는?"
"변호사 사업을 확장해서 더 많은 사람들과 공익을 위해 일하겠습니다.”

“그리고 그 다음에는?”

“음~ 늙겠지요. 늙으면 제자들을 양성하여 그들로 하여금 사회를 위해 일할 수 있도록 가르치겠습니다.”

“그리고 그 다음에는?”

그는 계속되는 질문에 머리를 긁적이며 “음~ 죽겠지요.”

“그리고 그 다음에는?”

청년은 할 말이 없었다. 한참 동안 고개를 떨구고 아무 대답도 하지 못했다. 이때 할머니가 아주 엄숙한 어조로 말했다.

“인생의 마지막을 모르는 사람에게 나는 한 푼도 투자할 수 없소. 인생의 다음에는 죽음이 있고, 죽음 다음에는 심판이 있고, 다음에는 영생과 영벌이 있소.”

할머니와의 만남은 이 청년에게 커다란 충격을 주었다. 이후로 청년은 자기의 인생의 문제를 진지하게 생각하게 되었고 마침내 큰 깨달음을 얻게 되었다. 그리고 학교를 졸업하고 변호사로 성공하게 되었고 훗날 이 대학의 총장이 되었다. 그리고 학교 정문에 ‘그리고 그 다음에는?(And after that?)’이라는 문구를 새겨 넣게 되었다고 한다.

인생의 계획이 아무리 고귀하고 좋아도 존재의 의미와 영생을 알지 못하면 헛되어 바람을 잡으려는 것과 같다.

"영생은 곧 유일하신 참 하나님과 그가 보내신 자 예수 그리스도를 아는 것이니이다." [요한복음 17:3]

16.
영원한 만세 반석

톱레이디(Augustus M. Toplady, 1740~1778)는 영국의 군인으로 유명한 찬송가 작사자이며 설교가이다. 어느 날 산언덕 길을 산책하다가 갑자기 몰아치는 폭풍우를 만났다. 하늘에서 번개가 치고 천둥소리가 요란하게 나자 그는 겁에 질려 언덕 위에서 뛰어 내려오다가 큰 바위를 발견하고는 그 틈으로 피신했다. 그때 그는 마치 주님의 품 안에 있는 것 같은 안도감을 느꼈다. 그런데 그때 갑자기 주님의 피 흘리시는 모습이 보이더니 음성이 들렸다.

"너의 주님은 만세 반석이시다. 너를 위하여 피를 흘리셨다. 주님의 피가 너의 죄와 상처를 싸매어 주실 것이다."

그는 급히 자신의 호주머니를 뒤져 보았지만 음성을 기록할 만한 종이가 없었다. 그런데 카드놀이에 쓰던 다이아몬드 6개의 카드 한 장만이 손에 잡혔다. 당시 영국에서 카드놀이는 지옥으로 가는 길이라고 하면서 혹평하던 시절이었다. 그런데도 그의 호주머니에서 카드가 나왔던 것이었다. 그는 설교가이면서도 이중적 생활을 하고 있는 자신의 모습을 보았고, 자신이 얼마나 흉악한 죄인인지 눈물을 흘리면서 회개하게 되었다.

그리고 하나님의 은혜에 감동되어 영감으로 나오는 가사를 카드 뒤에 적었는데 이 고백이 나중에 찬송가의 가사가 되었다. 주님만이 우리의 반석이시며 행복의 근원임을 고백하는 아름다운 찬송가가 바로 '만세 반석 열리니'이다.

그는 수많은 죄의 빚을 진 인간이 어떤 공을 세워도 절대 갚을 수 없고, 인간이 이 빚에서 벗어나 자유를 얻을 수 있는 유일한 길은 만세 반석 되시는 주님께 있다고 고백하고 있다.

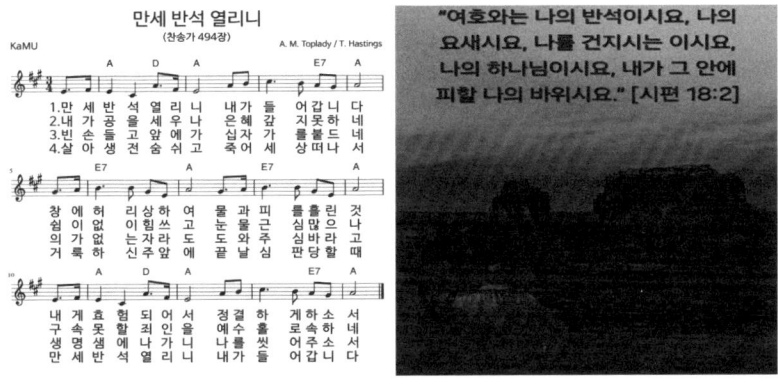

'만세 반석(Rock of Ages)'은 영원토록 변함없는 주님을 의미하며 주님은 언제나 우리의 페트라(Petra, 견고한 바위)가 되신다.

"여호와는 나의 반석이시요, 나의 요새시요, 나를 건지시는 이시요, 나의 하나님이시요, 내가 그 안에 피할 나의 바위시요, 나의 방패시요, 나의 구원의 뿔이시요, 나의 산성이시로다." [시편 18:2]

17.
성도의 유산(遺産)

1970년대, 어느 목사님이 첫 개척교회를 시작하게 되었다. 목회 현장은 두 술집 사이에 10평쯤 되는 무허가 판잣집이었다. 그런데 주일을 보내고 난 월요일 오후에 원인 모를 불이 나서 예배당과 성물, 설교 자료, 많은 책들이 소실되는 사고가 발생했다. 경찰조사 결과, 뒷집에 사는 고등학교 1학년 학생이 라면을 끓여 먹으면서 연탄불 과열로 발생한 화재임이 밝혀졌다. 그때 불에 타지 않은 책 두 권이 있었다. 그것은 바로 성도에게 빌려준 책들이었다.

그때 목사님은 중요한 사실을 깨닫게 되었다.
"남에게 주는 것만이 남는다는 것"

경찰관이 찾아와서 물었다.
"그 학생을 구치소에 보내야겠지요?"

"아닙니다. 제게 맡겨 주십시오." 그래서 한 영혼을 전도할 수 있게 되었다. 그 학생은 그 사건을 계기로 예수님을 만났고, 용서와 사랑의 복음으로 변화되어 목사로 잘 성장하였다.

"오직 너희를 위하여 보물을 하늘에 쌓아 두라. 거기는 좀이나 동록이 해하지 못하며 도둑이 구멍을 뚫지도 못하고 도둑질도 못 하느니라. 네 보물이 있는 그곳에는 네 마음도 있느니라." [마태복음 6:20~21]

18.
네 마음을 지키라

제2차 세계대전 시, 미국의 여류 작가 텔마 톰슨은 행복한 결혼 생활을 꿈꾸며 한 육군 장교와 결혼했다. 남편은 캘리포니아에 있는 모하비 사막 근처의 육군 훈련소에 배속되었고 남편과 같이 있기 위해 이사를 했다. 그런데 그곳은 사막의 모래바람이 가득 찬 곳으로 여인의 삶은 참으로 지루하고 고독했다.

남편이 훈련차 나가고 통나무집에 혼자 남게 되면 50도가 넘는 살인적인 무더위에 이야기 상대라고는 고작 마을의 멕시코인과 인디언뿐이었는데 그것마저도 영어로 의사소통이 잘되지 않아 마음 둘 곳도 없었다. 항상 모래바람이 불어와 음식물은 물론이고 숨 쉬는 공기조차도 모래가 가득 차 있었다. 그녀는 절로 신세한탄이 나왔고, 슬프고 외롭고 억울한 생각이 들어 친정 부모님께 편지를 쓰게 되었다. 이런 곳에서는 더 이상 견딜 수 없으니 당장이라도 짐을 싸 집으로 돌아가겠다고 자신의 형편을 하소연했다. 그런데 아버지의 답장은 단 두 줄 뿐이었다.

"두 남자가 감옥에서 조그만 창문을 통해 밖을 바라보았다. 한 사람은 밤하늘에 반짝이는 별을 헤아리며 자신의 미래를 꿈꾸며 살았고, 다른 한 사람은 감옥에 굴러다니는 먼지를 세며 불평과 원망으로 살았다.”

너무 간단한 편지 내용에 처음엔 너무나 실망했지만, 이 두 줄은 그녀의 삶을 바꾸어 놓은 계기가 되었다. 이 문구를 몇 번이고 되풀이해서 읽던 그녀는 자신이 부끄러워졌고, 그때부터 현재의 상태에서 무엇이든 좋은 점을 찾아내려고 애쓰게 되었다.

자신에게 밤하늘의 별이 무엇일까를 생각했고, 주변을 살피던 중 원주민들과도 친구가 되었다. 그들이 보여 준 반응은 그녀를 놀라게 했다. 그녀가 그들이 만든 편물이나 도자기에 대해 관심을 보이면, 그들은 자신들의 소중한 것들을 이것저것 마구 선물하는 것이었다. 또, 그녀는 선인장, 난초, 여호수아나무 등의 기묘한 모양을 연구했고, 사막의 식물들을 조사했으며, 사막의 낙조를 바라보기도 하고, 1백만 년 전 사막이 바다의 밑바닥이었을 무렵에 존재했을 법한 조개껍질을 찾아보기도 했다.

모하비 사막은 여전히 변함이 없고 인디언도 달라진 것이 없었다. 변한 것은 바로 그녀 ‘자신’이었다. 그녀의 마음가짐이 달라진 것이다. 그녀는 비참했던 경험을 생애에서 가장 즐거운 모험으로 바꾸었고, 새롭게 발견한 세계에 자극받아 너무나 감격한 나머지 그것을 소재로 한 『빛나는 성벽(The Bright Rampart)』이라는 소설을 쓰게 되었다. 출판 사인회에서 그녀는 이렇게 인사했다.

"사막에서 생활하는 동안에 '너는 불행하다, 너는 외톨이다, 너는 희망이 없다'고 말하는 마귀의 소리를 들었습니다. 그리고 '너는 행복한 사람이다. 이곳으로 너를 인도한 사람은 나 하나님이다. 이곳에서 너의 새 꿈을 꾸거라'라고 말씀하시는 하나님의 음성도 들었습니다. 저는 마귀의 소리에 귀를 막고 하나님의 소리를 들어서 오늘의 이 영광을 얻게 되었습니다."

나의 '마음가짐'이 행복과 불행을 결정한다. 마음은 우리 몸을 지배하고 다스린다. 불평과 짜증을 부리면 몸도 마음도 같이 상하게 된다. 가족 중 한 사람이 신경질을 부리면 '부정적 바이러스'는 온 가족에게 번져서 가족들 모두가 신경질을 부리고 가족의 화목은 깨지게 된다.

'자살'이라는 글자를 반대로 하면 '살자'가 되며, '스트레스(stressed)'를 반대로 하면 '디저트(desserts)'가 된다. 나폴레옹은 유럽을 제패한 황제였지만 "내 생애 행복한 날은 단 6일밖에 없었다."고 고백했고, 헬렌 켈러는 시각과 청력을 모두 잃은 중증 장애인이지만 "내 생애 행복하지 않은 날은 단 하루도 없었다."는 고백을 남겼다. 결국 사람은 마음먹기에 따라 '천국'과 '지옥'을 오르락내리락할 수 있는 것이다.

이 땅에 태어난 모든 사람들은 '행복'을 누리고 살 권리가 있다. 그리스도인에게 고난과 연단의 시기도 있지만 하나님의 뜻은 언제나 우리가 행복하게 사는 것이다. 저울에 '행복'과 '불행'을 달면 '행복'과 '불행'이 반반이면 저울이 움직이지 않지만 '불행 49%', '행복 51%'이면 저울은 '행복' 쪽으로 기울기 마련이다. 즉, 행복의 조건에는 많은 것이 필요 없고 모 음료의 광고처럼 '2% 부족'이 아니라 단 '1%'가 어느 쪽으로 가느냐에 따라 행복과 불행이 결정되는 것이다. '행복'과 '불행'의 팽팽한 무게 싸움에서 그리스도인은 '믿음의 1%'를 더 올려놓음으로써 '행복한 그리스도인'의 빛을 발하여야 한다.

"모든 지킬 만한 것 중에 더욱 네 마음을 지키라. 생명의 근원이 이에서 남이니라." [잠언 4:23]

19.
황무지가 장미꽃같이

1900년대 초, 구한말 한국 선교 초기에 경북 지역의 작은 마을
들은 가난과 무지 속에 갇혀 있었다. 마을 사람들은 시간만 나면
술과 노름에 빠져 하루를 보냈고 미래의 희망은 보이지 않았다.
농사를 지어도 잦은 흉년에 빚만 늘었고, 젊은이들은 꿈 없이 떠
돌이 생활을 하거나 일찍 모든 것을 포기하곤 했다.

이런 나날 속에 청도(淸道)의 한 장터에서 미국 선교사들이 노
방 전도를 하였다. 이들의 전도를 듣고 의성(義城) 출신의 김수영
이라는 사람이 감동을 받아 그리스도를 영접하게 되었다. 그리고
자신의 마을로 돌아가 복음을 전하기 시작했다.

"예수님이 여러분을 사랑하십니다. 그분을 믿으면 소망이 생깁
니다!"

그의 말에 처음에는 많은 사람이 비웃었지만, 한 노인이 조용히
말씀을 듣고 예수님을 영접했다. 놀랍게도 그 노인은 술을 끊고,
얼굴에 평안이 깃들었다. 이를 본 마을 사람들은 하나, 둘씩 교회
로 발걸음을 옮겼다.

그 후로 마을에는 기적 같은 변화가 일어났다. 60가구 중 50가구가 예수님을 믿게 되었고, 사람들은 더 이상 노름과 술에 빠지지 않았다. 대신 성실히 농사를 짓고, 자녀들에게 교육을 시켰다. 그 결과, 작은 마을에서 무려 14명의 박사가 배출되었고 사람들은 노후까지 평안하고 행복한 삶을 살게 되었다. 이 마을의 변화를 본 인근 마을 사람들은 놀라며 물었다.

"대체 무슨 일이 있었던 거요?"
그러자 마을 어른 한 분이 웃으며 대답했다.

"예수님이 우리 마을에 오셨습니다!"

이 일은 1891년 경북 지역을 중심으로 선교활동을 펼친 윌리엄 베어드(William Martyn Baird, 1862~1931, 한국 이름 배위량) 선교사의 이야기다. 그는 미국 북장로회 파송 선교사로, 29세 때인 1891년 조선에 와서 부산을 거점으로 활동하다가 1893년 4월부터 경상북도 전역을 순회하며 선교 여행을 하였다. 그는 박사학위를 가진 엘리트였고 교육 선교 분야에 관심이 많아 1897년 평양으로 선교지를 옮겨 그해 숭실학당을 개설하였고 1906년에 대학 과정을 설치하였는데 이는 한국 최초로 대한제국의 인가를 받은 근대 대학이 되었고 초대 학장을 역임하였다. 그리고 오늘의 숭실중, 고등학교와 숭실대학교가 되었고 1931년 평양에서 주님의 부르심을 받았다.

20.
시련 중의 기도와 찬송

"바울과 실라를 깊은 옥에 가두고 그 발을 차꼬에 든든히 채웠더니, 한밤중에 바울과 실라가 기도하고 하나님을 찬송하매 죄수들이 듣더라." [사도행전 16:24~25]

1965년 프랑스에서 고급 아파트 거래가 있었다. 젊은 변호사가 나이 든 할머니의 아파트를 사게 되었는데 조건은 매월 500달러를 할머니에게 월세로 드리다가 할머니가 돌아가시면 변호사가 소유권을 바로 가져가는 것이었다. 그때 변호사의 나이는 47세, 할머니 나이는 90세였다.

많은 사람들이 변호사가 매우 싼값에 집을 사는 것으로 생각했다. 90세의 할머니가 그리 오래 살지 못할 것이라고 계산한 것이다.

그런데 30년 후, 변호사는 77세에 죽었고, 할머니는 120세로 여전히 살아 계셨다. 할머니는 2년을 더 사셨고, 어쩔 수 없이 죽은 변호사의 자녀들이 2년간 돈을 더 낼 수밖에 없었고 결국은 실제 집값보다 더 많은 돈을 지불하게 되었다.

수학은 공식대로 풀리지만, 인생은 공식대로, 내 생각대로, 내 뜻대로 풀리지 않는다. 하나님이 풀어 주셔야 풀린다. 사람은 살아가면서 예기치 않은 시련의 밤을 만날 때가 있다. 가족, 직장, 사업, 건강, 인간관계 등 우리는 많은 위기의 밤을 만난다.

이런 인생의 밤을 어떻게 극복할 수 있을까?

바울과 실라는 제2차 전도여행 중 예기치 않은 일로 봉변을 당하여 온몸이 터지고 상처를 입은 채 빌립보의 지하 감옥에 갇혔다. 그들을 도와주는 사람은 하나도 없었다. 이때 바울과 실라의 심정은 어땠을까? 그들은 빌립보에 오고 싶어 온 것이 아니었다. 성령의 지시로 선교여행차 온 것이었다. 그들은 하나님을 원망하기에 딱 좋은 위치에 있었다. 그러나 놀랍게도 그들의 입에서 원망 대신 기도가, 탄식 대신 찬송이 흘러나왔다.

그때 갑자기 큰 지진이 일어나 옥문이 열리고 그들을 묶은 쇠사슬이 풀리는 놀라운 기적이 일어났다. 그리고 자유의 몸이 되어 나왔다. 도대체 이들은 어떻게 이 시련 중에서도 기도하며 찬송할 수 있었을까?

윌리엄 템플(Wiliam Temple, 1881~1944)은 영국 성공회의 캔터베리 대주교이다. 그는 성 안셀무스(St. Anselmus, 1033~1109) 대주교 이후 천 년 동안에 가장 훌륭한 대주교로 칭송받고 있다. 그는 다음과 같이 말한다.

"나에게 햄릿이나 리어왕 같은 희곡을 주면서 그런 희곡을 써 보라고 해

봤자 소용없는 일이다. 그것은 셰익스피어나 할 수 있는 일이지 나는 할 수 없는 일이기 때문이다. 마찬가지로 내가 예수님의 삶과 같은 삶을 살 라고 해도 소용없는 일이다. 예수님께서는 그렇게 하실 수 있어도 나는 할 수 없기 때문이다.

그러나 만일 셰익스피어의 재능이 내게 들어와 내 안에 거한다면 나도 그런 희곡을 쓸 수 있을 것이다. 또한 예수님의 영이 내게 들어와 내 안에 거하신다면, 그때는 나도 예수님의 삶을 살 수 있을 것이다. 이것이 바로 예수의 삶을 사는 비결이다."

바울과 실라는 연약하여 할 수 없었지만, 하나님께서 모두 이루어 주신 것이다.

윌리엄 템플(Wiliam Temple)

"만일 너희 속에 하나님의 영이 거하시면 너희가 육신에 있지 아니하고 영에 있나니, 누구든지 그리스도의 영이 없으면 그리스도의 사람이 아니라." [로마서 8:9]

21.
"I blew it !"(내가 다 망쳤어)

자수성가하여 엄청난 성공을 거둔 한 남자의 이야기이다. 그는 미국을 대표하는 기업의 CEO이며, 대도시 시애틀(Seattle)을 통째로 사고도 남을 만큼 큰돈을 벌었다. 그러나 정작 그는 이런 말을 남기고 숨을 거두었다.

"I blew it !"(내가 다 망쳤어)

그는 노년에 병상에 누워 있을 때 자신의 인생을 생각하면서 비로소 자신이 인생을 잘못 살았다는 것을 깨닫게 되었다. 그가 세상을 떠날 당시 유산은 약 1,500억 달러에 이를 정도로 큰 부를 이루었고 전 세계에서 위대한 사업가로 칭송받았다. 그래서 사람들은 그의 말을 이해할 수 없었다.

그가 바로 자신의 이름을 딴 세계 최대의 할인점 '월마트(Walmart)'의 창업자인 '샘 월튼(Samuel Moore Walton, 1918~1992)'이다. 그는 성실한 기업인이며 자신의 성공을 과시하지도 않았다. 1992년 미국 시민이 받을 수 있는 최고 영예의 상(賞)인 '자유의 메달'을 받을 만큼 성공한 기업인이었다.

그런 그가 죽음 직전 이런 말을 남긴 이유는 무엇이었을까?

병상에 누워 생각해 보니 회사 일에만 몰두하여 아내와 자녀에 대해 아는 것이 너무 없었다. 손자들의 이름은 절반밖에 외우지 못했으며, 가족과의 단란한 시간 속 추억은 떠올리기 힘들 정도였다. 게다가 마음 터놓고 이야기 나눌 수 있는 친구도 없었고 떠오르는 전화번호는 고작 회사 직원과 사업 관계자뿐이었다. 병상에 누워서야 제 인생이 성공이 아닌 실패였다는 걸 스스로 깨닫게 되었다는 것이다.

마태복음 6:33에서 예수님께서 "그런즉 너희는 먼저 그의 나라와 그의 의를 구하라. 그리하면 이 모든 것을 너희에게 더하시리라"고 말씀하셨다.

그래서 그리스도인은 세상일과 영적인 일의 균형을 잘 맞추어야 한다. 기울어진 삶은 몸과 마음의 건강을 해치는 위험신호다. 일에만 몰입하는 워커홀릭(Workaholic)은 기회이면서도 파멸로 들어가는 첫걸음이 될 수 있다. 그리스도인은 삶의 우선순위를 지혜롭게 잘 정해야 한다.

22.
예수님의 음성을 듣게 하소서

깊은 숲속, 두 마리 토끼가 오랜만에 함께 산책을 나왔다. 한 마리는 아주 건강하고 민첩한 토끼였고 다른 한 마리는 귀가 잘 들리지 않는 토끼였다.

그들은 풀밭에 뛰놀다가 그만, 사냥꾼이 파놓은 덫 구덩이에 빠지고 말았다. 깊고 축축한 흙벽은 미끄러워 올라갈 만한 곳은 아무 데도 없어 보였다. 당황한 두 토끼는 목이 쉬도록 외치기 시작했다.

"도와주세요! 제발, 누가 좀 도와주세요!"

그 외침에 숲속 동물들이 하나둘 모여들었다. 사슴, 다람쥐, 부엉이, 너구리까지… 하지만 그들은 안타까워하면서도 고개를 젓기 시작했다.

"아이고… 어쩌다 저렇게 됐을까… 안됐긴 한데 너무 깊어서 못 올라와. 금방 사냥꾼이 올 거라서 어차피 끝이야."

그 말을 듣는 순간 정상적인 토끼는 절망에 빠지고 말았다.

"그래, 저 동물들이 하는 말이 맞아. 해도 안 될 거야."

그리고 그는 주저앉아 더 이상 움직이려 하지 않았다. 하지만 귀가 잘 들리지 않는 토끼는 달랐다. 동물들이 하는 말을 알아듣지 못한 그는, 오히려 동물들의 동작과 표정만을 보며 이렇게 오해했다.

"와, 다들 나를 응원해 주고 있구나! '힘내! 너라면 할 수 있어! 조금만 더!' 그렇게 말하고 있는 거야!"

토끼의 착각은 그를 일으켜 세웠다. 수없이 벽을 오르다 미끄러졌고, 작은 발이 흙투성이가 되고, 온몸에 상처가 생겼지만, 그는 멈추지 않았다. 그리고 마침내 혼자 힘으로 그 깊은 구덩이에서 뛰쳐나오는 데 성공했다. 결국 건강한 토끼는 사냥꾼의 먹이가 되었고 귀가 들리지 않았던 토끼는 살아남은 것이다.

사람들은 어떤 소리를 들으며 살아갈까?

우리가 듣는 음성에는 두 종류가 있다. 하나는 세상의 소리, 하나는 예수님의 소리이다. 이 세상은 끊임없이 우리에게 말한다.

"해 봤자 고생만 하니 괜한 일 벌이지 마. 노력한다고 되겠어? 그냥 포기해."

이 소리는 우리의 마음을 어지럽히고 힘을 빼앗아 간다.

그러나 다른 하나의 소리는 우리가 반드시 들어야 할 소리이다. 바로 복음, 곧 진리이신 예수님의 음성이다. 우리는 소란한 세상 가운데서도 조용히 마음을 가라앉히고 예수님의 음성에 귀를 기울이고 집중해야 할 필요가 있다.

"내 양은 내 음성을 들으며 나는 그들을 알며 그들은 나를 따르느니라." [요한복음 10:27]

나는 선한 목자라. 선한 목자는 양들을 위하여 목숨을 버리노라. [요한복음 10:11]

내 양은 내 음성을 들으며 나는 그들을 알며 그들은 나를 따르느니라. [요한복음 10:27]

23.
새롭게 하소서

1974년 여름, 미국의 한 교도소 안에서 어느 남자가 머리를 푹 숙이고 있었다. 그의 이름은 찰스 콜슨(Charles W. Colson), 그는 제37대 리처드 닉슨(Richard Nixon) 대통령의 전직 특별보좌관이었다. 그는 권력의 중심에서 나라를 움직였던 미국 백악관의 실세였다.

그러나 1974년 발생한 워터게이트 사건(Watergate scandal)에 연루되어 닉슨은 대통령 자리에서 물러나고 자신은 감옥으로 갈 수밖에 없었다. 그는 하루아침에 모든 것을 잃었다. 권력, 명예, 인간관계, 자존심까지도, 결국 그는 범죄자로 낙인찍히게 되었던 것이다. 그는 자신을 더 이상 세상에 쓸모없는 인간이라고 느꼈다. 스스로 삶을 포기하고도 싶었고 완전히 꺾인 갈대요, 꺼져 가는 등불이었다.

그러나 그곳에서 하나님은 그를 만나 주셨다. 감옥에서 동료 백악관 직원들의 기도와 도움에 감동을 받고, 복음을 받아들이게 되었던 것이다. 어느 동료 수감자가 건넨 한 권의 책이 그의 손에 쥐어졌는데 바로 C.S. 루이스의 『순전한 기독교』란 책이었다. 그는 의심 섞인 마음으로 페이지를 넘기기 시작했는데, 점차 그의 마음 속 깊은 곳 어두움에 빛이 스며들기 시작했다.

그날 밤, 콜슨은 감옥 안 조그마한 독방에서 조용히 흐느꼈다. 부끄러움과 눈물 속에서 그는 처음으로 무릎을 꿇고 기도했다.

"하나님, 제가 가진 것은 아무것도 없습니다. 하지만 이 꺼져가는 인생, 주님께 드립니다. 다시 써 주십시오."

그리고 놀라운 일이 일어났다. 그는 교도소 선교회(Prison Fellowship)을 결성하여 수감된 죄수들에게 복음을 전파하는 일을 시작한 것이다. 그가 교도소에서 나온 후, 많은 사람들이 그에게 정치 재기를 권했지만, 그는 전혀 다른 길을 선택했다. 그는 과거를 숨기지 않았다. 오히려 그 실패를 정면으로 끌어안고, 같은 상처를 가진 이들을 위해 살기로 결단하고, 버림받은 재소자들, 상처 입은 가족들, 절망 속의 청년들에게 다가가 "나도 그랬다"고 말하며 다시 시작할 수 있는 은혜를 전하기 시작했다. 그는 훗날 이렇게 고백했다.

"제가 백악관에 있을 때보다 감옥에 있을 때, 오히려 더 자유롭고 진짜 살아 있다고 느꼈습니다."

그는 죽기 전까지 수천 명의 재소자에게 복음을 전했고, "진정

한 자유는 죄에서의 해방과 하나님의 용서 안에서 온다"는 메시
지를 남겼다.

사람은 누구나 인생의 무게에 짓눌려 마치 꺾인 갈대처럼, 꺼져 가는 등
불처럼 느껴질 때가 많이 있다. 아무도 나를 필요로 하지 않는 것 같고, 하
나님께조차 버림받은 것 같은 느낌, 그때 주님은 조용히 우리의 손을 붙
드시며, 다시 피어날 소망의 숨결을 불어 넣고 계신다. 그리고 세상을 비
추는 사명이 되게 하신다.

"상한 갈대를 꺾지 아니하며 꺼져 가는 심지를 끄지 아니하기를
심판하여 이길 때까지 하리니" [마태복음 12:20]

24.
조선의 삭개오(Zacchaeus)

한국 기독교 초기 백사겸(白士兼, 1860~1940)이라는 사람이 있었다. 그는 평양의 유명한 점쟁이였는데 앞을 볼 수 없는 시각장애인이었다.

1860년 평안남도에서 평범한 농부의 아들로 태어났지만 2살 때 아버지가 세상을 떠나면서 가정이 어려워지기 시작했고 9살 때는 안질을 앓아서 시력을 모두 잃어버린 것이다. 그리고 어머니마저 두 아들을 남겨 두고 죽었다.

고아가 된 백사겸은 형의 손에 이끌려 남의 집을 다니며 구걸하면서 살았다. 그러다가 열한 살이 되었을 때 형이 부잣집에 머슴살이를 하게 되면서 형과 헤어졌고, 백사겸은 시각장애인으로 딱히 먹고살 방법이 없어 점치는 법(복술, 卜術)을 배웠다.

그런데 백사겸은 점치는 데 천부적인 재치와 노력이 있었다. 4년 만에 스승을 뛰어넘는 경지에 이르러 '승어사(勝於師)'라는 점쟁이가 되었고, 15살 때는 스승으로부터 점을 치는 도구인 산통(算筒)과 지팡이를 물려받고 23년간 평양, 경성, 원주, 이천 등지를 떠돌아다니며 점을 쳐 주고 살았다.

눈치가 빠르고 화술이 뛰어났던 백사겸은 점쟁이 명인이라는 뜻의 '명복(名卜)'이라는 칭호를 받게 되었는데, 양반 집에서는 점을 치기 위해 가마를 보내 초청할 정도로 인기가 높았다.

그러다가 임씨 성의 어느 양갓집 어른을 만나게 되었다. 이 어른의 집에 딸이 있었는데 딸을 장애가 없는 성한 사람에게 시집보내면 일찍 죽게 된다는 점괘에 두려워하고 있던 사람이었다. 그러자 마침 시각장애인인 자기의 아내로 맞이하는 데 서로가 흔쾌히 동의하였다.

결혼 후에 경기지방 고양읍에 정착하여 살면서 '고양읍 백장님'이란 명성을 떨치며 재산까지 불어나 남부럽지 않은 생활을 하고 있었는데 이때부터 남모르는 고민이 생기고 있었다.

그것은 어려운 처지인 사람들을 속여 점을 쳐 주고 재물을 갈취했다는 양심의 가책이 있었기 때문이었다. 그래서 죄책감을 씻어보려고 거지를 정성껏 대접하고, 구제를 힘껏 하고, 같은 처지의 시각장애인들에게 점치는 복술을 가르치기도 했다. 그러나 마음의 참 평안을 얻을 수는 없었다.

그러던 중 이런 고민이 더 심해져서 서른 살쯤에는 자살까지 생

각할 지경에 이르렀다. 그러다 "죽는 셈 치고 생명을 바쳐서 일월
성신에게 축원이나 지성껏 해 보겠다"고 결심을 하고 집에 제단을
마련하고 매일 새벽에 일어나 냉수로 세수하고, 의관을 정제하고
제단 위에 정화수를 떠올려 놓고 정성을 다해 축원 기도를 했다.

"오, 하늘의 일월성신님이여, 이 더러운 인간의 축원을 하감하
소서. 소란한 이때를 평정시켜 주시고 나라가 태평하고 풍년이 들
게 하옵소서"라고 10년 넘게 기도했다.

그러나 아무런 효험이 없자, 이제는 저녁에 별이 뜰 때부터 이
튿날 해가 뜰 때까지 주문을 암송하며 100일 철야기도를 하기 시
작했다.

100일 철야기도를 마치는 날 아침, 김제옥이란 사람이 와서 교
회에서 발간한 '인가귀도(引家歸道)'라는 빨간 표지로 된 전도 책
자를 건네주면서

"이것은 예수 믿는 도리를 적은 책인데 한번 읽어 보시지요"라
고 전도했다.

백사겸은 예수라는 말을 듣고 뿌리치고 싶었지만, 어쩔 수 없이
책을 받았는데 책을 받는 순간에 '독한 벌레가 손에 닿는 것'같은
느낌을 받았다고 후일에 회상하기도 했다. 그리고 그 책을 눈에

띄지 않게 장롱 속에 깊이 넣어 두라고 부인에게 말했다.

그러던 어느 날 백사겸은 비몽사몽간에 꿈을 꾸게 되었다. 자기 몸이 하늘나라에 갔는데 거기서도 역시 소경이 되어 어디로 가야 할지 몰라 방황하고 있었다. 그때 오른쪽에 있는 어떤 사람이 은으로 된 산통(점치는 도구)을 손에 쥐여 주면서

"나는 예수다. 내가 주는 산통은 의(義)의 산통이니 받아 가져라"라는 말을 듣고 잠에서 깨어났다. 그 후에 백사겸은 예전에 받아 넣어 두었던 '인가귀도'라는 책자를 아내가 읽도록 하여서 들어 보니 마음에 감명이 되어 예수를 믿기로 결심하였다.

책의 내용은 "남을 속이고 우상을 숭배하던 가장이 방탕하여 패가망신하다가 예수를 믿고 새사람 되어 집안을 다시 일으켜 세운다"는 내용이었다. 백사겸은 자신에게 책을 건네준 김제옥을 찾아가 신앙을 고백했고, 마음을 정리하여 점치는 도구를 모두 불사르고 사용했던 북과 산통을 회개의 의미로 선교사에게 주고 고양읍 교회에 출석하기 시작했다.

처음 교회에 나간 날 백사겸이 교회에서 "하나님 아버지, 나는 죄인이로소이다"라고 참회 기도를 드렸는데 이 모습을 본 성도들은 감동을 받고 눈물로 함께 예배를 드렸다.

그런 일이 있은 후, 1897년 5월 2일, 백사겸은 온 가족과 함께 세례를 받고 삭개오처럼 철저하게 회개하는 생활을 했다. 그는 점을 치고 남을 속여서 모은 재산은 불의의 재산이라고 생각하고 삭개오처럼 재산을 모두 처분해서 사람들에게 나눠주고 자신은 구걸하며 다니겠다고 선언하였다.

주위 사람들은 그때부터 그를 '조선의 삭개오'라고 부르게 되었다. 백사겸은 어느 날 집에 들어온 강도들에게 재물을 내어 주고, 하나님이 기도에 응답하셨다고 오히려 감사 기도를 드리기도 했다. 그리고 3~4개월 동안 아침부터 저녁까지 부인이 읽어 주는 성경과 찬송을 외우기 시작했다. 백사겸은 복음서 전체를 다 외웠고, 비록 시각장애인이었지만 부인의 도움으로 함께 전국 각지를 다니며 간증을 통해 복음을 전했다.

그의 간증을 들은 많은 사람들이 회개하여 예수를 믿으면서 교회는 부흥되었고, 1899년에는 미국 남감리교회 선교사 리드가 그에게 직분을 주어 유급 전도사가 되어 교회를 섬기게 하였다. 백사겸은 고양, 서울, 개성, 장단, 충덕, 파주, 철원, 김화, 평강 등 각처로 두루 다니며 전도했고, 장단읍교회, 감바위교회, 개성남부교회를 개척, 설립하였다.

이렇듯 하나님은 육신의 연약함에도 불구하고 점쟁이 백사겸을 회개시켜 복음을 전하는 나팔수로 사용하셨다. 오늘날까지 교회는 평신도 전도자였던 백사겸을 '한국의 삭개오' 또는 '숨은 보배'라고 부르고 있다. 하나님을 믿지 않을 것 같은 점쟁이에게 전해 준 전도 책자 한 권이 그를 변화시켰고, 그는 한국 초기 교회의 전도자 가운데 큰 거목으로 쓰임을 받은 것이다.

백사겸은 1940년, 80세의 일기로 하나님의 부르심을 받았고 아들 백남석은 일제강점기에 미국으로 유학하여 에모리 대학을 졸업하고 돌아와 연희전문학교 영문과 교수로 재직하면서 독립운동과 주일학교 운동에도 깊이 관여하였다. 그리고 1936년에 편찬된 어린이 찬송가에 '가을'이란 곡을 작사(현제명 작곡)하였는데 이 곡은 초등학교 음악책에 동요로 실려 많은 사람들의 사랑을 받았다.

- 가을 -

가을이라 가을바람 솔솔 불어오니
푸른 잎은 붉은 치마 갈아입고서
남쪽 나라 찾아가는 제비 불러 모아
봄이 오면 다시 오리 부탁하누나

가을이라 가을바람 다시 불어오니
밭에 익은 곡식들은 금빛 같도다
추운 겨울 지낼 적에 우리 먹이려고
하나님이 내려 주신 생명의 양식

"다른 이로써는 구원을 받을 수 없나니 천하 사람 중에 구원을 받을 만한 다른 이름을 우리에게 주신 일이 없음이라 하였더라" [사도행전 4:12]

 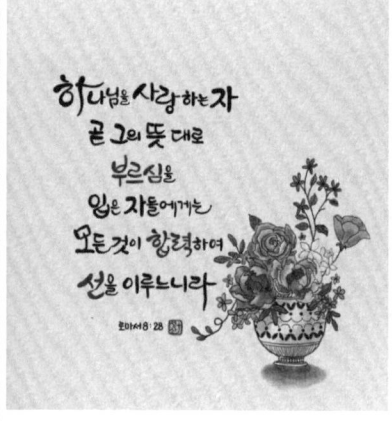

노년의 백사겸

25.
부르심의 반전(反轉)

인간을 부르시는 하나님의 구원 사역에는 인간의 지혜와 상식을 뛰어넘는 반전이 많이 있다. 예수님을 영접하고 새로 태어나 새 삶을 살고 있는 어느 성도의 간증이다.

저희 엄마는 열렬한 불교 신자였습니다. 어릴 때 집 안에서는 늘 불경 소리가 들렸고, 2남 3녀의 막내였던 저는 뜻도 모르는 불경을 암송하며 자랐습니다. 그런데 스님 수준의 엄마도 그 뜻을 모르고 암송한다는 것을 알고 큰 충격을 받았습니다.

그 후 불교에 대한 회의가 들었고 불교는 종교가 아닌 한 인간의 철학일 뿐이라는 생각이 들었고, 저는 무신론자가 되었습니다.

시간이 흘러 독실한 불교 집안이었던 남편을 만나 결혼을 하여 두 자녀를 낳았습니다. 둘째 아이를 낳고 조리원에서 한 살 많은 언니를 사귀게 되었습니다. 대화가 잘 통했던 언니와 같은 아파트 위아래 층으로 이사하여 살 만큼 가까워졌습니다.

어느 날 부탁이 있다는 언니는 자신이 교회에 다니고 있다는 것과 교회에서 전도 집회가 있는데 같이 가 보지 않겠냐고 말했습니다. 저는 그 언니가 나와 종교가 다르고 그것도 교회에 다니고 있다는 사실에 무척 놀랐고 화가 났습니다. 마치 엄청난 비밀을 숨기고 있다가 알게 된 것처럼 배신감까지 느꼈습니다.

그로 인해 관계가 소원해지기도 했지만, 언니가 생전 처음 하는 부탁인데 들어주고 싶은 마음이 생겨 언니를 따라 교회로 발걸음을 옮겼습니다.

교회에 따라오기는 했지만 여차하면 나가려고 본당 2층의 맨 뒤쪽에 나가기 쉬운 출입구 옆자리에 앉았습니다. 그날 전도 집회는 한 유명한 개그우먼이 간증하는 날이었습니다.

"당신이 여기 온 것은 당신의 선택이 아니고 하나님의 인도하심입니다. 혼자 여기까지 짐 지고 오느라 고생이 많으셨습니다. 이제 마음의 무거운 짐을 주님 앞에 내려놓고 당신을 위해 얼마나 많은 사람이 기도하고 있는지를 알게 되시길 바랍니다."

이 간증을 듣게 되었을 때 놀랍게도 저의 마음이 움직이기 시작했습니다.

당시 남편은 사업으로 해외를 오가고 있었고 두 아이를 혼자 키우며 너무 힘들었던 저에게 하는 말인 것 같았습니다. 마음이 울컥해지면서 갑자기 같이 간 언니가 무안할 정도로 대성통곡하며 울고 또 울었습니다.

그리고 첫날 2층 맨 뒤에 앉았던 저는 둘째 날에는 2층 맨 앞으로, 셋째 날에는 1층 맨 앞으로 나갔고, 마지막 날 예수님을 삶의 주인으로 영접하라는 목사님 초청의 말에 제일 먼저 일어나 예수님을 구주로 모시게 되었습니다.

그 후 주일예배와 다락방을 참여하며 날아갈 것처럼 행복했지만 다른 한편으로는 이 사실이 집안 어른들과 남편에게 알려질까 몹시 두려웠습니다.

다락방 예배는 친구와의 만남으로 위장해서 나갔고 성경책과 교회 주보는 검정 비닐봉지에 싸서 장롱 깊숙한 곳에 숨겨 두었으며, 밤이면 스마트폰에 이어폰을 꽂고 교회 앱을 통해 말씀과 찬양을 들었습니다.

그렇게 몰래 신앙생활을 하던 중 결국은 남편과 집안 어른들에게 알려지게 되었습니다. 예상대로 온 집안이 난리가 났고 험한 말이 오가는 상황에서 저는 위축될 수밖에 없었습니다. 깊은 절망 가운데 혼자 틀어박혀 하나님께 하소연만 하였습니다.
그러나 하나님께서는 저를 위하여 일하시기 시작하셨습니다.

왜 저에게 이런 고난을… 하며 원망하는 저에게 종교가 다르다는 이유로 거리가 멀어졌던 언니가 나를 위해 새벽기도를 하겠다고 했습니다.

자기 일도 아닌데 나서서 기도해 주며 같이 울어 주는 언니 덕분에 저는 마음의 평안을 찾고 모든 것을 하나님께 맡겨야겠다는 믿음이 생겼습니다.

그리고 담대하게 남편에게 당당히 교회 나가서 예수 믿고 천국에 갈 거라고 선포했습니다.

그런데 놀랍게도 남편과 시댁 어른들은 아무 말도 하지 않고 허락해 주었습니다. 나는 두 아이와 주일예배에 참여하고 다락방과 성경대학도 참여하게 되었습니다.

다른 사람들처럼 당당히 교회에 나와 예배를 드렸던 그날의 감격을 지금도 잊을 수 없습니다. 저는 주님이 주신 사명이 끝날 때까지 우리 가정의 복음의 통로로, 복음 사역자로 후회 없이 살아가겠노라고 다짐하고 있습니다.

"야곱아 너를 창조하신 여호와께서 지금 말씀하시느니라. 이스라엘아 너를 지으신 이가 말씀하시느니라. 너는 두려워하지 말라. 내가 너를 구속하였고 내가 너를 지명하여 불렀나니 너는 내 것이라." [이사야 43:1]

"하나님의 은사와
부르심에는 후회하심이
없다." [로마서 1:29]

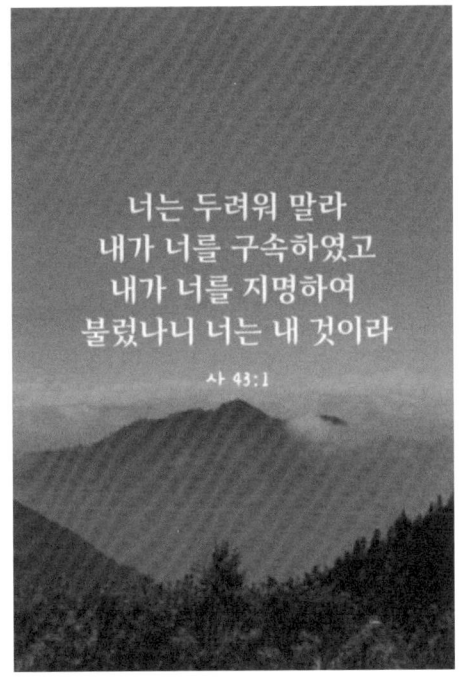

너는 두려워 말라
내가 너를 구속하였고
내가 너를 지명하여
불렀나니 너는 내 것이라

사 43:1

제3장

그리스도인의 아름다운
인생(beautiful life)

26.
인생은 아름다워

미국 뉴올리언스(New Orleans)의 가난한 흑인 가정에서 10형제의 맏이로 태어난 '조지 도슨(George Dawson)'의 이야기이다.

도슨은 어린 동생들을 먹여 살려야 했기에, 네 살부터 할머니와 함께 밭일을 해야 했고, 그러다 보니 학교에는 가 보지도 못했다. 그는 성인이 될 때까지도 글자를 배우지 못했고, 간신히 얻은 일자리에서 쫓겨나지 않기 위해 까막눈이라는 사실을 숨기고 필요한 표지판이나 규칙을 몽땅 외워 버렸다.

그의 자녀들은 장성한 성인이 되었을 때도 아버지가 글을 모른다는 사실을 몰랐다. 그렇게 도슨은 미국 전역과 멕시코에서 많은 직업을 전전하며 치열하게 살아왔다.

그러다 이제는 나이 들어 일을 그만두고 고향으로 돌아와 낚시로 소일하며 지내게 되었는데 그러던 어느 날, 인근 학교에서 성인들을 위해 글을 가르쳐 주는 교실이 있다는 소식을 듣게 되었다. 학교는 아이들을 위한 곳인 줄만 알았던 그는 성인을 위한 교육과정에 대해 처음 듣고 바로 학교로 달려가 수업 신청을 하고 이틀 만에 알파벳을 다 외워 버렸다.

그때 그의 나이는 얼마였을까?
무려 98세.
그는 당당히 학교 가기엔 늦지 않은 나이라고 말하며, 지각 한 번 하지 않고 열심히 학교에 다녔고 많은 책을 읽었다.

그리고는 101세에 『인생은 아름다워』라는 자서전을 펴내며 전 세계에 따뜻한 울림을 주게 되었다.

이 책은 중년의 초등학교 교사인 리처드 글로브먼과 함께 출간 했는데 리처드 글로브먼은 신문에 난 도슨 할아버지의 이야기를 세상에 알리고 싶어 3년 동안이나 워싱턴(Washington)에서 뉴올 리언스로 기나긴 거리를 왕래하며 도슨 할아버지의 지나간 100년 을 되돌아보며 책 작업을 완성했다.

도슨 할아버지의 긴 세월 동안 가장 힘이 되어 준 한 마디는
'인생은 아름다운 것이고 점점 나아지는 것'이라고 했던 자신의 아버지의 가르침이었다고 한다.

사람은 나이만큼 늙는 것이 아니라 생각만큼 늙는다고 한다. 그리스도 인에게 있어 '인생'이란 소설의 주인공은 바로 '나'이며 내 인생 소설의 작 가는 바로 '예수님'이시다. 모세는 80세가 되어서야 하나님으로부터 부름

을 받고 쓰임을 받았으며, 갈렙은 85세의 나이에 기업을 받았듯이, 주님의 영광을 위해서 살기로 작정하면 우리는 나이와 무관하게 언제든지 새로운 시작을 할 수 있다.

"그러므로 우리가 낙심하지 아니하노니 우리의 겉 사람은 낡아지나 우리의 속사람은 날로 새로워지도다." [고린도후서 4:16]

"좋은 것으로 네 소원을 만족하게 하사 네 청춘을 독수리같이 새롭게 하시는도다." [시편 103:5]

27.
명품 배우, 명품 그리스도인

1980년대 홍콩 영화를 대표하는 배우 주윤발과 오맹달의 이야기이다.

주윤발은 '영웅본색(英雄本色)'이란 영화로 최고의 인기를 얻었고, 오맹달은 그와 함께 연기를 시작했던 친구로 홍콩 코미디 영화의 인기 스타였다. 검은색 짙은 선글라스를 끼고, 트렌치코트를 입고, 성냥개비를 입에 물고 다니는 것이 유행을 일으킬 정도로 주윤발은 유명했다.

그러나 그의 꿈은 2가지, 행복해지는 것과 평범한 사람이 되는 것이었다.

반면 오맹달은 인기를 얻자 술과 도박에 빠져 방탕한 생활을 계속했고, 결국 큰 빚을 지며 협박에 시달리게 되었다. 오맹달은 지푸라기라도 잡는 심정으로 친구 주윤발에게 도움을 요청했는데 그러나 주윤발은 스스로 해결하라는 매정한 대답과 함께 단칼에 거절했다.

오맹달은 진정한 친구라고 생각했던 주윤발에게 크게 실망했고, 배신감으로 원망하며 살다가 결국 본업인 연기에 복귀하여 돈을 벌어 빚을 갚기로 결심하였다.

하지만 그를 반겨 주는 곳은 전혀 없었다. 그러다 운 좋게 영화 '천장지구'를 제작하는 진목성 감독이 오맹달을 캐스팅하였고 그가 출연한 이 영화가 대흥행하며 다시 재기에 성공하였다.

오맹달은 그해 홍콩 영화제에서 남우조연상을 수상하였고, 주윤발이 그에게 축하한다는 말을 전했지만, 예전 응어리가 풀어지지 않았기에 그의 축하를 무시했다.

그런데 어느 날, 오맹달이 재기에 성공하는데 크게 기여했던 진목성 영화감독이 오맹달에게 다음과 같이 말했다.

"당시 오맹달의 평판이 좋지 않아 그에게 배역 맡기는 것을 꺼려했는데 주윤발의 간곡한 부탁을 차마 거절할 수 없어 배역을 줄 수밖에 없었다."

이 사실을 안 오맹달은 주윤발을 찾아가 용서를 빌었고 다시 우정을 회복하게 되었다. 그리고 그는 한 방송 프로그램에 나와 주윤발에게 이런 감사의 말을 전했다.

"빚을 갚아 달라고 도움을 요청했을 때 그가 돈을 줬다면 지금까지도 정신 차리지 못하고 완전히 폐인으로 전락했을 거예요. 다시 일어날 수 있도록 보이지 않게 도와준 친구 주윤발에게 정말

고맙다는 말을 전하고 싶습니다."

　주윤발은 일상에서도 잔잔한 감동을 주기로 유명하다. 평소 자
주 가는 시장에서 생활이 어렵거나 건강이 안 좋은 시장 상인들을
자상하게 챙긴다고 한다. 그는 검소하기로 소문나 12만 원 정도의
돈으로 매달 생활하고 있고 17년 동안, 생산도 되지 않는 구형 핸
드폰을 사용하다가 수리할 수 없을 만큼 망가진 후에야 새로 핸드
폰을 장만하기도 했다고 한다.
　그러나 주윤발은 결코 가난하지 않다. 오히려 엄청난 큰 부자이
다. 그가 이렇게 검소한 생활을 하는 이유는 바로 자신의 꿈을 위
해서인데 그의 꿈은 자신이 가진 8천억 원의 재산을 사회에 환원
하고 평범하게 사는 것이다.

　그는 이런 말을 남겼다.
　"돈은 행복의 원천이 아닙니다. 매일 세 끼 식사와 잠잘 수 있는
침대만 있으면 충분합니다. 이 돈은 제 것이 아니고 그저 제가 잠
시 보관하고 있을 뿐이라서 이 돈이 꼭 필요한 사람들에게 전해지
면 좋겠습니다."

　젊어서도 나이가 들어서도 주윤발은 사회에 감동을 주는 진정
한 명품 배우이다.

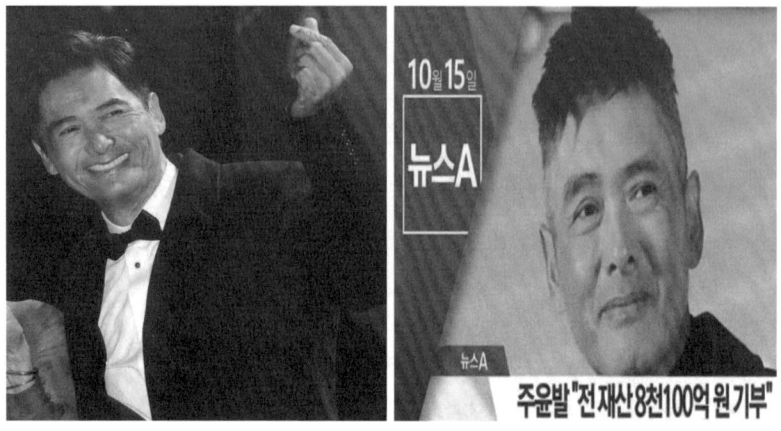

그리스도인에게도 '명품 그리스도인'이 있는 반면 '짝퉁 그리스도인'이 있다. 우리도 하나님의 사랑을 몸소 실천하여 명품 그리스도인, 시간이 갈수록, 연수가 오래될수록 더 빛이 나고 존재 가치가 올라가는 명품 인생으로 살게 해 달라고 기도해야 한다.

"각각 자기 일을 돌볼뿐더러 또한 각각 다른 사람들의 일을 돌보아 나의 기쁨을 충만하게 하라." [빌립보서 2:4]

28.
하나님의 시간

일생을 시계 조립에 보낸 어느 아버지가 아들을 위해 특별히 시계를 하나 만들어 선물했다. 그 시계의 초침은 금으로, 분침은 은으로, 그리고 시침은 동으로 된 시계였다. 기뻐하며 선물 받은 시계를 들여다보던 아들이 의아해하며 아버지에게 물었다.

"아버지, 시침이 금, 분침이 은, 초침이 동으로 되어야 하지 않나요?"

"아니다. 옳게 만들어졌단다."

"옳게 만들어지다니요? 저는 아무래도 아닌 것 같습니다."

"그렇지 않단다. 왜 그런지 곰곰이 생각해 보려무나."

"아무리 생각해도 전 모르겠어요."

"초침이 가는 길은 황금길이란다. 초를 허비하면 황금을 잃는 것이야. 초를 아끼지 않는 사람에게 어떻게 분과 시간이 있을 수 있겠니?"

시간의 소중함을 인식시키기 위한 아버지 가르침이었다.

사람은 일정 시간 동안 일의 결과, 업적, 목표 달성에 관심이 많다. 하지만 하나님의 관심은 다르다. 하나님은 어떤 일을 하든지 그 일을 대하는 나의 태도(attitude)에 관심이 있으시다. 비록 맡겨진 일이 작고 하찮은 일일지라도 마치 큰일처럼 대하는 나의 태도를 하나님은 높이 평가해 주신다.

누군가 100만 원만 그냥 달라고 하는 사람에게는 인색하지만 시간 좀 내달라고 하는 사람에게는 관대할 수가 있다. 그러나 돈은 다시 벌 수 있지만 시간은 한번 쓰면 다시 벌 수 없다는 것을 알아야 한다.

하나님의 영광을 위하여 살고 또 자신의 인생을 아름답게 살려는 사람들은 모두 시간의 소중함을 분명히 인식하고 있어야 한다. 이는 시간이야말로 자신의 삶을 펼칠 수 있는 장(playground)이기 때문이다.

시간의 소중함을 잘 알려 주는 글이 있다.
"일 년의 소중함을 알고 싶다면 재수생에게 물어보라.
한 달의 소중함을 알고 싶다면 미숙아를 낳은 산모에게 물어보라.
하루의 소중함을 알고 싶다면 하루 벌어 하루 사는 사람에게 물어보라.
한 시간의 소중함을 알고 싶다면 결혼식을 기다리는 신랑, 신부에게 물어보라.
일 분의 소중함을 알고 싶다면 기차 시간을 놓친 승객에게 물어보라.
일 초의 소중함을 알고 싶다면 사고에서 구사일생으로 살아남은 생존자에게 물어보라.
0.01초의 소중함을 알고 싶다면 올림픽 경기에서 은메달을 딴 선수에게

물어보라."

우리는 하나님이 주신 소중한 시간을 잠시 빌려 쓸 뿐이다.

"세월을 아끼라, 때가 악하니라. 그러므로 어리석은 자가 되지 말
고 오직 주의 뜻이 무엇인가 이해하라." [에베소서 5:16~17]

29.
가장 아름다운 보석

신부들이 결혼 예물로 가장 받고 싶어 하는 보석은 '영원'을 상징하는 다이아몬드(Diamond)이다. 세계에서 가장 유명한 4대 다이아몬드 중 하나로 추정가가 약 2,000억 원이나 되는 '호프(Hope)'라는 이름의 다이아몬드가 있다.

청색 빛을 띠기에 '블루 호프(Blue Hope)'라 불리는 이 다이아몬드는 1600년대 중반 인도의 콜루어(Kollur) 광산에서 농부의 호미에 부딪혀 발견되었다. 채굴된 뒤 67캐럿(carat, 1캐럿은 0.2g)짜리 보석으로 가공되었는데 현재는 45.52캐럿으로 재가공되었다.

그런데 이렇게 비싸고 아름다운 다이아몬드에는 이를 소장했던 사람들의 불행 스토리가 줄줄이 이어지고 있다.

초기 인도에서 프랑스 보석상 장 타베르니에가 이를 사서 태양왕 루이 14세에게 판매했다. 루이 14세는 그 보답으로 그에게 남작(baron) 작위를 내렸으나 그의 아들이 도박 빚을 많이 져서 파산하고 말았다. 그는 다시 다이아몬드를 구하기 위해 인도에 갔으나 불행히도 들개 떼에게 물려 죽고 말았다.

루이 14세 때 국무장관 니콜라 푸케가 무도회에 이 다이아몬드를 가지고 나갔다가 횡령죄로 체포되어 죽었고 그 후 루이 14세 역시 천연두로 사망했다. 이 다이아몬드를 늘 지니고 다니던 랑바르 공주는 도둑들에게 살해당했고 그 뒤를 이은 루이 16세와 왕비 마리 앙투아네트도 프랑스 대혁명 때 단두대의 이슬로 사라졌다.

프랑스 보석상 자크 셀로는 이 다이아몬드의 아름다움에 넋을 잃어 미쳐서 자살했다는 이야기도 있으며 그 후 러시아의 이반 카니토프스키 공(公)이 소유하다가 그도 자살로 생을 마감했으며 그 후 네덜란드의 보석업자가 현재와 같이 45.52캐럿으로 더 예쁘게 깎았으나 자기 아들이 보석을 훔쳐 가 버리는 바람에 자살했다고 한다.

그 후 1830년 런던 경매장에 이 다이아몬드가 다시 모습을 드러내자 런던의 은행가이자 보석 수집가며 예술 후원자였던 헨리 필립 호프(Henry Philip Hope)가 9만 달러에 사서 그때부터 이름이 '호프 다이아몬드'로 불리게 되었다.

호프 다이아몬드는 현재 45.52캐럿(약 9.1g)의 무게에 가로 2.56cm, 세로 2.58cm, 높이 1.2cm의 큰 청색의 다이아몬드이다.

그러나 부유한 은행가였던 호프는 불과 몇 년 후 경마를 하다 떨어져 죽었고 후에 사업도 파산해 버리고 말았다. 1908년 오스만 제국의 황제 압둘 하미드 2세가 40만 달러에 사들여 아내 수비야에게 주었으나 나중에 아내를 살해하여 죽였고 1년 후에 자신도 황제 자리에서 폐위되었다. 1911년 미국의 사업가 에블린 맥린(Evalyn McLean)이 15만 4,000달러를 주고 사들였으나 그의 아들이 자동차 사고로 죽었고 맥린은 파산하여 정신병원에서 사망했으며, 딸은 1946년 약물 과다로 죽었고 아내는 마약 중독자가 되어 가정이 파산되고 말았다.

그리고 맥린 이후 1949년, 세계적으로 유명한 보석상으로 주얼리 시계 브랜드의 창업자인 해리 윈스턴(Harry Winston, 1896~1978)이 구입하였다. 불행이 너무도 줄줄이 이어지고 손에 넣은 사람들마다 다이아몬드의 저주를 피해 갈 수 없다고 알려지자 해리 윈스턴은 이 다이아몬드를 1953년까지 미국 주요 도시에서 전시를 거친 후, 1958년 워싱턴의 스미스 소니언 자연사 박물관에 기증하였고 이제 사람의 손을 떠나 박물관에 영구 보관하게 되었다. 이후 해리 윈스턴만이 저주를 피했다고 한다.

지금도 호프(Hope) 다이아몬드는 피렌체(Firenze) 다이아몬드, 리전트(Regent) 다이아몬드, 상시(Sancy) 다이아몬드와 함께 주인을 해치는 저주의 세계 4대 다이아몬드로 알려져 있다.

그런데 이렇게 비싸고 아름다운 다이아몬드를 소장했던 사람들은 소장 순간은 소유욕에 만족을 주었을는지 몰라도 그들의 인생은 결코 행복하지 않았다. 가장 비싼 보석이지만 보석이 결코 행복을 가져다주지 못한 것이다.

그렇다면 가장 아름다운 보석이면서, 마음만 먹으면 누구나 쉽게 가질 수 있고, 도난당할 염려도 없고, 행복과 기쁨을 주는 보석은 이 세상에 없을까?

성장 과정이 처참한 흙수저 같은 인생 스토리를 가졌지만, 자신을 보석으로 다듬어 성공시킨 사람이 있다.

1954년 미국 미시시피주 시골에서 지독하게 가난한 미혼모의 사생아로 태어난 여자아이가 있었다. 태어났을 때 어머니로부터 버려져 외할머니 손에서 자랐고 9살에 사촌 오빠로부터 성폭행을 당했고, 14살에 미혼모가 되었고 태어난 아들이 2주 후에 죽는 고통을 겪어야 했다. 가출하여 마약 복용으로 하루하루를 지옥같이 살았으며, 살고자 하는 의욕이 전혀 없는 청소년 시절을 보냈다.

더군다나 몸무게 107kg의 레슬러 몸매를 가졌던 여인, 그녀는 바로 미국 빙송계에서 토크쇼의 여왕이라 불리는 '오프라 윈프리 (Oprah Winfrey, 1954~)'이다.

그러나 그녀에게 기적과 같은 일이 일어났는데 친부가 하나님을 믿게 되면서 그녀에게 찾아와 용서를 빌었고, 그녀는 교회에 나가면서 상처를 치유받기 시작했다.

고등학교를 무사히 졸업하고, TV 방송국의 초보 아나운서가 되었고, 우연한 기회에 대담 프로를 진행하게 되었는데 자신의 재능인 말솜씨와 영특함을 살려 방송인이라는 직업에 발을 딛고 나아가게 되었다.

그녀는 토크쇼를 단순한 프로그램이 아닌 공감(Empathy)과 소통(Communication)의 장으로 받아들여 토크쇼 장르를 대중화시키고 큰 변화를 일으킨 방송인이었다. 본인의 이름을 내걸고 1986년부터 2011년 5월까지 25년간 미국 CBS에서 '오프라 윈프리 쇼'를 진행하면서 '토크쇼의 여왕'이 되었다. '오프라 윈프리 쇼'는 미국 내 시청자만 2,200만 명에 달하고 세계 140개국에서 방영될 정도로 큰 인기를 구가했는데, 무려 10차례에 걸쳐 '데이타임 에미상'을, 2018년에는 골든글로브 '평생공로상(Life Achievement)'을 수상하였으며 미국 방송 역사상 가장 시청률이 높은 토크쇼라는 기록을 유지하고 있다.

그녀는 세계에서 가장 영향력 있는 여성으로도 불리며 어릴 적의 찌든 가난 속에서도 이제는 흑인 여성으로서는 처음으로 경제 전문지 포브스(Forbes)로 부터 재산 10억 달러 이상의 부자 중 한 사람으로 지목되었고 4년 연속 고수익 유명인 1위에 오르며 미국 내 유명 인사 가운데 최고의 수입을 달성했다. 미국인이 가장 존경하는 여성으로, 사람들이 인생에서 가장 얻고 싶다는 인기, 존경, 돈을 모두 가진 축복의 여성이 되었다.

세상에서 가장 바쁜 사람 중의 한 사람인 그녀에게 밥 먹는 일 외에 하루도 빼먹지 않은 일이 있다. 바로 날마다 감사의 일기를 쓰는 일이다.

그녀는 하루 동안 일어난 일들 중 감사한 일 다섯 가지를 찾아 매일 기록하는데 그녀의 감사 내용은 거창하거나 화려하지 않고 지극히 일상적이다.

오늘도 거뜬하게 잠자리에서 일어날 수 있어서 감사합니다.
유난히 눈부시고 파란 하늘을 보게 하여 주셔서 감사합니다.
점심때 맛있는 스파게티를 먹게 해 주셔서 감사합니다.
얄미운 짓을 한 동료에게 화내지 않았던 저의 참을성에 감사합니다.
좋은 책을 읽었는데, 그 책을 써 준 작가에게 감사합니다.

오프라 윈프리는 감사의 일기를 통해 두 가지,
첫째는 인생에서 가장 소중한 것과
둘째는 삶의 초점을 어디에 맞춰야 하는지를 배웠다고 한다.

그녀로 인해 "인생의 성공 여부는 온전히 개인에게 달려 있다."라는 '오프라이즘(Oprahism)' 열풍을 낳기도 했다.

그녀는 말한다.

"저는 미래가 어떻게 전개될지는 모릅니다. 그러나 누가 그 미래를 결정하는지는 압니다."

블루 호프(Blue Hope) 다이아몬드와 오프라 윈프리(Oprah Winfrey)

세상에서 가장 아름다운 보석은 무엇일까? '호프 다이아몬드'일까? 그리스도인에게 있어 가장 아름다운 보석은 바로 그리스도인의 '아름다운 삶'이다.

30.
여유와 넉넉함

"주 안에서 항상 기뻐하라. 내가 다시 말하노니 기뻐하라" [빌립
보서 4:4]

"신사(gentleman)는 '우산과 유머(humor)'를 항상 가지고 다녀야 한다"
라는 영국 속담이 있다. 영국은 비가 하도 자주 와서 우산을 꼭 가지고 다
니라는 말이고, 유머는 인간관계를 부드럽게 하는 기름과도 같은 역할을
한다는 말이다. 실제로 유머 한마디가 상황을 바꾸어 놓은 경우가 많이
있다. 특히 미국 정치인들은 유머로 유명하다.

링컨이 상원의원 선거에 입후보했을 때 경쟁자였던 더글러스
후보가 합동 연설회장에서 목소리를 높였다.

"링컨은 자신이 경영하던 상점에서 팔아서는 안 될 술을 팔았
습니다. 이것은 분명한 위법이며 이렇게 법을 어긴 사람이 상원의
원이 된다면 이 나라의 법질서가 어떻게 되겠습니까?"

더글러스는 의기양양했고, 청중들은 술렁거렸다. 그때 링컨이
연단에 올라가 태연하게 말했습니다.

"존경하는 유권자 여러분, 방금 전 더글러스 후보가 말한 것은 사실입니다. 그리고 그때 우리 가게에서 술을 가장 많이 사서 마신 최고 우량 고객이 더글러스 후보라는 것 역시 사실입니다."

상대편의 음해에 대해 링컨이 위트로 응수하자 좌중은 웃음바다가 됐다.

어느 일요일 아침, 링컨은 백악관에서 자기의 구두를 닦고 있었다. 마침 방문한 친구가 깜짝 놀라며 물었다.
"아니, 미합중국의 대통령이 손수 구두를 닦다니 이래도 되는 건가?"
그러자 링컨은 깜짝 놀라면서 대답했습니다.

"아니, 그러면 미합중국의 대통령이 거리에 나가 남의 구두를 닦아야 한단 말인가?"

할리우드 배우 출신의 레이건 대통령의 유머도 유명하다. 1981년 3월, 워싱턴에서 저격을 받아 중상을 입었을 때의 일이다. 간호사들이 지혈하기 위해 레이건의 몸을 만졌는데 레이건은 고통 와중에도 간호사들에게 유머를 했다.

"우리 낸시(부인)에게 허락을 받았나요?"

또 응급실에 모인 보좌관들과 경호원들이 침통한 표정을 짓고 있는 것을 보고, 레이건은 다음과 같이 말을 해서 응급실의 분위기를 바꾸어 놓았다.

"할리우드 배우 시절 내 인기가 이렇게 폭발적이었으면 배우를 그만두지 않았을 텐데."

얼마 후 부인 낸시 여사가 응급실에 나타나자 이렇게 말했다고 한다.

"여보, 미안하오. 총알이 날아왔을 때 영화에서처럼 납작 엎드리는 걸 깜빡 잊었어."

이런 응급실 유머가 알려진 이후, 국민들은 레이건 대통령의 회복을 빌면서 대통령 지지율은 83%까지 치솟았다고 한다.

조지 부시 대통령의 유머도 빠지지 않는다. 그는 대학 졸업 시 C학점을 받은 졸업생으로 알려져 있다. 부시 대통령이 자신의 모교인 예일대 졸업식에 초청받았을 때 다음과 같은 연설로 웃음을 선물하였다.

"우등상과 최고상을 비롯하여 우수한 성적을 거둔 졸업생 여러분, 진심으로 축하드립니다. 그리고 C 학점을 받은 학생 여러분들은 이제 미합중국의 대통령이 될 수 있는 자격을 갖추었음을 알려

드립니다."

세계적으로 가장 뛰어난 품질로 소문난 양탄자(carpet)는 이란에서 생
산되는 양탄자라고 한다. 여기에는 일부러 구석진 곳에 찾기 힘든 흠을
하나씩 남겨 놓는다고 한다. 그 흠을 '페르시아의 흠(Persian Flaw)'이라고
하는데 오랜 옛날부터 페르시아 장인들은 한 올 한 올 지극 정성으로 양
탄자를 만들면서 일부러 그런 흠을 하나 남김으로써 신의 작품이 아닌 인
간의 작품임을 천명하고 언제까지나 인간적 겸손함을 유지하려 했다고
한다.

유머는 "여유와 넉넉함"이 묻어나는 인간적인 정서이다. 이는 메마른
들녘에 아름다운 꽃을 피우는 것과 같은 것이다.

"그때에 우리 입에는 웃음이 가득하고 우리 혀에는 찬양이 찼었
도다. 그때에 뭇 나라 가운데에서 말하기를 여호와께서 그들을 위
하여 큰일을 행하셨다 하였도다." [시편 126:2]

31.
타샤 튜더의 매일 행복해지는 비법 5가지

타샤 튜더(Tasha Tudor, 1915~2008), 그녀는 맨발로 아름다운 정원을 거닐며 자연과 어우러진 삶을 산 미국을 대표하는 동화작가이자 화가이다.

매사추세츠 보스턴(Boston) 사교계의 부유하고 영향력 있는 가문의 출신으로 태어났지만, 부모의 이혼으로 다른 사람의 집에 맡겨져 열다섯 살에 학교를 그만둔 후 그때부터 그림을 그리고 동물을 키우면서 꽃을 가꾸는 일에 열중하기 시작하였다. 스물세 살에 첫 그림책 『호박 달빛』을 출간하면서 타샤의 섬세한 수채화가 세상에 알려지게 되었고 이후 70여 년 동안 『비밀의 화원』, 『소공녀』의 일러스트를 비롯한 약 100여 권의 그림책을 내놓으면서 두 번이나 칼데콧상을 수상하였고 1971년 미국 최고의 동화작가에게 수여하는 레지나 메달을 받으며 그림책 작가로서 확고한 명성을 얻었다.

그녀는 매일 행복해지는 비법 5가지를 평생 실천해 온 사람이다. 행복한 사람들은 저마다 특징이 있다. 그중에서 공통된 삶의 태도가 있었다. 행복한 사람은 무엇이 다를까?

그녀가 말하는 행복한 사람들의 특징 5가지는

① 작은 일이라도 꾸준히, 규칙적으로.

최근 '루틴(Routine)'이라는 말을 자주 사용한다. 루틴은 특정한 작업을 실행하기 위한 일련의 명령을 뜻하는데 작은 일이라도 매일 꾸준히 실행하여 일단 몸에 익히게 되면 그 경험이 쌓이고 쌓여서 나중에는 생각지도 못한 큰 성과물을 얻을 수 있다. "침대부터 정리하라"라는 말이 있다. 내일 아침부터 당장 침대를 정리하는 습관을 기르는 것은 어떨까? 나만의 루틴을 만드는 것, 행복으로 가는 과정이기도 하다.

② 자신이 어떤 일을 좋아하는지 찾으라.

조사에 의하면 의외로 많은 사람들이 자신이 무엇을 좋아하는지 잘 모르고 있다. 취미를 찾고 그것에 시간을 들여 실력을 키우는 일은 삶의 만족도를 높이는 데 많은 도움을 준다. 이때 다른 사람의 시선은 신경 쓸 필요 없다. 다른 사람에게는 별 의미 없어 보이는 일이라도 내가 즐겁다면 좋은 것이다. 작은 텃밭을 가꿀 수도 있고, 맛있는 요리를 만들 수도, 멋진 라이더가 될 수도 있다. 내가 정말로 좋아하는 일이 무엇인지 곰곰이 생각해 보라. 그게 어렵다면 어렸을 때 꿈꾸던 나의 모습을 한번 떠올려 보라. 답은 항상 내 안에 있다.

③ 약간은 이기적일 줄도 알아야 한다.

"이것만 하고", "조금만 더 참자" 이런 말들은 행복을 지연시키는 말들이다. 오늘의 행복은 저축되지 않는다. 사람들은 후일 더 큰 행복을 누리기 위해 지금을 참고 지낸다. 그러나 행복은 저축되지 않을뿐더러 순간 왔다가 바로 지나간다. 착한 사람은 약간은 이기적일 필요가 있다. 다른 사람에게 피해를 주는 게 아니라면 항상 자신을 우선순위에 두어야 한다. 지금 당장 행복해지기에도 시간은 부족하다.

④ 사람뿐 아니라 동식물에도 애정을 갖자.

친구나 가족, 직장 동료와 관계가 돈독해지면 기분이 좋아지고 자신감도 넘치게 된다. 하지만 관계가 엉망이 되면 마치 내 삶도 엉망이 된 것처럼 불안하고 우울해진다. 이처럼 좋은 관계를 유지해 나가는 것은 행복감에 직접적인 영향을 주는데, 이는 꼭 사람과의 관계만 있는 것은 아니다. 반려동물, 길고양이, 꽃, 오토바이, 컴퓨터 등, 사람뿐만 아니라 동·식물들, 사물과 좋은 관계를 만들어 보라. 최소한 누군가의 말 한마디에 일희일비하는 일은 없을 것이다. 나의 다른 모든 소중한 것들이 나를 기다리고 있기 때문이다.

⑤ 고마워하고, 만족할 줄 알아야 한다.

인간의 욕심은 끝이 없고, 같은 실수를 반복한다. 건강한 욕심은 스스로를 발전시키는 원동력이 되지만 지나치면 반드시 탈이 나기 마련이다. 이러한 욕심을 견제해 주는 것이 바로 '감사하는 마음'이다. 또 현재에 만족할 줄 아는 마음은 쓸데없는 걱정으로 시간을 허비하지 않게 해 준다.

이렇게만 해도 행복해질 수 있다니, 놀랍지 않은가? 타샤는 매일 아침 일어나 정원을 가꾸고, 산책한다. 잡초도 뽑고, 돌무더기도 옮기고, 누군가에게는 지루한 노동일 수 있지만 타샤는 즐겁다. 타샤는 어린 시절부터 자신이 어떻게 살고 싶어 하는지 정확히 알고 있었다. 외진 농가에서 정원을 가꾸고 반려동물들을 보살피고 마당에서 가축을 키우며 동화책 삽화를 그리고 싶어 했다. 타샤는 56세부터 30만 평이나 되는 정원을 가꾸기 시작했다. 그리고 평생 100여 편이 넘는 작품을 세상에 내놓았다. 그의 주변에는 항상 작은 동물 친구들이 있다.

타샤는 그저 매일 자신이 좋아하고, 할 수 있는 일을 조금씩 꾸준히 하고 있다.

"행복이란 마음에 달렸다고 생각해요. 나는 더 이상 바랄 나위 없이 내 삶이 만족스러워요."

그렇게 시간이 흘러 타샤 튜더는 개인의 행복을 넘어 하나의 라이프 스타일 아이콘이 되었다.

타샤는 말한다.

"우울하게 지내기엔 인생이 너무 짧아요."

" 우울하게 지내기엔
인생이 너무 짧아요"

32.
믿음, 소망, 사랑

"그런즉 믿음, 소망, 사랑, 이 세 가지는 항상 있을 것인데 그 중의 제일은 사랑이라." [고린도전서 13:13]

어느 재벌 그룹 회장님의 강의를 듣기 위해 많은 사람들이 회의 장을 가득 메웠다. 회장님은 무대에 오르자 칠판에 무언가를 크게 적었다.

'1,000억'
그리고 강의를 시작했다.

"외람된 말씀이긴 합니다만 저의 재산은 아마 1,000억 원은 훨씬 넘을 것입니다." 사람들은 다 알고 있었던 사실이어서 고개를 끄덕였다.

"여러분, 이런 제가 부럽습니까?"

모두가 "예~" 하는 대답이 여기저기서 들려왔다.

"지금부터 누구든지 이와 같은 성공을 거두시려면 어떻게 해야 하는지에 대한 강의를 시작하려고 합니다. 여러분! 1,000억 중에는 '0'이 셋입니다. 첫 번째 0은 명예입니다. 두 번째 0은 지위, 세 번째 0은 돈입니다. 이것들은 인생에서 누구에게나 필요하고 선망의 대상이기도 합니다. 그럼 0 앞에 있는 '1'은 무엇일까요? 바로 '건강과 가족'입니다.

여러분! 만일 1을 없애면 1,000억 원이란 돈은 어떻게 되겠습니까? 바로 0원이 되어 버립니다. 아무 소용 없는 숫자입니다. 그렇습니다. 인생에서 명예, 지위, 돈도 중요하지만, 아무리 명예가 훌륭하고 지위가 높고 돈을 많이 가졌더라도 내가 건강하지 못하고 또, 가족이 없다면 내 가진 모든 건 가치가 없을 것이고 바로 실패한 인생이 되어 버린다는 말씀입니다."

강의를 듣고 있던 청중들은 그제서야 진정한 성공의 의미를 알겠다는 듯이 모두 고개를 끄덕였다. 회장은 계속해서 말했다.

"제가 잘 알고 지내던 명의께서 남긴 중요한 말씀을 전해 드리겠습니다. 그 명의는 우리가 살아가는 데 꼭 필요한 세 분의 의사가 있다고 소개했습니다.

첫째 의사는 Food(음식), 둘째 의사는 Sleeping(수면), 셋째 의사는 Exercise(운동)입니다. 음식은 위의 4분의 3만 채우시고 절대로 과식하지 않고, 밤 10시 이전에 잠을 자고 아침 6시 해가 뜨기 전에 일어나며, 열심히 걷다 보면 웬만한 병은 다 나을 수 있습니다. 그런데 육체만 건강한 것은 정확히 말해서 반쪽 건강에 불과합니다.

육체의 건강과 더불어 마음과 생각과 영혼의 건강을 위해 꼭 필요한 약 세 가지가 있는데, 그것은 '웃음(Laughter)', '사랑(Love)', '감사(Thanks)'입니다.

그런즉, 마음과 생각과 영혼과 육체가 골고루 건강한 사람이 되어야 진정한 건강미를 갖추었다고 말할 수 있습니다. 웃음이 얼굴에서 떠나지 않는 사람, 사랑이 몸에 배어 있는 사람, 감사가 넘치는 사람, 이 사람이 바로 건강한 사람입니다."

"사람이 만일 온 천하를 얻고도 제 목숨을 잃으면 무엇이 유익하리오 사람이 무엇을 주고 제 목숨과 바꾸겠느냐." [마태복음 16:26]

33.
YOLO! 한 번뿐인 인생

2016년 미국의 버락 오바마 대통령이 의료보험 개혁 정책을 홍보하는 동영상 끝부분에서 "YOLO, Man"이라고 말해 이슈가 된 적이 있다. YOLO(욜로)란 "You Only Live Once"의 이니셜 합성어로 "오직 한 번만 살 뿐이다"는 의미이다.

한 번뿐인 인생이니 현재의 생활에 만족과 즐거움을 누리면서 후회 없이 잘 살자는 의미 외에도 하루하루에 충실하라는 별도의 의미도 내포되어 있다고 보아야 한다.

오늘에 충실하며 작은 것에서부터 행복을 찾는 것, 그래서 오늘을 충실히 살다 보면 내일도 충실해질 수 있는 것이다. 그러나 젊은 층을 중심으로 나타난 사회적 현상으로 그저 세상을 즐기는 데만 초점을 맞춘 다소 부정적인 현상이 나타나고 있는 것도 사실이다.

하지만 그리스도인은 하루에 최선을 다하여 살면서도 하나님의 심판과 영생이 있음을 믿고 있다.

YOLO! 한 번뿐인 인생인데 우리는 살아가기 위해 어떤 마음 자세가 필요하며 또, 어떤 사람이 행복한 사람인지 묵상해야 할 필요가 있다.

김홍식 목사(작가)의 '죽어도 행복을 포기하지 마라'에 나오는 글이다.

"산꼭대기에 오르면
행복할 거라 생각하지만
정상에 오른다고 행복한 건 아니다.
어느 지점에 도착하면
모든 사람이 행복해지는 그런 곳은 없다.

같은 곳에 있어도
행복한 사람이 있고
불행한 사람이 있다.

같은 일을 해도
즐거운 사람이 있고
불행한 사람이 있다.
같은 음식을 먹지만
기분이 좋은 사람과
기분 나쁜 사람이 있다.

좋은 물건, 좋은 음식, 좋은 장소보다
더 중요한 것은 그것들을 대하는 태도이다.
무엇이든 즐기는 사람에겐 행복이 되지만
거부하는 사람에겐 불행이 된다.

정말 행복한 사람은

모든 것을 다 가진 사람이 아니라

지금 하는 일을 즐거워하는 사람,

자신이 가진 것을 만족해하는 사람,

하고 싶은 일이 있는 사람,

갈 곳이 있는 사람,

갖고 싶은 것이 있는 사람이다."

　"한 번 죽는 것은 사람에게 정해진 것이요, 그 후에는 심판이 있으

　리니" [히브리서 9:27]

34.
던킨 도너츠(Dunkin' Donuts)

윌리엄 로젠버그(Willian Rosenberg, 1916~2002)라는 한 소년이 있었다.

그는 초등학교도 졸업하지 못했고 어려운 환경에서 몹시 가난했지만, 신앙을 지키며 열심히 생활했다. 소년은 성실과 믿음이 인생의 성공을 가져온다고 믿고 가난과 싸워 나갔다.

학교를 중퇴한 14세에 전보 배달원으로 일했고 17세, 대공황기의 뜨거운 여름 낮엔 얼음덩어리를 팔고 주급 20달러를 받았다. 20대엔 유통회사에서 트럭을 관리하는 직원으로 일했고 제2차 세계대전 중인 30대엔 중고 트럭 한 대를 구입하여 케이터링(catering) 차량으로 만들어 보스턴 외곽에서 공장이나 건설 현장 노동자들에게 간편한 음식을 제공하고자 커피와 샌드위치를 팔기 시작했다. 그리고 커피에 잘 어울릴 것 같은 도넛섞어 팔았다.

다행히도 이 메뉴는 당시 노동자들의 큰 호평을 받으며 1948년 매사추세츠주 퀸시(Quincy)에서 도넛을 5센트에, 커피를 10센트에 판매하는 '오픈 케틀(Open Kettle)'이라는 가게를 열게 되었다. 그리고 1950년 이름을 '던킨 도너츠(Dunkin' Donuts)'로 바꾸어 프랜차이즈 회사를 창립하였다. 이후 지속적으로 점포를 확장하며 세력을 키워 나갔다.

회사는 한 미국 여배우가 실수로 도넛을 커피에 떨어뜨려 이를 그냥 먹은 후, 그 맛에 홀딱 반한 일이 생기면서 큰 유명세를 얻기 시작했다.

이렇게 시작된 도넛 사업은 현재 전 세계에서 6,200개 이상의 점포에서 2,700만 명 이상의 고객이 방문하며 전 세계 어느 곳에 가도 이 도넛 가게를 볼 수 있는 대기업이 되었다.

그는 72세를 맞이하는 생일 축하 자리에서 이렇게 말했다.

"저는 가난하고 정규교육을 받지 못한 채 자랐습니다. 그러나 하나님께서 늘 제 짐을 맡아 주셨습니다. '성공은 지식(knowledge)에 있지 않고 태도(attitude)에 있다'고 저는 믿습니다. 현재의 부(富)는 자랑할 것이 못 됩니다. 모든 것이 곧 변할 것입니다."

사람들이 던킨 도너츠의 창업주 로젠버그를 존경하는 이유는 그가 늘 하나님을 믿고 순종하며 자신의 짐을 맡기고 살았기 때문이다. 주께서 그의 짐을 대신 맡아 주시고 그를 이끌어 주셔서 대기업가로 성공할 수 있었던 것이다.

지식이 성공을 가져오는 것이 아니라 하나님 안에서 사는 삶의 태도가 성공을 가져다준다. '태도(attitude)'가 가장 중요하다. 하나님은 중심을 보시기 때문이다.

"여호와께서 사무엘에게 이르시되 그의 용모와 키를 보지 말라. 내가 이미 그를 버렸노라. 내가 보는 것은 사람과 같지 아니하니 사람은 외모를 보거니와 나 여호와는 중심을 보느니라 하시더라." [사무엘상 16:7]

던킨 창업자 윌리엄 로젠버그(Willian Rosenberg, 1916~2002)

35.
즐거운 인생은 바로 지금부터

모기는 피를 빨 때 잡히고
물고기는 미끼를 물 때 잡힌다.

밥을 이기는 충견(忠犬)이 드물고
돈을 이기는 충신(忠臣)도 드물다.

사람도 소유를 탐낼 때 위험해진다.

몸의 근육은 운동으로 키우고,
마음의 근육은 정(情)으로 키운다.

체온이 떨어지면 몸이 병들듯
냉소가 가득한 마음은 병들기 마련이다.

향기가 없던 몸에 향수를 뿌려 주면 향기를 풍기듯
메마른 마음에 온정을 뿌려 주면 사람도 향기를 풍기기 마련이다.

오래 걸으려면 좋은 신발이 필요하고

오래 살려면 좋은 인연이 필요하다.

지구와 태양의 거리가 달라지면 둘 다 공존할 수 없듯이
사람의 관계도 최적의 거리를 유지할 때 공존한다.

죽어 가는 사람은 살려도
이미 죽은 사람은 살릴 수 없다.
끝나지 않은 인연이라면 살리되
끝난 인연이라면 미련을 갖지 마라.

즐거운 인생은 바로 지금부터
언젠가 모든 것이 달라질 거야 하는 말을 믿지 마라.
하늘이 오늘은 맑지만, 내일은 구름이 덮일지도 모른다.

당신의 해가 저물면 노래를 부르기엔 너무나 늦다.
가슴 저리게 사랑하고 그 사랑을 즐겨라.
지금 이 시각을 중요시하라!

한 치의 앞도 못 보는 게 인간 삶이라.
즐거움이 주어질 때 즐겁게 살아라.

포장지가 아무리 화려해도 결국엔 버려지듯이
남의 들러리로 사는 삶, 결국엔 후회만 남는다.

꽃길만 걷거나 로또 같은 인생은 없으니

즐겁게 살고 후회 없는 인생이 성공한 인생이다.

흘러가 버린 시냇물은 물레방아를 돌릴 수 없다.

"일의 결국을 다 들었으니 하나님을 경외하고 그의 명령들을 지

킬지어다. 이것이 모든 사람의 본분이니라." [전도서 12:13]

36.
아름다운 인생 자산(asset), 신뢰(trust)

근대 역사학의 아버지라 불리는 독일의 '폰 랑케(Leopold von Ranke, 1795~1886)'는 라이프치히 대학교에서 역사학과 고전학을 전공한 이후 베를린대학교 교수를 지냈다.

어느 날 산책하던 중 동네 골목에서 울고 있는 한 소년을 보았다. 다가가서 연유를 물어보니 우유를 배달하는 소년이었는데 실수로 넘어지는 바람에 우유병을 통째로 깨뜨린 것이었다.

소년은 깨진 우유를 배상해야 한다는 걱정에 그 자리에 털썩 주저앉아 울고 있었던 것이다.

랑케는 울고 있는 소년에게 말했다.

"얘야, 걱정하지 말아라. 지금은 내가 돈을 안 가져와서 줄 수 없다만 내일 이 시간에 여기 나오면 내가 대신 배상해 주마."

집으로 돌아온 랑케는 어느 자선사업가가 보낸 편지를 받았다. 편지 내용은 역사학 연구비로 거액을 후원하고 싶으니 내일 당장 만나자는 것이었다. 랑케는 너무 기뻐서 어쩔 줄 몰랐지만, 순간 소년과의 약속을 떠올렸다.

그 자선사업가를 만나기 위해서는 지금 당장 먼 길을 떠나야 했기 때문에 내일 소년과의 약속을 지킬 수 없는 상황이었다. 고민을 잠시 하던 랑케는 망설임 없이 자선사업가에게 다른 중요한 약속이 있어 만날 수 없다며 편지를 써서 보냈다. 랑케는 좋은 기회를 놓치는 손해를 감수하면서 우유 배달 소년과의 약속을 지켰다.
랑케의 편지를 받은 자선사업가는 순간 상당히 불쾌했지만, 다행히 랑케의 전후 사정을 알게 된 후에는 더욱 랑케를 신뢰하게 되었다. 그리고 그에게 처음 제안했던 후원금보다 몇 배나 더 많은 후원금을 지원했다.

랑케에게는 후원받는 것보다도 한 소년과의 약속을 지키는 것이 그 무엇보다 더 소중했는데 랑케의 이런 신뢰심을 존중한 자선사업가는 그 후 랑케의 더욱 든든한 후원자가 되었다.

"지극히 작은 것에 충성된 자는 큰 것에도 충성되고 지극히 작은 것에 불의한 자는 큰 것에도 불의하니라." [누가복음 16:10]

37.
마음 밭을 옥토로

"좋은 땅에 있다는 것은 착하고 좋은 마음으로 말씀을 듣고 지키어 인내로 결실하는 자니라." [누가복음 8:15]

탈무드에 나오는 이야기이다.

한 아버지가 아들에게 "이웃집에 가서 낫을 좀 빌려 오라"고 심부름을 시켰다. 이웃집에 다녀온 아들은 울상을 하며 이웃집에서 "낫을 빌려줄 수 없다"고 말했다고 아버지께 전했다.

며칠 후 바로 그 이웃이 낫을 빌리러 왔다. 아들은 당연히 빌려주지 않으려고 했으나 아버지는 아들에게 말하기를 "낫을 빌려주라"고 말했다.

아들은 아버지에게 항의했다.
"며칠 전에 저 집에서는 우리에게 빌려주지 않았는데 우리는 왜 빌려줘야 하나요?"

그때 아버지가 아들에게 말했다.

"첫째로, 저 집에서 빌려주지 않았기 때문에 우리도 빌려주지 않는 것은 '복수(Revenge)'란다.

둘째로, 저 집에서는 빌려주지 않았지만 그럼에도 불구하고 '나는 빌려준다'라고 말하면서 미운 마음으로 빌려주면 이건 '증오(Hate)'란다.

셋째로, 그러나 내가 거절당했다고 하는 것을 모두 잊어버리고 아무 상관 없이 깨끗한 마음으로 그저 이웃이 낯이 필요하다니까 빌려준다고 하는 마음으로 빌려준다면 그것은 바로 '긍휼'(Mercy)'이란다."

우리는 살아가면서 이런 상황을 만난다면 어떻게 반응할까?

17세기 영국의 청교도 설교자이자 신학자인 토마스 왓슨(Thomas Watson)은 '사랑'과 '은혜'와 '긍휼'에 대하여 이렇게 설명한다.

"이 세 가지는 히니님 품속에서 나란히 살아가는 의좋은 세 자매이다. 사랑이 애인을 방문하는 친구의 마음 같은 것이라면, 긍휼은 병자를 방문하는 의사의 마음 같은 것이다. 은혜는 죄 가운데 있는 사람에게 베푸시는 하나님의 애정이며, 긍휼은 죄의 결과로 비참한 상태 속에 있는 세상을 향한 하나님의 애정이다."

현대인은 지금 남이 죽어야 자신이 산다고 생각하는 경쟁의 시대에 살고 있다. 긍휼을 베풀고 남에게 양보한다는 것은 곧 자신의 불이익과 패배를 의미한다고 말한다. 매정하고 냉정한 세상에서 살아남기 위해서는 이를 악물고, 정을 억제해야 하며, 표독스럽게 살아야 한다고 생각한다.

그래서 신앙인 중에도 긍휼은 단지 종교적 용어에 불과하고 현실 속에서는 바리새인들처럼 양의 탈을 쓴 이리처럼 살아가는 사람들이 있다. 그러므로 참 신앙인이 되기 위해서는 '사랑'과 '은혜'와 '긍휼'의 마음 즉, 헤세드(Chesed)의 마음을 가져야 한다.

그러면 자비와 긍휼이 가득한 참 신앙인으로 살기 위해서는 어떻게 해야 할까?

먼저 나의 마음 밭을 옥토로 만들어야 한다. 예수님은 사람의 마음 밭을 네 종류로 말씀하셨는데 1. 길가, 2. 돌밭, 3. 가시떨기, 4. 옥토(좋은 땅)이다.

내 마음을 아름다운 옥토로 만들려면 모두 4단계를 거쳐야 한다.

첫째는 좋은 씨앗을 심는 단계로 다섯 가지의 좋은 씨앗을 심어야 한다. 1. 기도의 씨앗, 2. 말씀의 씨앗, 3. 인내의 씨앗, 4. 희망의 씨앗, 5. 기쁨의 씨앗이다.

둘째는 잡초를 뽑는 단계로 뽑아야 할 잡초는 세 가지인데 1. 험담의 잡초, 2. 탐욕의 잡초, 3. 교만의 잡초이다.

셋째는 거름을 주는 단계로 거름은 다섯 가지의 거름을 주는데 1. 사랑의 거름, 2. 믿음의 거름, 3. 충성의 거름, 4. 양보와 배려의 거름, 5. 겸손의 거름을 주어야 한다.

마지막, 넷째로 나무를 갉아 먹는 벌레를 잡는 단계로 벌레는 네 종류가 있는데 1. 게으름의 벌레, 2. 타성에 젖은 벌레, 3. 무관심의 벌레, 4. 안일함의 벌레이다.

우리 안에 거하는 육신의 욕심을 버리고, 죄의 요소들을 제거하며, 나의 마음 밭을 옥토로 일구어 가는 단계를 충실히 거치면 좋은 열매를 많이 맺는 '그리스도의 온전함', '아름다운 인생'에 이를 수 있다.

"더러는 좋은 땅에 떨어지매 어떤 것은 백 배, 어떤 것은 육십 배,
어떤 것은 삼십 배의 결실을 하였느니라." [마태복음 13:8]

38.
영가족(Spiritual family)

옛날에 어떤 성자가 제자들을 불러 모아 놓고 물었다.

"밤의 어둠이 지나고 새날이 밝아 온 것을 그대들은 어떻게 아는가?"

제자 중의 하나가 대답했습니다.
"동창이 밝아 오는 것을 보면, 새날이 온 것을 알 수 있지요."

"아니다" 다른 제자가 말했다.
"창문을 열어 보고 사물이 그 형체를 드러내기 시작하면 새날이 밝아 오는 것을 알 수 있습니다."
　제자들은 나름대로 의견을 말했지만, 그 성자는 모두 "아니다"라고 말했다.

　그러자 이번에는 제자들이 물었다.
　"그럼 스승님께서는 밤이 가고 새날이 밝아 온 것을 무엇으로 알 수 있습니까?"

"너희가 밖을 내다보았을 때 다니는 모든 사람이 너희의 형제
로 보이면, 그때 비로소 새날이 밝아 온 것이다."

우리는 교회 내 그리스도인과 교회 밖 세상 사람들을 구별하는 데 익숙
하다. 교회 내 같은 그리스도인에게는 친밀감을 가지지만 세상 사람들은
나와 내 가족과는 별로 상관없는 사람으로 때로는 배척하고 경계한다.

성경의 정신은 만인형제주의(萬人兄弟主義)를 가르치고 있다. 나에게
상처를 주고 모욕을 준 원수 같은 사람도 다 형제자매임은 당연한데 이는
예수님께서 보혈로 우리 모두를 구속하셨기 때문이다. 그러므로 우리도
세상 사람들을 사랑해야 할 의무가 있는 것이다. 지구상에서 일어나고 있
는 수많은 전쟁과 갈등의 배경에는 예수님의 말씀을 실천하지 못하는 개
인의 탐욕과 죄성이 있기 때문이다. 비록 우리는 성자가 되기는 어렵지
만, 이웃을 섬기고 실수와 허물을 품음으로써 일터 선교사로, 동네 선교사
로 부름을 받은 사명을 잘 감당할 수 있다. 힘든 인생길에서 하나님께서
주신 영가족(Spiritual family)이라는 관계의 선물을 통해 새날의 참 기쁨
을 누려야 한다.

"예수께서 이르시되 네 마음을 다하고 목숨을 다하고 뜻을 다하
여 주 너의 하나님을 사랑하라 하셨으니 이것이 크고 첫째 되는
계명이요, 둘째도 그와 같으니 네 이웃을 네 자신 같이 사랑하라
하셨으니 이 두 계명이 온 율법과 선지자의 강령이니라" [마태복
음 22:37~40]

39.
때(時)를 아름다운 기회로

톨스토이(Leo Tolstoy, 1828~1910)의 작품 속에 이런 이야기가 있다.

늘 세 가지가 궁금한 황제가 살고 있었다. 그가 가장 궁금해하는 세 가지는

첫째, 가장 중요한 시간은 언제인지,

둘째, 누가 가장 중요한지,

셋째, 그리고 어떤 일이 가장 중요한지 하는 것이었다.

신하들에게서 만족할 만한 답변을 얻지 못한 황제는 어느 숲속에 은둔해 사는 현인(賢人)을 직접 찾아가기로 했다. 마침 현인은 밭일을 하고 있었다. 황제는 경호원들을 멀리 떨어져 있게 한 뒤 마차에서 내려 혼자 현인에게 다가가 세 가지에 관해 물어보았다.

그런데 현인은 황제의 말에는 아무 대답도 없이 그저 하던 일만 계속하였고 황제는 하는 수 없이 인내심을 가지고 밭일을 도우며 대답을 기다렸다.

그때 갑자기 숲에서 털보 한 사람이 피투성이가 되어 나타났다.

황제와 현인은 그 사람의 상처를 싸매 주고 함께 밤을 보내며 정성껏 치료해 주었다.

다음 날 아침, 몸이 많이 회복된 털보가 황제에게 용서를 빌었다. 의아해하는 황제에게 그는 자신의 신분을 밝혔다. 얼마 전 그의 형이 황제에게 처형되고 재산도 몰수당해 앙심을 품고 황제를 암살하러 왔다는 것이었다. 하지만 경호원들에게 먼저 발각되어 가까스로 도망치던 그를 황제가 살려 준 것이다.

황제는 그와 화해하고 재산도 돌려줄 것을 약속한 뒤 그를 보내 주었다. 그때서야 현인은 황제가 궁금해하는 것에 대해 이렇게 대답해 주었다.

"가장 중요한 시간은 '지금'입니다.
가장 중요한 사람은 '지금 만나고 있는 사람'입니다.
가장 중요한 일은 '지금 만나고 있는 사람에게 선을 행하는 것'입니다."

하나님은 이 땅에 살고 있는 모든 사람에게 시간(때)을 선물로 주셨다. 이것은 가장 공평한 선물로 남녀, 인종, 빈부의 차이와 관계없이 모두에게 1년 365일의 시간을 똑같이 주셨다. 그러나 어떤 이에게는 시간이 선물이 되지만, 어떤 이에게는 그냥 없어져 버리는 것이 되기도 한다. 돈은 움켜쥐면서 시간은 흘려보내 버리는 사람이 많다.

하나님은 우리에게 주신 인생의 시간에 열심히 일해서 많은 달란트를 남기기를 원하신다. 그렇기에 수고하고 애써서 착하고 충성된 종으로 주님께 칭찬받도록 해야 한다.

"또 어떤 사람이 타국에 갈 때 그 종들을 불러 자기 소유를 맡김과 같으니 각각 그 재능대로 한 사람에게는 금 다섯 달란트를, 한 사람에게는 두 달란트를, 한 사람에게는 한 달란트를 주고 떠났더니, 다섯 달란트 받은 자는 바로 가서 그것으로 장사하여 또 다섯 달란트를 남기고" [마태복음 25:14~16]

제4장

성령의 열매,
평강(peace)과 기쁨(joy)

40.
샬롬(Shalom)

'샬롬(Shalom)'은 이스라엘 사람들의 일반적인 인사말이다. 그 뜻은 '평화'를 의미하고 우리나라의 "안녕하세요", "잘 가세요" 등에 해당한다.

어떤 집사님이 성경을 읽다가 샬롬(Shalom)이라는 단어에 꽂혔다. 그래서 사람들을 만나면 항상 엄지를 치켜세우면서 '샬롬' 하고 인사해야 하겠다 마음먹고 '샬롬', '샬롬' 하면서 인사를 하고 다녔다.

어느 날 예배가 끝나고 교회 앞을 딱 나오는데 지나가는 한 사람이 얼굴에 너무 많은 근심기를 가지고 지나가길래 집사님이 달려가서 '샬롬' 하고 외쳤다. 그 말을 듣고 이 사람이 얼마 후부터 교회에 나와 예배를 드리게 되었다.

목사님이 물었다.
"어떻게 우리 교회에 등록하시게 됐습니까?"

"사실은 제가 사업을 하고 있었는데 사업이 너무 어려워져서 부도가 났습니다. 주변에 있는 사람들이 막 빚 갚으라고, 너는 사기꾼이다, 죽일 놈이다 하면서 욕을 해됐습니다. 그러자 자꾸 자기 자신도 '그래, 나는 죽을 놈이야. 죽어야겠다'고 생각하고 그날 자살을 하려고 마음먹고 길을 가고 있었는데 어느 분이 갑자기 교회에서 나오시더니 나보고 '샬롬' 하고 외쳤습니다. 이 말을 듣는 순간 마음속에 갑자기 '그래, 나는 죽을 놈이 아니다, 살 놈이야, 살아야겠다'는 생각이 들었습니다."

그래서 교회에 나오게 되었고 그 후 사업도 예상 밖으로 잘 풀려서 이제는 안정되고 즐겁게 잘 지내게 되었다고 한다.

41.
일할 때 시계를 보지 마라

미국의 유명한 과학자요 발명가인 토머스 에디슨(Thomas Edison)은 정규교육이라곤 고작 3개월밖에 받지 못했다. 그러나 그의 호기심과 노력은 자신의 이름으로 등록된 특허만도 1,000개가 넘고 축음기, 송신기, 전구 등을 비롯한 발명품의 종류만 하더라도 2,300여 가지나 된다. 뿐만 아니라 세계적인 기업 제너럴 일렉트릭(General Electric Company)을 설립했다.

전 국민으로부터 존경받는 그가 노년이 되었음에도 여전히 무언가 발명을 위해 도구를 만지고 있을 때 친한 친구가 방문하였다.

"여보게 토머스, 내 아들이 이제 취업하여 새출발을 하게 되었다네. 자네에게 좋은 조언을 한마디 듣고자 데리고 왔네."

에디슨은 젊은 친구를 물끄러미 쳐다보다가 사랑스러운 눈빛으로 한마디 하였다.

"여보게 젊은 친구, 일할 때는 시계를 보지 말게."

어느 탄광에서 작업을 하던 중 갱도가 무너져 불행히도 광부들이 갇히게 되었다. 그들은 외부와 연락이 차단된 상태에서 기약 없이 구조를 기다려야 하는 상황이었다.

일주일 후, 마침내 탄광 구조대원들에 의해 극적으로 구조가 되었으나 안타깝게도 한 사람은 목숨을 잃고 말았다. 그는 광부 중 유일하게 시계를 찬 광부였다고 한다.

그는 수시로 시계를 확인하며 갇힌 날을 세었고 시간이 흐름을 계속 계산하면서 남들보다 더 불안하고 초조하게 지냈다. 그의 불안과 초조는 계속 부정적인 생각을 낳았고, 그는 죽음을 생각하며 낙심하다 결국 더 이상 버티지 못하고 목숨을 잃었던 것이다.

세계적인 노화와 장수의 연구자인 레너드 푼(Leonard W. Poon, 조지아 대학 교수, 미국 노인의학연구소장) 박사는 장수 노인의 건강 비결을 다음과 같이 말했다.

"장수 비결은 긍정적인 사고, 신앙, 봉사 정신이 중요합니다. 대체로 장수하는 사람들은 현재의 삶에 만족하였으며 매사를 밝게 생각하는 낙관적인 인생관을 갖고 있습니다."

자신의 기대가 바로 이루어지지 않는다고 조급해하고 불안해하는 성격은 결국 심리적 안정을 깨뜨리고 목숨까지도 위협한다는 것이다.

긍정적인 사고는 미래에 대한 희망을 보게 하고, 같은 상황과 결과를 두고서도 행복한 결과로 해석한다. 그러나 부정적으로 생각하는 사람은 암울한 미래를 보고, 불행한 결과로 해석한다. 긍정적인 사고는 장수의 비결이자 평안한 삶, 행복한 삶을 이끄는 중요한 요소이다.

한 치 앞도 모르고 늘 불안과 불확실한 미래에 대한 두려움에 있는 우리가 어떻게 긍정적인 생각을 할 수 있을까?

"아무것도 염려하지 말고 오직 모든 일에 기도와 간구로 너희 구할 것을 감사함으로 하나님께 아뢰라. 그리하면 모든 지각에 뛰어난 하나님의 평강이 그리스도 예수 안에서 너희 마음과 생각을 지키시리라" [빌립보서 4:6~7]

"평안을 너희에게 끼치노니 곧 나의 평안을 너희에게 주노라. 내가 너희에게 주는 것은 세상이 주는 것과 같지 아니하니라. 너희는 마음에 근심하지도 말고 두려워하지도 말라" [요한복음 14:27]

42.
어떻게 항상 기뻐할 수 있을까?

"요즘 기쁜 일이 있으신가요?"

바울 사도는 "주 안에서 항상 기뻐하라, 내가 다시 말하노니 기뻐하라."(빌립보서 4:4)고 권면한다.

하나님의 자녀로서 항상 기쁨이 충만해야 하는데 삶이 힘들다 보니 항상 기뻐하며 살기는 참 쉽지 않다. 거기다 정신적, 육체적 피곤으로 삶이 무너지고 경제적 어려움까지 덮칠 때는 우울증까지 생길 지경이다.

그럼에도 불구하고 왜 성경은 항상 기뻐하라고 하실까? 그것이 가능할까? 하나님이 바라시는 기쁨은 세상 사람들의 기쁨과 어떻게 다를까?

풍요의 시대에 전혀 풍요하지 않고, 도리어 가난으로 힘들어하면서도 사람이 기뻐할 수 있는지를 알아보기 위해 수년 전 어느 일간지에서 취재를 한 적이 있었다.

서울 어느 달동네의 방 두 개짜리, 그것도 가건물의 옥탑방에 세 들어 살고 있는 어느 중년 부인의 이야기이다.

"부인이 가장 행복할 때는 언제입니까?" 기자가 물었다.

"하늘에 떠 있는 별들을 바라보면서 식구들의 빨래를 빨랫줄에 널 때이지요. 이웃들이 모두 잠든 야밤에 남편의 내복, 셔츠, 속옷과 아이들의 옷들을 빨아서 두 개의 빨랫줄에 가득하게 널면서 하늘에 촘촘히 박힌 별들을 보고 있노라면 정말 나는 행복한 여자구나 하는 생각이 들어요."

"왜 하필이면 밤중에 빨래를 합니까? 일부러 그렇게 하시나요?"

"예. 낮에는 일을 해야 하니 그렇기도 하지만, 낮에는 주로 주인집에서 빨랫줄을 쓰기 때문에 제 빨래를 널 자리가 없어요. 제 차례가 돌아오는 시간은 항상 밤이랍니다. 오늘도 무사히 저를 지켜주시고 살아 있게 해 주신 주님을 생각하며 한밤중에 누리는 그 행복… 빨래를 널면서 주님의 창조물 중 하나인 하늘의 별을 바라보는 그 행복이 저를 지탱해 주는 힘이자 에너지랍니다."

기자는 이 부인의 행복에 감동하여 신문 기사로 올렸다. 이 부인은 어떤 의미에서는 불평과 불만 속에서 "내 팔자는 왜 이렇게 모질어서 빨래도 낮에 못 하고 빨랫줄 하나도 마음대로 못 쓰냐"고 한탄할 수도 있다. 그러나 이 부인은 밤에 빨래하는 것이 힘들지만 하늘의 별을 보고 느끼는 기쁨이 있었다. 고달픈 생활이지만 그 속에서 기쁨을 찾아 보려고 노력하고 있는 것이다.

그보다 더 놀라운 사실은, 그녀의 남편은 직장에서 사고를 당하여 수년째 몸을 움직이지 못하는 장애로 투병하고 있으며 부인은 그런 남편과 자녀들을 보살피는 중이라는 사실이다.

'희락(Joy)'은 성령의 두 번째 열매로 기쁨이다. 성도는 항상 기뻐해야 한다(Be joyful always). 기쁨이 없다는 것은 성령 충만하지 못한 이유이기도 하다. 이 기쁨은 세속적인 쾌락과는 다르며 범사에 감사하고 즐거워하는 예수님의 기쁨이다.

하나님께서는 우리가 염세주의자나 허무주의자로 우울하게 살기를 원치 않으신다. 세상 사람들과는 다른 각도에서 인생을 밝고 즐겁고 기쁘게 살아야 한다고 가르쳐 주신다. 하나님의 자녀로 이 땅에 살아 있다는 사실 그 자체가 너무나 귀한 것이기 때문이다. 사탄은 우리가 근심을 잔뜩 안고 문제와 씨름하다가 처절한 고통을 느끼도록 호시탐탐 덫을 놓고 있다.

그러나 세상의 그 어떤 환난과 위기도 우리를 넘어뜨릴 수 없다. 사탄은 우리를 유혹할 능력은 있어도 우리를 넘어뜨릴 능력은 없다. 하나님이 우리와 함께하시기 때문이다.

43.
눈동자처럼 지키시는 하나님

"나를 눈동자같이 지키시고 주의 날개 그늘 아래에 나를 감추사"
[시편 17:8]

1930년대 초, 미국은 심각한 대공황을 겪고 있었다. 어느 날 클레어린 목사가 공장이 밀집된 지역의 한 흑인교회에 설교하기 위하여 방문했다. 그 교회의 성도들은 대부분 극빈자들이었으며 60% 이상이 실직당한 상태였다. 목사님은 그 교회 성도들이 아무 의욕도 없고 풀이 죽어 있는 침통한 분위기일 것이라 예상하고 설교를 준비했다.

그런데 교인들이 부르는 찬송은 힘과 희망이 넘쳤고 그들의 표정에서는 어떤 낙심의 빛을 찾아볼 수 없었다. 클레어린 목사는 너무 신기하여 교인들에게 물었다.

"지금은 대공황입니다. 도무지 희망이 없어 보입니다. 실업자는 계속 증가하고 있어요. 그런데 여러분은 무엇이 그리 즐겁습니까?"

그때 한 교인이 자리에서 벌떡 일어나 밝은 표정으로 대답했다.

"우리는 지금 예수 그리스도를 노래하고 있습니다. 예수 그리스도가 우리의 곁에 계시고 우리를 지켜 주신다는 사실이 최고의 희망입니다."

목사님은 은혜를 전하러 갔다가 더 큰 은혜를 받고 돌아오게 되었다.

신앙은 고난을 희망으로 바꾸는 힘이 있다. 그래서 '믿음'은 인간이 가질 수 있는 인생 최고의 자산이며 잠재력이다. 믿음은 '고난의 밤'에도 '희망의 아침'을 노래하게 만든다.

"여호와는 너를 지키시는 이시라. 여호와께서 네 오른쪽에서 네 그늘이 되시나니 낮의 해가 너를 상하게 하지 아니하며 밤의 달도 너를 해치지 아니하리로다. 여호와께서 너를 지켜 모든 환난을 면하게 하시며 또 네 영혼을 지키시리로다." [시편 121:5~7]

44.
돌아갈 고향(return to hometown)

1980년 3월, 프랑스 파리의 어느 병원에 한 남자가 입원했다. 그는 폐수종을 앓았는데, 한 달 동안 병원에서 의사와 간호사에게 고함을 지르고 찾아온 사람들에게 소리를 지르며 발악했다. 죽음에 대한 공포와 불안 때문에 자기의 병명이 무엇인지조차 아내에게 묻지를 못했다.

그러나 그는 지금까지 죽음으로부터의 '자유'를 외치며 수많은 수필을 쓰고 또한 주옥같은 글을 남기며 많은 사람들에게 깊은 감동을 주었던 철학자였다. 그 공로로 1964년 노벨문학상 수상자로 결정되었으나 수상을 거부한 것으로도 유명하다.

"인간의 실존은 본질에 앞선다."

"존재하는 모든 것은 아무 이유 없이 태어나서 연약함 속에 존재를 이어가다가 우연히 죽는다." 그가 남긴 말들이다.

무신론자인 이 사람은 바로 20세기 실존주의 철학자의 대표인 장 폴 사르트르(Jean Paul Sartre, 1905~1980)이다.

반면 히틀러에게 반대하여 설립된 독일의 프로테스탄트교회인

고백교회(告白教會, Confessing Church)의 목사이며 신학자인 디트리히 본회퍼(Dietrich Bonhoefer, 1906~1945)는 세계 대전 중 독일의 수용소에서 나치에게 항거하다가 죽음을 맞이했다.

어느 날, 한 간수가 문을 두드리고 들어오자 직감적으로 자신의 마지막이라는 것을 알아차렸다. 그는 벌떡 일어나 감방에 있던 사람들에게 이렇게 작별 인사를 했다.

"여러분, 이제 저에게 죽음이 다가왔습니다. 그러나 기억하십시오. 이것은 마지막이 아니라 시작입니다. 저는 주님이 예비하신 아버지의 집으로 갑니다. 거기서 다시 만날 때까지 여러분 안녕히 계십시오."

이렇게 마지막 인사를 하고 감방을 나서는 그의 얼굴에는 놀라운 평안과 기쁨이 넘쳤다. 이를 본 감옥에 있던 많은 사람들은 하나님을 신뢰하는 그의 마지막 모습에 충격과 함께 큰 감동을 받았다.

죽음 앞에 선 이 두 사람의 차이는 무엇이었을까? 사르트르는 육신이 죽었을 때 돌아갈 고향이 없기에 죽음이 두려웠고, 본회퍼에게는 돌아갈 고향이 있었기에 그처럼 의연할 수 있었던 것이다.

예수님은 우리를 위하여 처소를 예비하러 가신다고 말씀하시면서 "나 있는 곳에 너희도 있게 하리라"고 약속하셨다. 사도 바울도 "땅에 있는 우리의 장막 집이 무너지면 하나님께서 지으신 집, 하늘에 있는 영원한 집이 우리에게 있는 줄 아느니라"고 말했다.

그래서 영생과 천국은 이 땅의 그리스도인들에게 가장 큰 소망이 된다.

"나의 평생에 선하심과 인자하심이 반드시 나를 따르리니 내가

여호와의 집에 영원히 살리로다" [시편 23:6]

45.
평강이 있을지어다(Peace be with you)

어느 왕국에 지혜로운 왕이 있었다.

그는 백성들에게 "진정한 평안이란 무엇인가?"라는 주제로 그림 대회를 열었다. 왕은 가장 훌륭하게 평안을 표현한 그림을 선택해 상을 주겠다고 했다.

많은 화가들이 고요한 호수, 아름다운 석양, 평화로운 초원을 그렸다. 그러나 왕이 선택한 그림은 예상과 전혀 달랐다. 그 그림에는 거친 폭풍과 천둥번개가 치고, 강한 바람이 나무를 휘몰아치고 있었다. 그런데, 그 거센 폭풍 속에서 한 커다란 바위 밑에 작은 새 한 마리가 둥지를 틀고, 눈을 감고 조용히 잠들어 있는 모습이 그려져 있었다.

왕은 미소를 지으머 말했다.

"이것이 바로 진정한 평안이다! 평안은 환경이 조용해서가 아니라, 폭풍이 몰아쳐도 마음이 흔들리지 않는 것에서 온다."

철학자 스피노자(Baruch de Spinoza, 1632~1677)는 "평화란 싸움이 없는 것이 아니라 영혼에서 솟는 기쁨을 말하는 것"이라고 했다.

감정과 정신을 가진 인간에게 가장 큰 불행은 공포와 두려움을 느끼는 것이다. 그러므로 연약한 인간에게 가장 필요한 것은 마음의 평안, 정신적 평강이다. 예수님도 우리에게 가장 필요한 것이 '평안(Peace)'임을 알고 계셨다. 우리가 그 평안을 온전히 누리기 위해서는 하나님의 살아 계심과 함께하심을 온전히 인정하는 임마누엘 신앙을 가져야 한다. 임마누엘 신앙만이 우리를 어떤 환경과 상황에서도 두려움에 떨지 않게 해 주는 능력이 있다.

"평안을 너희에게 끼치노니 곧 나의 평안을 너희에게 주노라. 내가 너희에게 주는 것은 세상이 주는 것과 같지 아니하니라. 너희는 마음에 근심도 말고 두려워하지도 말라." [요한복음 14:7]

「갈리리 호수의 폭풍과 그리스도」 렘브란트(Rembrandt, 1606~1669) 作

제5장

❖

그리스도인의 정체성 (identity), 믿음(faith)

46.
이 집의 주인은 예수님

19세기 대영제국의 전성기를 이끈 빅토리아(Victoria) 여왕은 이따금 가난한 백성들의 집을 예고 없이 방문해 음식을 나누며 대화하곤 했다. 하루는 어느 독실한 그리스도인 과부의 집에 들어가서 그녀와 많은 이야기를 나누었다. 과부의 신앙이 뛰어남을 알고 있었던 여왕은 이 여인에게 이런 질문을 했다.

"당신의 집을 방문했던 이들 중에 가장 명예로운 손님은 누구였소?"

과부는 지체하지 않고 "예, 바로 여왕이십니다."라고 대답했다.

예수님이라는 대답을 기대했던 여왕은 조금 실망스러워 다시 물었다.

"혹시 당신 집을 방문했던 가장 명예로운 손님은 예수 그리스도가 아닐까요?"

그러자 과부는 이렇게 대답했다.

"아닙니다. 예수 그리스도는 결코 이 집의 손님이 아니십니다.

그분은 항상 저와 함께 여기에 살고 계시는 이 집의 주인이십니다. 주님은 제 가정에 가끔 오시는 손님이 아니라 늘 함께 계시는 주인이십니다."

47.
하나님이 기뻐하시는 예배

어느 교회의 목사님과 교인들이 남미의 선교지를 방문했다. 선교지의 한 교회에서 10시에 예배를 드렸는데 한 무리의 사람들이 예배가 거의 끝나갈 무렵에야 우르르 들어왔다. 화가 난 선교사가 예배에 지각한 그들을 야단쳤더니 그분들은 고개를 숙이면서 이렇게 말했다.

"죄송합니다. 저희는 산악지대에 살고 있습니다. 산꼭대기에서 교회로 오려면 8시간이 걸리기 때문에 10시 예배에 참석하기 위해 매주 새벽 2시에 내려오는데… 어젯밤 폭우로 계곡의 나무다리가 떠내려가서 다른 길로 돌아오다 보니 한 시간이나 늦어졌습니다. 정말 죄송합니다. 다음부터는 예배에 늦는 일이 없도록 하겠습니다."

그 이야기를 들은 선교사는 주저앉고 말았다. 그리고 선교지에 가면서 선탠 크림, 간식거리 등을 배낭에 가득 채워간 목사와 교인들은 너무 부끄러워 울고 말았다.

비록 그들은 예배에 지각했지만, 중심을 보시는 주님은 그들이 얼마나 예배를 사모하는지 아시기에 칭찬하실 것이다.

　예배는 신앙생활의 출발이다. 예배를 삶의 우선순위에 두는 것이 하나님을 사랑하는 표현이자 인생이 행복해지는 지름길이다. 예배는 하나님의 임재를 맛보며, 하나님의 영광의 능력을 덧입는 시간이다. 이 세상을 능히 살아갈 능력을 공급받는 시간이며, 죄와 싸우느라 지치고 피곤하여 어두워지고 상처받은 영혼들이, 하나님의 영광을 체험하여 치유받고 회복되는 시간이다.

　　"나를 사랑하는 자들이 나의 사랑을 입으며 나를 간절히 찾는 자가 나를 만날 것이니라" [잠언 8:17]

48.
나의 도움이 어디서 올꼬?

"내가 산을 향하여 눈을 들리라 나의 도움이 어디서 올꼬. 나의 도움은 천지를 지으신 여호와에게 서로다. 여호와께서 너를 실족하지 아니하게 하시며 너를 지키시는 이가 졸지 아니하시리로다. 이스라엘을 지키시는 이는 졸지도 아니하시고 주무시지도 아니하시리로다. 여호와는 너를 지키시는 이시라 여호와께서 네 오른쪽에서 네 그늘이 되시나니 낮의 해가 너를 상하게 하지 아니하며 밤의 달도 너를 해치지 아니하리로다. 여호와께서 너를 지켜 모든 환난을 면하게 하시며 또 네 영혼을 지키시리로다. 여호와께서 너의 출입을 지금부터 영원까지 지키시리로다." [시편 121편 1~8]

세계적인 불경기 속에서 미국의 제재소에 다녔던 30대 한 사원의 이야기이다. 그가 어느 날 아침에 출근했더니 자기 책상이 사라지고 그 자리에 편지 한 통이 놓여 있었다.

해고 통지서였다.

아무런 설명도 없이 황당하게 해고된 그는 화가 치밀어 올랐다. "젊음을 다 바쳐 자신의 생애를 걸고 헌신했던 회사가 내게 어찌

이럴 수 있단 말인가?"

그는 직장과 상사에 대한 복수심이 끓어올랐고 여러 달 동안 절
망에 빠져 방황하면서 모든 것을 잊으려 했지만 잊을 수가 없었
다. 분노를 이기지 못하고 술독에 빠져 알코올 중독자가 되어 가
고 있었고 지친 몸을 이끌고 집에 돌아오는 길에 옥상으로 올라가
자살을 결심하는 순간에 아내의 손에 의해 끌려 내려오기도 했다.

그는 아내를 붙잡고 통곡했다.
"여보, 친구들을 만났는데 배신의 소리만 들었어. 은행의 문을
두드리고 회사에 애원도 해 보고 온갖 발버둥을 쳐 보았지만 길이
안 보여. 어떻게 살아야 할지 모르겠어."

아내는 남편에게 말했다.
"다 해 보았다고요? 당신은 가장 중요한 한 가지를 해 보지 않
았어요. 전능하신 하나님께 나아가 기도하는 일을 하지 않으셨어
요. 친구들을 만났다고요? 그러나 당신은 아직 하나님을 만나지
않았어요. 은행 문을 두드려 보았다고요? 하지만 하늘 문은 두드
리지 않았어요. 세상 모든 길이 막혔다고 했지만, 하나님께 나아
가는 하늘은 열려 있답니다."

아내의 이 한마디가 그에게 큰 감동으로 다가왔다. 며칠 동안
아내와 기도를 하자 자신을 해고한 상사에 대한 미움과 분노가 사

라지면서 그 대신 머릿속에 일에 대한 새로운 아이디어가 떠올랐다. 희망을 갖게 되자 용기도 생겼다. 그는 자기 집을 담보로 융자를 얻어 조그마한 건축 사무실을 열게 되었다.

간신히 사업을 시작했지만 그를 도와줄 어떤 여건도 보이지 않았고, 아침저녁으로 기도에 절규하며 매달릴 수밖에 없었다.

"하나님, 어떻게 해야 다시 일어날 수 있겠습니까? 하나님, 살려 주십시오!"
기도하던 중에 이런 생각이 떠올랐다. 머릿속에서 새로운 아이디어가 떠오르기 시작한 것이다.

그는 은행 융자를 얻어 시작한 건축업이 조금씩 나아져 5년 만에 작지만 자기 기업을 갖게 되었다.

1951년의 어느 날, 모처럼 가족들과 여름휴가를 떠나게 되었다. 하지만 형편없는 숙소 때문에 여행은 전혀 즐겁지 않았다. 비싸고 시설이 부족한 호텔들 때문이었다. 그리고 여행을 마치고 돌아온 사람들의 대부분이 숙소 때문에 불편을 겪었다는 사실을 알게 되었다.

그는 미국 전역에 단순하고, 가족들에게 적합하며 무엇보다도 표준화된 숙박 시설이 필요하다는 것을 느꼈다. 누구나 부담 없이 저렴한 가격에 이용할 수 있는 깨끗하고 안락한 숙소를 만드는 것이 바로 자신이 해야 할 일이라는 생각이 들었다.

"하나님! 우리 이웃들에게 최고의 서비스로 아주 깨끗한 호텔, 그러면서도 적절한 가격에 쉼을 제공할 수 있는 호텔을 짓고 싶습니다."

하나님은 그의 기도에 응답하셨다. 그는 호텔을 짓기 시작했고 1952년 8월 그는 테네시주 멤피스에 첫 호텔을 개장했다. 곧 멤피스 주위에 3곳이 더 문을 열었고, 호텔은 프랜차이즈 형태로 전국 고속도로 주변에 문을 열었다.

그가 바로 세계적인 호텔 체인인 '홀리데이 인(Holiday Inn)'의 창업자로서 독실한 신앙인인 케몬스 윌슨(Charles Kemmons Wilson, 1913~2003) 회장이다.

홀리데이 인(Holiday Inn)은 인터콘티넨털 호텔스 그룹이 운영하는 호텔 브랜드로서 전 세계에 1,400개 이상의 호텔을 운영 중이다. 1972년 그는 잡지 타임(TIME)의 표지 모델로 등장했고 기사 제목은 '침대 30만 개를 가진 남자'였다.

기도는 '축복의 어머니'이다. 기도하면 하늘의 문이 열리고, 하나님의 축복의 보물 상자가 열린다.

또, 기도는 평범한 일을 비범하게 만든다. 불가능한 일을 가능하게 만든다.

기도는 메마른 광야에 생수를 터트려 준다. 인생을 바꾸고 삶을 새롭게 하며 환경을 바꾸는 능력이 있다.

"우리가 환난 중에도 즐거워하나니 이는 환난은 인내를, 인내는 연단을, 연단은 소망을 이루는 줄 앎이로다." [로마서 5:3~4]

49.
할머니 안에 계신 예수님

1990년대 북한의 김일성 주석이 독재 통치할 때 폐쇄된 나라의 면모를 서방 국가에 감추고 종교의 자유가 있는 것처럼 보이기 위해 짜낸 방법이 로마의 교황을 북한에 초청하는 것이었다.

김일성이 그렇게 판단을 하자 만일 로마 교황이 초청받아 오게 되면 아무래도 교황 옆에는 믿음이 있는 사람들이 좀 필요하겠다는 생각이 들었다. 그래서 북한 전역에 믿음이 있는 사람을 찾으라는 지시를 내렸다.

수소문 결과 믿음이 있다는 사람을 겨우 힘들게 찾았는데 그는 어떤 시골에 사는 할머니였다. 그래서 정부 기관 사람들이 할머니를 찾아가서 설명했다. 이만저만해서 할머니의 도움이 필요하다고 하면서 몇 가지를 물었다.

"할머니 아직도 하나님을 믿고 계시는가요?"

할머니는 후환이 두려워 처음에는 "모르겠다, 모르겠다"고 반복해서 대답했다. 그러자 "괜찮다"고, "지금 우리나라가 뭐 이런 행사를 해야 하는데 믿음 있는 사람들이 필요해서 찾고 있다. 그래서 할머니가 꼭 필요하다"고 설득했다.

"정말로 지금도 믿고 계시냐"고 물었더니 할머니가 마지못해 대답하기를

"예, 예수님을 아직도 믿고 있다"고 대답했다.

"그러면 어떻게 이렇게 오랜 세월 동안 믿음을 유지할 수 있었느냐"고 물었더니 할머니가 진심 어린 표정으로 이렇게 대답했다.

"내 안에 들어오신 예수님은 밖으로 나가신 적이 없습니다."

북한 교회가 무너진 지 80년의 긴 세월이 흐르고 있다. 억압과 압제의 세력에 복음마저 사라진 북한 땅에서 하나님의 자녀들이 목숨을 건 채 숨죽여 드리는 예배와 올려 드리는 눈물의 기도를 하나님께서 신원하여 주소서. 어두운 지하 교회에 하나님의 밝은 빛이 스며드는 그날이 앞당겨지고 북한 복음화와 복음적 평화 통일이 신속히 이루어지도록 이 땅의 그리스도인들이 쉬지 말고 기도하게 하소서.

50.
준비(preparation)

옛날에 사람 좋기로 소문 난 어느 부잣집에 한 노예가 살았다. 자기가 섬기던 주인이 죽자 노예는 슬픔에 잠겨 있었는데 어떤 사람이 다가와 물었다.

"당신의 주인이 천국에 간 것 같습니까?" 노예는 알 수 있겠지라고 생각했다. 노예는 오랫동안 주인과 함께 살았고 주인은 마음씨가 좋았으니까.

근데 노예의 대답은 뜻밖이었다.
"우리 주인은 천국에 간 거 같지 않습니다."

뜻밖의 대답에 놀란 사람이 왜 그렇게 생각하냐고 물었다.
"우리 주인은 성실하신 분이라 어느 곳에 가든지 늘 꼼꼼히 준비하셨습니다. 그런데 단 하나, 그분이 천국에 갈 준비를 하는 것은 보지 못했습니다."

사람은 1박 2일 어디 여행을 가도 스케줄을 정하고 물품들을 꼼꼼하게 준비한다. 그렇게 세상의 여행은 열심히 준비하지만 죽음 이후의 여행은 준비하지 않는다. 그런데 세상에서 "모든 사람은 죽는다"라는 사실만큼 확실한 것이 있을까? 그러므로 우리는 죽음 이후의 여행에 대한 준비가 필요하다. 천국 신앙은 이러한 준비를 위해 가장 필요한 조건이다. 우리 모두 지혜로운 사람이 되어 세상 여행의 준비뿐 아니라 천국 여행을 잘 준비하는 사람들이 되어야 한다.

"그때에 천국은 마치 등을 들고 신랑을 맞으러 나간 열 처녀와 같다 하리니, 그중의 다섯은 미련하고 다섯은 슬기 있는 자라. 미련한 자들은 등을 가지되 기름을 가지지 아니하고, 슬기 있는 자들은 그릇에 기름을 담아 등과 함께 가져갔더니, 신랑이 더디 오므로 다 졸며 잘새, 밤중에 소리가 나되 보라 신랑이로다 맞으러 나오라 하매, 이에 그 처녀들이 다 일어나 등을 준비할새, 미련한 자들이 슬기 있는 자들에게 이르되 우리 등불이 꺼져 가니 너희 기름을 좀 나눠 달라 하거늘, 슬기 있는 자들이 대답하여 이르되 우리와 너희가 쓰기에 다 부족할까 하노니 차라리 파는 자들에게 가서 너희 쓸 것을 사라 하니, 그들이 사러 간 사이에 신랑이 오므로 준비하였던 자들은 함께 혼인 잔치에 들어가고 문은 닫힌지라. 그 후에 남은 처녀들이 와서 이르되 주여 주여 우리에게 열어 주소서. 대답하여 이르되 진실로 너희에게 이르노니 내가 너희를 알지 못하노라 하였느니라. 그런즉 깨어 있으라 너희는 그날과 그때를 알지 못하느니라." [마태복음 25:1~13]

51.
세상을 흔드는 기도

아프리카의 한 선교사님이 엄마가 죽은 갓난아기를 맡아 기르게 되었다. 아이를 살려야 되는데 분유가 없어 가지고 있는 음식을 갈고 또 갈아 미지근한 물에 타서 갓난아이에게 먹이려고 했다. 그러나 젖병이 없어 숟가락으로 먹이려 하니, 갓난아이는 먹질 못했다. 그래서 하나님께 간절히 기도했다.

"하나님, 이 아이에게 먹일 분유도 주시고 가능하면 젖병도 주시옵소서"

이렇게 기도를 하고 있는데 같이 일하는 원주민 사역자가 소포가 왔다며 들고 왔다. 소포는 선교사 파송교회에서 한 달 전에 보낸 패키지였는데 열어 보니 사역에 필요한 여러 가지 물품들과 옷가지들, 그리고 니무 감사하게도 분유가 들어 있었다.

"우와 이게 웬일이냐, 드디어 아기에게 먹일 밥이 생겼다."

선교사는 환호를 질렀다. 그런데 젖병이 있어야 먹일 수 있었기에, 혹시 젖병도 있지 않을까 하고 다시 박스를 뒤져 보았다. 그런데 맨 구석에 젖병도 한 개 들어 있는 것이 아닌가.

나중에 알고 보니, 파송교회에서 선교지에 보낼 물품을 모집했는데 어떤 꼬마 아이가 자기 동생의 젖병을 가지고 와서 자기도 후원하겠다면서 넣어 달라고 했다고 한다. 물품을 포장하던 교인들이 젖병까지 넣는 것이 너무 웃겨서 뺄까 하다가 아이의 마음이 기특하여 그냥 넣었다고 한다.

한 달 전 보낸 소포에 지금 선교사가 가장 필요했던 물품이 들어 있었던 것이다.

이렇게 하나님은 우리의 필요를 아시고 우리에게 공급해 주시는 놀라운 하나님이시다. 하나님은 우리의 상황을 미리 아시고 최선으로 우리의 기도에 응답해 주신다.

"너희 중에 누가 아들이 떡을 달라 하는데 돌을 주며 생선을 달라 하는데 뱀을 줄 사람이 있겠느냐. 너희가 악한 자라도 좋은 것으로 자식에게 줄 줄 알거든 하물며 하늘에 계신 너희 아버지께서 구하는 자에게 좋은 것으로 주시지 않겠느냐" [마태복음 7:9~11]

52.
땅콩 박사 조지 워싱턴 카버

"너, 이 책 어디서 훔쳤어?"

"훔친 거 아닙니다. 제 돈으로 샀습니다."

"말도 안 되는 소리, 검둥이 주제에 책을 샀다고…?"

"네, 저는 학교에 다니고 있고, 그래서 공부하려고 책을 산 거예요."

"언제부터 검둥이가 학교에 다닐 수 있었지?"

어느덧 어린 학생의 눈에서는 굵은 눈물이 뚝뚝 흘렀다.

"내가 원해서 흑인으로 태어난 것도 아닌데… 나는 이 세상에
왜 와 있는 것일까? 엄마 아빠 얼굴도 모르고, 내가 언제 태어났
는지도 모르고… 흑인이어서 사람들한테 무시당하고 멸시받고…
도무지 나는 세상에 태어나야 할 이유가 없는 것 같은데… 하나님
은 고통이나 느끼고, 힘겨운 일만 감당하라고 나를 흑인으로 세상
에 보내신 깃일까?"

그의 어머니는 열세 살 때 700달러에 팔려 온 흑인 노예였다. 어
린 시절 노예 매매단에 넘겨져서 낯모르는 집에 맡겨졌다. 그러나
친절한 주인 덕분에 집을 떠나 링컨 대통령이 흑인을 위해 만든
학교에 다니게 되었고, 열심히 공부했다. 그때 만난 사람이 자신

을 부모처럼 보살펴 준 마리아 와킨슨, 앤드루 와킨슨 부부였다.

배고픔을 달래려고 해바라기 씨를 까먹고 있던 꼬마 조지를 보고 불쌍히 여긴 마리아 아줌마가 집에 데려와 비스킷을 먹여 주고 조지의 방을 만들어 같이 살게 해 주었다. 앤드루 아저씨도 조지를 친자식처럼 여겼다. 집안일을 거들면서 학교에 다닌 조지는 신실한 감리교회 신자인 마리아 아줌마와 앤드루 아저씨에게 하나님의 선하심, 청결함, 근면함, 손 대접을 배웠다.

마리아 아줌마는 "네가 우리 집에 온 것은 하나님의 뜻이야. 하나님은 너를 위해 미리 준비하신 일이 있고, 나와 앤드루 아저씨가 너를 돕기 바라셔"라고 말했다.

그러나 흑인이라는 이유로 일자리를 구하기는 너무나 어려웠고, 어딜 가든 흑인이라고 천대받았다. 우울한 마음이 진정되지 않아 가방에서 양어머니가 주신 성경책을 꺼내 무심코 펼쳤다. 그리고 성경책의 아무 구절이나 소리 내어 읽었다.

"너는 마음을 다하여 여호와를 신뢰하고 네 명철을 의지하지 말라. 너는 범사에 그를 인정하라 그리하면 네 길을 지도하시리라" [잠3:5~6]

그는 잠언 3장 말씀을 몇 번이고 소리 내어 읽었다. 그리고 곰곰이 생각했다.

"하나님께서 내 길을 지도해 주신다고?"

조지는 하나님이 자신을 도구로 사용하실 것이라는 확고한 믿음을 가지고 심슨 대학에 입학했다. 심슨 대학 역사상 최초의 흑인 학생이 되었고, 굶주리고 있는 동족을 살리기 위해 아이오와 농과대학에 가서 혁신적인 농사법을 공부했다.

당시 미국 남부는 목화 농사를 거의 백 년 이상 계속 지어 토양이 척박해졌고 목화를 빈 껍데기로 만드는 무서운 해충인 바구미로 인해 큰 피해를 보고 있었다. 그는 오랜 연구 끝에 땅콩이 공기 중에 있는 질소를 흡수해서 땅을 기름지게 하고, 단백질과 각종 영양분이 풍부해서 유익한 작물임을 확신했다. 그가 농촌을 살리기 위해 땅콩을 심자고 하자 사람들은 아이들 간식밖에 안 되는 땅콩을 쓸데없이 뭣 하러 심냐며 반발했다. 그러나 그의 간곡한 설득과 부탁으로 하나, 둘 땅콩을 심는 밭이 늘어났고 황폐했던 목화밭은 땅콩밭으로 변해 갔다.
그러나 또 다른 걱정이 생겼는데 땅콩이 너무 많이 수확되어 처리할 방법이 없는 것도 문제였다. 이로 인해 그는 또 다른 비난을 받았고 상심할 수밖에 없었다.

그는 하나님께 매달렸다. 그러자 그의 마음속에 좋은 생각이 떠올랐다. 땅콩을 들고 연구실로 들어가서 땅콩을 이용할 방법에 대해 연구하기 시작한 것이다. 물론 이 일은 쉽지 않았지만 실패할 때마다 하나님께 기도했다. 그 결과 땅콩으로 만들 수 있는 음식을 130여 가지, 땅콩기름을 이용하여 물감, 구두약, 크림, 접착제 등을 만들었고, 껍질을 이용하여 전기절연판, 인조 대리석, 가축의 사료 등 300여 가지의 새로운 제품을 만들게 되었다. 참으로 땅콩을 이용한 획기적 발견이고 발명이었다.

그가 바로 땅콩 박사 조지 워싱턴 카버(George Washington Carver, 1860년대~1943)이다. 흑인으로서의 차별을 극복하고 미국 최초의 농화학자, 식물학자, 농업경제학자로서 농업 발전에 큰 기여를 한 믿음의 사람이다.

아무리 값진 보석도 빛이 없으면 빛나지 않는다. 보석이 땅속, 어둠 속에만 묻혀 있으면 아무 가치가 없듯이 아무리 대단한 능력이 있어도 주님을 만나 빛의 자녀가 되지 못한다면 그리고 주님께 쓰임 받지 못하면 아무 소용이 없다. 하나님은 자신을 사용해 달라고 간구하는 자들을 요긴하게 사용하신다.

"하나님께서 세상의 미련한 것들을 택하사 지혜 있는 자들을 부끄럽게 하려 하시고 세상의 약한 것들을 택하사 강한 것들을 부끄럽게 하려 하시며 하나님께서 세상의 천한 것들과 멸시 받는 것들과 없는 것들을 택하사 있는 것들을 폐하려 하시나니, 이는 아무

육체도 하나님 앞에서 자랑하지 못하게 하려 하심이라." [고린도
전서 1:27~29]

너의 길을 여호와께 맡기라
그를 의지하면 그가 이루시고
네 의를 빛같이 나타내시며
네 공의를 정오의 빛같이 하시리로다
(Psalms 37 : 5~6)

조지 워싱턴 카버(George Washington Carver)

53.
모라비안(Moravian)의 신앙

미국 동부 펜실베이니아 남동부의 작은 도시, 베슬리헴 (Bethlehem). 약 300년 전 유럽에서 건너온 모라비안 교도 (Moravian)들이 이곳에 정착했다. 그들은 한 사람, 한 사람을 전도하기 시작했고 교회를 세웠다. 사람이 천 명 정도 들어가는 큰 교회인데 지금도 남아 있다. 놀라운 것은 그 당시 베슬리헴 도시의 인구가 800명 정도였다는 것이다.

800명밖에 되지 않는 인구지만 앞으로 유럽에서 건너올 많은 사람들까지도 복음화시키겠다는 꿈을 가지고 1,000석이 되는 예배당을 세웠던 것이다.

1727년, 모라비아 교회에서 말씀을 나누는 가운데 하늘의 문이 열리고 하나님의 영이 그들 위에 임하는 기적이 일어나기 시작했다. 그 시간 많은 사람들이 변화를 받고 성령으로 충만하게 되고 기도에 전념하게 되었다. 기도하기 시작하자 그들의 눈이 자신뿐 아니라 전 세계 열방을 향해서 열리기 시작했는데 곧이어 세계 선교가 시작되었다.

끊임없이 기도하는 사람들이 나오게 되자, 기도의 불꽃을 계속 이어 가기 위해 하루 24시간 쉬지 않고 각자의 담당 시간을 정해서 릴레이 기도를 하게 되었고, 그 기도 운동이 1주일, 1년, 10년이 되었고 20년이 되었고 100년 이상 그 기도의 불꽃이 계속 이어졌다. 이는 기독교 역사상 가장 오랜 시간의 연속적인 기도 운동으로 기록되었다.

교인들은 평신도 자비량 선교사들로 목공 기술, 농업기술 등을 배워 이것을 선교지에서 가르쳐 주며 복음을 전하였다. 그들은 1732년 아프리카 흑인들을 위한 선교를 위해 심지어 자신의 신분을 노예로 만들어서까지 그곳에 가서 복음을 전하기도 했다.

어떻게 이런 역사가 일어날 수 있었을까?

한 독일 귀족 출신의 백작(Graf)이 하나님 앞에 변화를 받고 그가 받은 유산으로 그 땅에 교회를 세웠고, 하나님의 말씀을 나누기를 시작한 것에서 비롯되었다. 그가 백작으로서의 사회적인 지위와 조건들을 다 팽개쳐 버리고 복음을 위해서 맨발로 거리로 뛰쳐나가자 많은 사람들이 의아해서 물었다.

"당신은 무엇 때문에 그 많은 것들을 다 버리고 복음을 외치면서 떠돌아다니는 것입니까?"

그는 이렇게 대답했습니다.

"내게는 오직 한 가지 열정, 오직 예수님 한 분뿐입니다."

"I have only one passion, and that is Christ."

이 사람은 누구일까? 그는 바로 진젠도르프(Nikolas Ludwig Zinzendorf, 1700~1760) 백작이다. 그는 9살 때 서인도에 관한 선교보고서를 읽다가 예수 그리스도의 복음을 전 세계에 전파하는 것을 자기 삶의 목적으로 삼아야겠다고 결심했다. 청소년 시절에 다섯 명의 친구들과 '겨자씨 모임'이라는 기도 모임을 만들었다. 19세 때에는 졸업여행에서 뒤셀도르프 미술관에 전시된 '이 사람을 보라'라는 제목의 그림을 보게 되었는데, 그 그림은 예수님께서 십자가에 달리신 모습을 그린 그림이었다. 그 그림 아래에는 '나는 너를 위하여 목숨을 버렸건만 너는 나를 위해 무엇을 하였느냐?'라는 문구가 쓰여 있었는데, 그 문구를 읽고 자신의 일생을 예수님께 헌신하겠다고 확실하게 결단하였다. 그의 인생에 한 가지 소원이자 좌우명이자 유일한 꿈이자 유일한 관심은 오직 십자가, 오직 예수님이었다.

모라비아 교회(Moravia Church)는 종교개혁이 일어나기 70여 년 전인 1400년대 중반, 유럽의 모라비아(지금의 체코 동부지방)와 보헤미아(체코 서부지방)에서 탄생한 개혁적인 경건주의 교회이다. 이들은 이 지방에서 종교개혁 운동을 하다가 순교한 얀 후스(Jan Hus, 1372~1415)의 신앙을 따라 15세기에 결성된 신앙단체로 이곳에 속한 교인들을 '종교개혁 이

전의 프로테스탄트'로 불렀다. 이들의 개혁의 불씨는 훗날 마르틴 루터나 칼빈의 종교개혁에도 큰 영향을 미치게 되었다. 이들은 16세기 중반까지 이 일대에 200개 교회 10만 신도의 교세를 가지게 되었는데, 이는 체코 주민 90%에 해당하는 숫자였다.

　　그러다 17세기 중엽 30년 전쟁을 피해 독일의 작센으로 피난 온 교인들은 이곳에서 진젠도르프(Nikolas Ludwig Zinzendorf) 백작을 만나면서 새롭게 금욕적 신앙 공동체를 형성하게 되었고 여기에 독일에서 이주해 온 루터파 형제들도 가세하였는데, 이들을 가리켜 '모라비안(Moravian)', '모라비아 형제단(Moravian Brethren)'이라 불렀다. 이후 이들은 미국을 비롯하여 아프리카, 인도, 서인도 제도, 알래스카 등지에 많은 선교사들을 파송하였고 이들의 순수하고 경건한 신앙은 후세 그리스도인들에게 귀감이 되고 있다. 그리고 이들의 선교는 현대 선교의 아버지로 불리는 '윌리엄 캐리(William Carrey, 1761~1834, 인도에서 활동한 영국 침례교 선교사)'보다도 60여 년이나 앞선 것이었다.

54.
주의 말씀 받은 그날

"내가 은혜 베풀 때에 너에게 듣고 구원의 날에 너를 도왔다 하셨으니 보라, 지금은 은혜 받을 만한 때요, 보라 지금은 구원의 날이로다." [고린도후서 6:2]

영국의 목사요, 찬송시의 작시 자인 필립 도드리지(Philip Doddridge, 1702~1751)는 1702년, 영국의 명망있는 한 가정에서 아버지 다니엘 도드리지와 어머니 엘리자베스 사이에서 태어난 20명의 자녀 중 막내로 태어났다. 그러나 18명의 자녀들은 모두 사망하고 한 명의 형과 자신만 남았다. 그 자신도 태어날 때 사산으로 여겨졌으나 기적적으로 살아남았다고 한다.

어머니 엘리자베스는 도드리지가 글을 읽기도 전에 집의 거실 굴뚝에 붙어 있는 파란색 타일에 글을 써서 그에게 구약과 신약의 역사를 가르치기 시작했다. 그리고 가정교사에게서 교육을 받은 후 런던의 사립학교에 입학했다.

그러나 불행하게도 8살 때에 어머니가 돌아가시고 12세에 아버지마저 돌아가시어 졸지에 고아가 되었다. 학교에 들어갔는데 거기서 비국교도 목사인 사무엘 클락(Samuel Clark)을 만나게 되었고 클락 목사는 도드리지를 자식처럼 돌보아 주었다.

후에 도드리지는 회중교회 목사가 되었고 노스엠프턴(Northampton)의 캐슬 힐 처치(Castle Hill Church)에서 평생 목회하면서 찬송가를 작시하였다. 목회 도중 그는 무신론자인 의사인 스톤하우스(Stonehouse)가 회심하도록 하였고 후에 그와 같이 병원을 세우기도 하였다.

1751년, 그의 나이 49세 때 그는 폐결핵에 걸렸고 친구의 권유를 받아 그 당시에 많이 사용하던 요양 요법인 바다 여행하기로 하고 배를 타고 리스본으로 향하여 여행을 출발하였는데 몇 날이 못 되어 숨을 거두고 말았다. 그는 병중에도 평온함을 잃지 않았으며 아픔과 고통 중에서도 불평하지 않는 모습을 보였다. 그는 죽음 직전에 곁에 있던 부인이 남편이 입술을 움직여 무슨 말을 하려는 것을 보고 "필요한 것이 있느냐?"고 묻자 그는 "아니다"라고 대답하고 이렇게 속삭였다고 한다.

"나는 단지 하나님과 맺은 언약을 새롭게 하고 있다."
"I am only renewing my covenant engagements with God."

그는 여러 찬송가를 작시했는데 즐겨 부르는 「주의 말씀 받은 그날(Oh happy day, that fixed my choice, 285장)」을 작사하였고

이 곡을 림바울트(E. F. Rimbault, 1816~1876)가 작곡하였다. 그
리고 「목소리 높여서(6장)」도 작시하였다.

55.
한결같은 신앙

옛날에 가난과 고생을 딛고, 열심히 노력하여 재상의 지위에 오른 사람이 있었다. 그는 재상이 되면서부터 날마다 묘한 행동을 하기 시작했다. 그것은 꼭두새벽에 일어나 앞마당에 있는 무거운 기왓장을 뒤뜰로 옮겨 놓았다가, 저녁이면 다시 앞마당으로 옮겨 놓는 것이었다.

우연히 그러한 광경을 보게 된 친구가 어이없어하며 물었다.

"아니, 이게 무슨 낮도깨비 같은 짓인가! 듣자 하니 꼭두새벽에 기왓장을 뒤뜰로 옮겼다가 저녁이면 다시 앞마당으로 옮겨 쌓는다고 하던데, 도대체 무슨 까닭인가?"

그 말에 재상은 나지막하게 그러나 힘 있는 목소리로 말했다.

"이렇게 힘든 일을 일부러 함으로써 내가 어려웠던 시절을 생생하게 기억하기 위함이라네. 지금의 편안한 생활에만 빠져 나태해지면 나라의 앞날을 걱정하는 정치를 어찌하겠는가? 파멸이 오는 것은 지식이나 경험의 부족에서 오는 것이 아니라, 예전의 어려웠던 경험이나 그때의 마음가짐을 잊어버리기 때문에 오는 것이라네."

사람은 초심을 잃어버리지 않는 것이 매우 중요하다. 어떤 사람은 처음에는 아주 신실하고 정직해 보였는데 시간이 지날수록 그렇지 못한 반면, 어떤 사람은 처음에는 그리 신실하거나 정직하게 보이지 않았는데, 가면 갈수록 그 내면이 사람들에게 인정받고 존경받는 경우가 있다.

나는 어떤 사람인가? '신자'인가 '종교인'인가?

우리는 모두 하나님의 청지기로서 한결같은 믿음으로 선한 청지기의 사명을 감당해야 한다. 또, 착하고 충성된 종으로 끝까지 충성스러운 신앙인의 모습을 보일 수 있어야 한다.

> "그러나 너를 책망할 것이 있나니 너의 처음 사랑을 버렸느니라. 그러므로 어디서 떨어진 것을 생각하고 회개하여 처음 행위를 가지라" [요한계시록 2:4~5]

56.
사람은 무엇으로 사는가?

톨스토이(Leo Tolstoy, 1828~1910)의 소설 이야기이다.

시몬은 어느 농부의 집에 세 들어 살고 있는 구두장이다.

어느 날 구두를 만들 양가죽을 사러 갔다 오는 길에 그동안 구두를 수선해 준 농부에게 외상값을 받지 못하자 홧김에 술을 마셨다. 얼큰하게 취한 채 집으로 돌아오던 길에 길모퉁이의 교회 앞에서 쓰러져 있는 벌거숭이 청년을 만나게 되었다. 너그러운 시몬은 얼어 죽을 것이 분명한 청년을 지나치지 못하고 자신의 외투를 입히고 집으로 데려오는데 시몬의 아내 마트료나는 그런 시몬에게 화가 나서 온갖 욕설을 퍼부었다.

시몬은 참다 못하여 아내에게 소리쳤다.

"마트료나, 당신의 마음에는 하나님도 없소?"

시몬의 말에 마음이 누그러진 마트료나는 잠자리를 제공하고 청년에게 입을 옷도 내주었다.

그 청년은 누구였을까?

그는 하나님께 벌을 받고 있는 중인 천사 미하일이었다.

"자네가 우리와 같이 살려면 일을 해야 하네." 시몬은 미하일에게 말했다.

"예. 어떤 일이든지 하겠습니다."라고 말하며 구두 수선하는 일을 배웠는데 놀랍게도 초보자 미하일은 숙련된 시몬보다 일을 더 잘했다. 머리가 영리해서 일 잘하는 미하일의 소문이 퍼져 시몬은 제법 많은 돈을 벌게 되었다.

어느 날 어떤 신사가 고급 가죽을 가져와 오만한 말투로 말했다.

"일 년을 신어도 실밥이 터지지 않는 구두를 만들어 주시오."

시몬은 비싼 가죽을 보면서 혹시나 가죽이 잘못되면 어쩌나 하고 망설이는데 미하일은 뜻밖에도 구두 대신 슬리퍼를 재단했다. 이를 본 시몬이 화가 나서 야단을 치는데 잠시 후 구두를 주문한 신사의 하인이 급하게 달려와서 시몬에게 말하기를,

"방금 우리 주인이 집에 가던 중에 마차에서 갑자기 죽었어요." 하며 이제는 구두가 필요 없으니 죽은 사람에게 신게 할 슬리퍼를 만들어 달라고 요구했다.

어느덧 세월이 흘러 6년의 시간이 흐르고 미하일은 변함없이

시몬의 가게에서 일을 하고 있었다.

어느 날 어떤 부인이 두 여자아이의 구두를 주문하러 왔다. 이 아이들의 부모는 6년 전에, 아버지는 아이들이 태어나기도 전에 먼저 죽었고 어머니는 아이를 낳다가 죽었는데 이 부인은 그 불쌍한 아이들의 이웃에 살고 있었다. 이 부인은 태어난 지 8개월 된 자신의 아들이 있었는데 불쌍한 그 두 여자아이마저 맡아서 길렀다. 그런데 자기가 낳은 아들이 일찍 죽고 말았다. 다행히 자신의 방앗간 사업이 잘된 관계로 그 부인은 이 두 여자아이를 자기의 친 아이처럼 사랑하며 소중히 지금까지 길러 왔다.

이 말을 들은 마트료나는 말한다.
"부모 없이는 살 수 있어도 하나님 없이는 살 수 없다."

그 순간 방 안이 환히 밝아지며 갑자기 미하일이 천사로 변했다. 그 모습을 본 시몬은 두려우면서도 미하일에게 당신은 누구인지 왜 하나님으로부터 벌을 받아 인간이 되었는지를 묻는다.

미하일은 본래 천사였다.
6년 전 하나님이 한 영혼을 데려오라고 명령하여 세상에 내려왔다. 그런데 데려갈 엄마는 자신이 가면 아이들이 죽게 될 거라며 애원한다. 마음이 약해진 미하일은 하나님의 명령을 따를 수 없었다.

미하일은 하나님의 명령을 어긴 죄로 벌을 받아 세 가지 질문의 답을 깨달을 때까지 세상으로 가 있다가 이 답을 깨달으면 다시 하늘로 돌아가게 될 것이라고 하였다.

그 질문은 다음과 같다.

① 사람의 마음속에는 무엇이 있는가?
② 사람에게 주어지지 않은 것은 무엇인가?
③ 사람은 무엇으로 사는가?

그래서 세상으로 내려온 미하일은 알몸뚱이로 차가운 길바닥에서 웅크리고 있던 자신을 시몬과 마트료나가 대접하는 것을 보고 깨닫는다. 그리고 그때 첫 번째 질문의 답을 깨닫는다.

① 사람의 마음속에는 '하나님의 사랑'이 있다.

멋진 신사가 일 년을 신어도 끄떡없는 구두를 주문했을 때 미하일은 그 신사의 뒤에 서 있는 죽음의 천사를 보고 사람에게 주어지지 않는 것이 무엇인지를 알게 된다.

② 사람에게 주어지지 않은 것은 '자신의 죽음을 아는 것'이다.

그리고 엄마를 잃은 아이들을 사랑으로 키우는 그 방앗간 부인

을 통해 미하일은

③ '사람은 사랑으로 산다'는 사실을 마지막으로 깨닫는다.

그러자 주변이 환히 밝아지면서 미하일은 하늘로 돌아갔다.

레프 톨스토이(Leo Tolstoy, 1828~1910)

57.
성령의 거듭남

에드워드 모토(Edward Mote)라는 37세 된 젊은이가 있었다. 그의 직업은 철공소에서 캐비넷(cabinet)을 만드는 제조공. 그는 공장에서 일하면서 가난한 부모에 대한 원망과 자신의 처지에 대한 열등의식과 차별에 대한 반항심 등에 사로잡혀 미래에 대한 꿈과 희망이라곤 없었다.

"이런 식으로 망치나 두들기며 살아야 한다니… 우리 부모는 왜 나에게 이런 삶밖에 주지 못하는 거야."

그러던 어느 추운 겨울날, 그가 런던의 거리를 배회하다가 너무 추워서 잠시라도 추위를 피하고자 길가에 있는 자그마한 교회에 들어가게 되었다. 마침 교회에서는 요한복음 3장 3~4절의 말씀을 가지고 '거듭남'에 대한 설교를 하고 있었다.

"예수께서 대답하여 이르시되 진실로 진실로 네게 이르노니 사람이 거듭나지 아니하면 하나님의 나라를 볼 수 없느니라. 니고데모가 이르되 사람이 늙으면 어떻게 날 수 있사옵나이까 두 번째 모태에 들어갔다가 날 수 있사옵나이까."

모토는 그 말씀을 듣고 "사람이 한 번 태어나면 끝이지… 거듭 난다고? 다시 태어난다는 게 말이 돼?" 그렇게 말하면서도 이상하게도 마음속에는 그게 가능하다면 이런 삶을 버리고 다시 태어나고 싶은 강력한 소원이 일어나기 시작했다. 그는 거듭나게 해 달라고 간절히 기도했고, 성령님께서 그의 마음의 문을 열어 주셨다. 그가 예수 그리스도를 구주로 영접한 것이다. 그날, 그의 일기에 이렇게 기록되어 있었다.

"내 망치는 이제 노래하기 시작했다. 내 망치는 이제 춤을 춘다. 그리고 내 눈동자는 생기가 돌고 내 마음속에는 생수가 솟는다. 예수님께서 내 마음에 오셨기 때문이다. 나는 거듭났다!"

그는 더 이상 불행한 철공이 아니었다. 희망을 품기 시작했고 희망을 가지면서 그의 삶은 점점 풍요로워져 갔다. 그러는 가운데 그는 꿈을 가지게 되었다. 그것은 자기가 고용되어 일하던 철공소를 소유하는, 곧 철공소의 사장이 되는 것이었다. 그리고 열심히 일한 결과 마침내 자기가 일하던 철공소가 자기의 소유가 되었으며, 이후 더 큰 철공소에 대한 소원도 이루게 되었다.

그 후 그는 성공적인 사업가가 되었고 그가 55세 되던 해, 자기를 거듭나게 해 주신 하나님의 은혜가 너무 놀라워 자신의 삶을 어떻게 드려야 할지를 고심하기 시작했다. 고민하고 기도하던 중 37세 때, 방황하던 자신을 만나 주신 그 주님의 사랑과 은혜가 감격스러워 자신의 재산을 드려 교회를 세우기로 결심하였다. 자신의 재산을 드려 교회를 건축하고 봉헌하던 날, 그는 자신을 축복해 주시고 소망을 주신 주님의 은혜가 얼마나 감격스러웠는지, 자신의 신앙을 고백하는 시(詩)를 하나 지었다.

이 몸의 소망 무엔가 우리 주 예수뿐일세,
우리 주 예수 밖에는 믿을 이 아주 없도다.
무섭게 바람 부는 밤, 물결이 높이 설렐 때,
우리 주 크신 은혜에 소망의 닻을 주리라,
주 나의 반석이시니 그 위에 내가 서리라,
그 위에 내가 서리라

그 시가 바로 찬송가 488장 「이 몸의 소망 무엔가」이다.

바람은 보이지 않지만, 나뭇잎이 흔들리는 것, 피부로 느끼는 시원함으로 바람의 존재를 알 수 있다. 성령도 마찬가지다. 육안으로 식별할 수 없지만, 분명히 존재하는 하나님의 영(靈)이다. 그로 인해 거듭나게 하는 놀라운 역사를 통해 우리는 성령의 존재를 체험하게 된다.

"그런즉 누구든지 그리스도 안에 있으면 새로운 피조물이라. 이전 것은 지나갔으니 보라 새것이 되었도다."[고린도후서 5:17]

58.
예수를 바라보자

"이러므로 우리에게 구름 같이 둘러싼 허다한 증인들이 있으니
모든 무거운 것과 얽매이기 쉬운 죄를 벗어 버리고 인내로써 우리
앞에 당한 경주를 하며 믿음의 주요 또 온전하게 하시는 이인 예
수를 바라보자" [히브리서 12:1~2]

교회에 나온 지 얼마 되지 않은 한 자매님이 목사님에게 와서
말했다.

"저는 더 이상 교회에 다니지 않을 거예요." 목사님은 그 이유를
물었더니,

"경건한 예배 시간에 사람들이 휴대폰을 사용하는 것을 봤어
요. 예배가 끝나고 나서는 설교에 대해서, 목사님에 대해서 이러
쿵저러쿵 수군거리는 사람들도 있고, 어떤 사람들은 교회 직분을
가졌는데도 봉사하는 사람들처럼 보이지 않고 제멋대로 행동해
요. 다들 위선자처럼 보여요."

목사님은 잠시 침묵하더니 말했다.
"자매님, 최종 결정을 내리기 전에 제가 부탁드릴 것이 하나 있
습니다. 한 번만 들어 주시겠습니까?"

"그게 뭔데요?"

"컵에 물을 가득 담아 교회 주위를 두 바퀴 돌면서 물이 잔 밖으로 흘러 떨어지지 않게 해 주세요."

"네! 그거야 쉽지요. 그 정도는 할 수 있어요."

그녀는 컵에 물을 가득 담아 다 돌고 난 후 말했다.

"목사님, 다 끝났어요. 물을 한 방울도 안 흘렸어요."라며 신나게 말했다.

그러자 목사님은 자매에게 세 가지를 물었다.

"자매님 교회 주위를 돌 때 혹시 휴대전화로 통화하는 사람을 보셨나요?"

"누군가가 수군거리는 것을 보셨나요?"

"제멋대로 행동하는 사람이 있던가요?" 그녀는 말했다.

"저는 이 유리컵에 물이 흐르지 않도록 너무 집중하느라 아무것도 보지 못했어요." 그러자 목사님은 자상하게 웃으며 말했다.

"자매님, 교회에 올 때는 예수님께만 집중해야 합니다. 교회는 완벽한 사람들이 다니는 곳이 아닙니다. 다양한 사람들이 모여 자신이 죄인임을 인정하고 예수님을 닮아 가기 위해 계속 성장 중인 사람들이 모인 곳이랍니다. 사람을 보지 마시고 예수님만 바라보세요. 그러면 넘어지지 않을 겁니다."

그렇다. 예수님은 요한복음 21:22에서 "네게 무슨 상관이냐, 너는 나를 따르라"고 말씀하셨지, 다른 사람을 따르라고 말씀하지 않으셨다. 현실 교회 안에는 내 맘에 안 드는 사람들이 많다. 그리고 그런 사람들은 교회 안에만 있는 것이 아니고 우리 직장과 사회에도 많고, 사람이 모이는 곳은 다 마찬가지다. 사람은 결코 교회의 주인이 아니다. 교회의 주인이자 머리는 오직 예수 그리스도이다. 비록 교회 안에 많은 위선과 많은 문제와 거짓과 부정이 있다고 하지만, 그래도 교회는 천국으로 들어가는 유일한 문임을 알아야 한다. 그리고 믿음이 연약한 사람을 실족시키거나 실망시키는 교회가 되지 않도록 교회 공동체는 늘 자성하고 고쳐 나가야 한다.

"예수께서 이르시되 내가 곧 길이요, 진리요, 생명이니, 나로 말미암지 않고는 아버지께로 올 자가 없느니라" [요한복음 14:6]

59.
세상을 이기는 믿음

　1858년 미국 뉴욕의 어느 가정에서 한 아이가 태어났는데, 그 아이는 어려서 소아마비를 앓아 다리를 절었고, 시력도 극도로 나빴다. 그리고 천식까지 앓아서 자기의 앞에 있는 촛불을 끌 힘도 없는 호흡곤란을 가지고 있었고 걸핏하면 열이 나서 드러누웠다. 가까스로 생명을 연장하여 드디어 열한 살이 되던 어느 날, 아버지는 아이에게 이런 말을 해 주었다.

　"아들아, 네가 가진 장애는 장애가 아니란다. 네가 만약 전능하신 하나님을 참으로 신뢰하고 믿는다면, 그리고 하나님의 도우심이 너와 함께한다면, 오히려 너의 장애 때문에 모든 사람이 너를 주목할 것이고, 너는 진실로 역사에 신화와 같은 기적을 남기는 놀라운 삶을 살 수 있단다."

　그 후 그는 스스로의 병약함을 견디기 위해 꾸준한 운동과 체력단련으로 극복하려 노력했다. 두뇌가 명석하고 기억력이 뛰어나 하버드 대학에 입학하였고 권투 클럽에 가입하여 아마추어 선수로 뛰기도 했으나 대학 졸업 무렵의 건강진단에서는 "심장이 너무 약해져서 정상 생활을 하기 어렵다"는 판정을 받았다. 그러나 그는 굴복하지 않았다.

　정치에 관심을 가지고 23세가 되던 해에 뉴욕주를 대표하는 의
회의 의원이 되었고 28세에는 뉴욕 시장 선거에 출마했고 얼마 후
에는 뉴욕 주지사가 되었고, 부통령이 되었다. 그리고 마침내 미
국 역사상 가장 어두웠던 시절에 미국의 신화를 재건하는 대통령
이 되었다. 1906년에는 노벨평화상까지 수상하였다.

　이 사람은 바로 시어도어 루스벨트(Theodore Roosevelt, 1858~
1919)이다.

　서양 속담에 "흐르는 시냇물의 돌을 치우면 시냇물은 노래를 잃어버린
다"는 말이 있다. 시내에 돌들이 있기 때문에 물이 흘러가면서 노래를 만
들듯이 그리스도인들은 고난이 있기 때문에 그 고난의 아픔을 통해서 창
조적인 인격을 완성해 가는 것이다. 시편의 기자는 이런 비밀을 알았기에
"고난당한 것이 내게 유익이라, 이로 인하여 내가 주의 율례를 배우게 되
었나이다."(시 119:67)라고 고백했다.

　"대저 하나님께로서 난 자마다 세상을 이기느니라. 세상을 이긴
　이김은 이것이니 우리의 믿음이니라." [요한일서 5:4]

60.
복음에 빚진 사람

『복음에 빚진 사람』의 저자 이민교 목사의 이야기이다.

원불교 가정에서 태어나 고아와 장애인에게 온 마음을 쏟던 저는 일찌감치 원불교 교역자인 교무가 될 준비를 하고 있었습니다. 원불교의 지도자가 되려고 어느 날은 눈이 쏟아지는 날에 고무신을 신고 지리산 천왕봉을 몇 차례 오르는 고행의 길을 걷기도 했습니다. 원불교 전도사를 자처한 저는 고3 때 소록도를 방문했습니다. 한센병 환자들에게 부처님을 믿게 하고 싶어서 할 수 있는 모든 일을 해 보았습니다.

그러나 아무리 열심히 헌신하며 희생하고 그들의 마음으로 얻고자 최선을 다했는데도 제 마음을 몰라주고 꿈쩍도 하지 않는 그들이 야속하고 도저히 이해할 수가 없었습니다. 그래서 어느 날 한센병 환자들에게 이렇게 물었습니다.

"그래요. 좋아요. 예수님을 믿으면 행복하다는 말도 좋아요. 그런데 솔직히 한센병 환자가 예수 믿어서 행복하다는 말은 도무지 이해가 안 되거든요. 그게 어떻게 행복한 거예요?" 그 말에 할아버지와 할머니들은 빙그레 웃으며 이렇게 답하셨습니다.

"그건 우리가 영원히 살기 때문이지. 우리가 문둥이가 되었기 때문에 예수님을 믿을 수 있었어. 문둥이가 아니었다면 멋모르고 살다가 지옥에 갈 수 있었을 텐데… 하나님이 우리를 문둥이로 만들어 주셔서 이제는 예수님 믿고 영생을 얻었으니, 살아도 천국에서 살고 죽어도 천국에 갈 수 있게 된 거지… 예수님 때문에 우리는 지금 너무 행복해… 그러니까 학생도 이제 예수님 믿어. 예수님 믿어야 행복해지지."

'전생에 당신들이 지은 업보인 죄로 인해 이생에 문둥이라는 과업을 받았다'라는 부처님의 법문을 설법하는 제 입술이 점점 닫히기 시작했습니다. 그리고 제 속에 이런 화두가 새롭게 생겨나기 시작했습니다.

"나를 더 불쌍히 여기는 그들의 배짱은 도대체 무엇인가? 예수 믿으면 행복하다는데, 그 예수는 도대체 누구란 말인가?"

그리고 7년 후 1988년 3월 2일… 저는 결코 그날을 잊을 수 없습니다.

그날도 평소처럼 새벽 4시에 일어나 소록도 법당에서 가부좌를 틀고 좌선을 한 다음 목탁을 치며 염불을 했습니다. 그런데 갑자기 염불이 되지 않고 엉뚱한 말이 터져 나왔습니다.

"며칠 후 며칠 후… 요단강 건너가 만나리…"

이게 도대체 무슨 소리란 말인가? 이 소리를 어디서 들었지? 그것은 소록도 한센인의 장례식 때마다 들었던 찬송가 606장 '해보다 더 밝은 저 천국' 가사였습니다.

"해보다 더 밝은 저 천국, 믿음만 가지고 가겠네.
믿는 자 위하여 있을 곳, 우리 주 예비해 두셨네.
며칠 후 며칠 후 요단강 건너가 만나리,
며칠 후 며칠 후 요단강 건너가 만나리."

한참을 울며 뒹굴다 성령에 휘감긴 저는 그 즉시 회심하고 '기독교 전도사'로 대변신했습니다. 예수 믿는 자들을 잡으러 다메섹으로 가는 길에 예수를 만나 눈이 멀었던 사울처럼 그때의 저도 성령에 온전히 휘감긴 것입니다. 저는 정말이지 예수님을 믿고 싶지 않았습니다. 그래서인지 제가 예수를 믿은 것이 아니라 하나님이 예수님을 믿게 하셨다는 확신이 있습니다.

저 자신이 '복음에 빚진 사람'임을 고백하며, 약사로 일하던 아내와 두 자녀와 함께 우즈베키스탄으로 가서 축구를 통해 농아교회를 개척했습니다. 미국 9·11 사태 이후엔 카자흐스탄에서 국가대표 농아축구팀 감독으로 아시안게임 4회, 올림픽 2회, 월드컵 1회 출전했습니다. 현재는 다시 오실 예수님을 소망 중에 기다리며 사단법인 「Global Blessing」 대표로 장애인을 섬기는 사역을 하고 있습니다.

우리는 하나님의 기적과 기도의 능력을 믿는다면 얼마나 믿을까?

저명한 신학자이자 스콜라 철학자인 토마스 아퀴나스(Thomas Aquinas, 1224~1274)는 이런 말을 했다.

"믿음이란, 믿음이 있는 이에게는 설명할 필요가 없고, 믿음이 없는 이에게는 설명이 불가능한 것이다."

신앙생활은 겨우겨우 하거나 억지로 하는 것이 아니다. 살아 계신 하나님의 말씀을 듣고, 영광 돌리는 예배를 통하여 영적인 쾌거를 경험하는 것이다. 하나님의 역동성으로 인해 우리 안에서 영혼의 세포가 춤을 추고 성령 안에서 복락의 강수를 경험하는 것이다.

"하나님에게 능치 못함이 없다"는 것은 능력의 근원이 피조물인 인간에게 있지 않으며, 오직 전능하신 하나님, 우리를 피로 구속하신 예수 그리스도를 믿는 믿음으로만 가능하다는 뜻이다.

세상 사람들은 기적을 '운(運)'이라든지 '우연의 일치'라고 말하지만, 우리는 그것을 '은혜(Grace)'라고 말한다. 능력은 인간의 확신이나 자기 계발에서 오는 것이 아니다. 인간 중심이 아니라 하나님의 뜻 중심으로 살아갈 때만이 가능한 것이다. '운(運)'은 의도가 없는 무작위적인 결과물이지만, '은혜(Grace)'에는 하나님의 인격과 사랑과 의도가 담겨 있다. 기적은 하나님의 은혜로 '신적 개입'을 체험하는 일이다. 이처럼 하나님께서 세상 사람들이 불가능하다고 생각하는 기적도 은혜를 통하여 성도 개인의 필요에 따라 필요한 시간에 나타내 주신다.

토마스 아퀴나스 (Thomas Aquinas, 1224~1274)

한 사람의 변화가 큰 역사를 일으킨다. 우리의 삶에도 하나님께서 직접 개입하셔서 이민규 목사님처럼 복음에 빚진 자로서, 아직도 예수님을 모르는 영혼들에게 담대하게 복음을 전파하고 그리스도의 사랑을 실천할 수 있도록 충만한 은혜 내려 주시기를 간구해야 한다.

"다른 이로써는 구원을 받을 수 없나니 천하 사람 중에 구원을 받을 만한 다른 이름을 우리에게 주신 일이 없음이라 하였더라" [사도행전 4:12]

61.
당당한 신앙고백

"그런즉 너희가 먹든지 마시든지 무엇을 하든지 다 하나님의 영
광을 위하여 하라" [고린도전서 10:31]

스코티 셰플러(Scottie Alexander Scheffler, 1996~)는 PGA 투어
에서 활약하는 미국의 프로 골퍼이다. 그의 골프 실력은 현재 세
계 랭킹 1위로 2024년 파리 올림픽에 미국 대표선수로 출전하여
금메달을 획득했다. 그는 타이거 우즈에 버금가는 최고의 실력을
겸비한 완전체 프로 골프 선수로 평가받고 있으며, 명문 텍사스
대학교 오스틴에서 금융학 학위를 취득한 인텔리로서 큰 인기와
사랑을 받고 있다.

그는 세상적으로도 뛰어난 실력을 갖춘 사람이지만 그의 신앙
고백 역시 그리스도인들에게 진진한 감동과 도전을 주고 있다.

그는 2024년 4월, 미국 조지아주 오거스타 내셔널 골프클럽에
서 열린 제88회 마스터스 토너먼트 최종 라운드에서 합계 11언더
파 277타를 기록하며 2022년에 이어 두 번째 우승함으로써 그린
재킷을 입었다. 그는 성경 공부 모임에서 만난 캐디 테디 스콧과

부둥켜안으며 승리의 기쁨을 만끽했는데 상금은 무려 360만 달러
(49억 8,600만 원)였다.

오거스타 골프클럽은 1934년에 시작된 미국의 역사적인 골프
클럽이다. 이 클럽은 매년 4월에 마스터스 골프 토너먼트를 개최
하여 전 세계의 골프 팬들을 끌어들이는데 세계적으로 가장 명예
로운 골프 코스 중 하나로 꼽힌다.

그는 우승 소감으로 "저는 하나님께 골프라는 달란트를 선물로
받았고 이 달란트를 오롯이 하나님께 영광 돌리기 위해 사용하고
싶습니다. 단지 그뿐입니다. 하나님의 영광을 위해 나를 이 자리
로 부르셨다고 믿습니다."라고 말했다.

언론과의 인터뷰에서 "나는 창조주 하나님과 그의 계획하심을
믿습니다. 나를 가장 잘 정의하는 것은 나의 믿음입니다. 나는 하
나님께서 내가 이번 대회를 통해 최선을 다해 경쟁하고 하나님
께 영광 돌리는 것을 원하셔서 나를 이 자리로 부르셨다고 믿습니
다."라고 고백했다.

그는 그리스도인으로서 누리는 기쁨과 평안도 언급했는데 "내
가 하나님 안에서 영원히 안전하다는 것을 아는 것은 굉장히 특별
한 기분"이라며 "경기에서 이기든 지든 상관없다. 내 정체성은 하
나님 안에서 영원히 안전하기 때문"이라고 간증했다.

당시 만삭의 아내를 두고 있는 셰플러는 대회 기간 내내 놀라운 경기력을 선보였는데 "아내의 산통이 시작되면 승패와 상관없이 곧장 아내의 곁으로 달려가겠다"고 공언하기도 하여 가족에 대한 애착을 나타냈다.

앞서 셰플러는 2022년에도 신앙고백으로 우승 소감을 밝혔는데 그는 당시 우승 후 기자회견에서 "내가 골프를 치는 이유는 오로지 하나님께 영광을 돌리기 위해서다. 나에게 있어 내 정체성은 골프 스코어가 아니다. 내가 이기든 지든 변함없이 나를 사랑하시는 예수님이 계시기에 내가 하는 모든 것은 하나님께 영광을 돌리는 것이다. 그것이 내가 여기 있는 이유이며 이 위치에 있는 이유"라고 단호하게 말했다.

셰플러의 신앙고백에 미국의 기독교계도 감동하는 분위기여서 프랭클린 그레이엄(Franklin Graham) 목사는 자신의 페이스북을 통해 셰플러의 우승 소감을 나누며 "셰플러처럼 모든 영광을 하나님께 돌리며 신앙을 고백하는 것을 부끄러워하지 않는 이들이 있다는 사실에 감사하다"고 말했다.

"주는 그리스도시요 살아 계신 하나님의 아들이시니이다" [마태복음 16:16]

스코티 셰플러(Scottie Alexander Scheffler, 1996~)

62.
코람데오(Coram Deo)

교회에서 청소부로 일하는 한 사람이 있었다. 그는 매일 아침 일찍 일어나 교회의 바닥을 쓸고 벽을 닦으며 깨끗하게 관리했다. 그러나 많은 사람은 그를 알아주지 않았고, 그의 일을 별것 아닌 것처럼 여겼다.

어느 날 한 방문객이 그에게 물었다. "왜 이렇게 열심히 청소하시나요? 아무도 보지 않는데 굳이 이렇게 깨끗하게 할 필요가 있나요?"

청소부는 미소를 지으며 대답했다.
"사람들이 보든 말든 상관없습니다. 나는 하나님 앞에서 일하고 있기 때문입니다. 내가 하는 모든 일은 하나님을 향한 예배입니다."

남이 알아주지 않는 작은 일조차도 하나님 앞에서 거룩한 예배로 여기며 최선을 다한 청소부의 태도는 그 자리에 있던 사람들에게 깊은 감동을 주었다.

태어나서 키가 크지 않아 평생 난쟁이로 살아가는 어느 장애인 성도가 있었다. 어느 해 연말, 여느 때처럼 교회에서는 다양한 성탄 축하 공연이 열렸다. 많은 사람들이 어울려 기쁜 마음으로 참여하는 모습이 부러웠지만, 이 장애인은 아무것도 할 수 없었다.

그는 곰곰이 생각했다. '나는 무엇으로 예수님의 성탄을 축하드릴 수 있을까?' 그러다 방바닥에 누워서 발바닥으로 공굴리기를 잘하는 것이 생각났다.

다음 날 아무도 없을 때 그는 교회로 나갔다. 그는 교회의 강대상 아래에 드러누워서 발바닥으로 공굴리기를 시작했다. 얼마 후 마침 교회를 둘러보던 목사님이 난쟁이의 이상한 행동을 보고 기분이 언짢아지게 되었다.

"교회에서 이런 행동을 하시면 안 됩니다." 그러자 난쟁이가 울먹이면서 말했다. "목사님 나도 남들처럼 예수님의 탄생을 축하해 드리고 싶어요. 그러나 잘할 수 있는 것이 없어요. 그래서 내가 잘하는 공굴리기로 예수님의 성탄을 축하드리고 싶어요."

순간 목사님은 난쟁이의 말을 듣고 너무 미안하고 잘못했다는 생각이 들었다. 그리고 난쟁이의 손을 잡고 위로하면서 기도드렸다.

"예수님, 자신이 가진 최고의 것으로 드리는 형제의 아름다운 성탄 선물을 받으시옵소서. 하나님이 우리에게 최고의 선물인 예수님을 주신 것처럼 우리도 우리가 가진 최고의 선물을 하나님께 드리게 하여 주시옵소서."

라틴어 '코람데오(Coram Deo)'에서 Coram은 앞에, Deo는 하나님을 뜻한다. 이 둘이 합쳐져 '하나님 앞에서'라는 의미를 지닌다. 이 말은 16세기 부패했던 중세의 기독교 신앙 가운데 살았던 종교 개혁자들에게서 나온 말이다. 오직 하나님 안에서 살아가자는 삶의 방식을 요약해서 주창했던 말이다.

'하나님 앞에서 사는 삶', 이것은 그리스도인들의 삶의 방식이자 특권이다. 하나님 앞에서의 신앙, '코람데오'의 신앙으로 하나님을 경외하며 내 말과 행동과 인격과 삶, 영성이 나날이 성장하도록 기도해야 한다.

"그러므로 형제들아 내가 하나님의 모든 자비하심으로 너희를 권하노니 너희 몸을 하나님이 기뻐하시는 거룩한 산 제물로 드리라. 이는 너희가 드릴 영적 예배니라." [로마서 12:1]

63.
여호와를 앙망하라

제2차 세계대전 당시 미국 군인으로 전쟁에 참가한 헤럴드 러셀(Herold Russell, 1914~2002)의 이야기이다.

공수부대 요원이었던 그는 전투에 나갔다가 포탄에 맞아 불행히도 두 팔을 모두 잃어 장애인이 되고 말았다. 건강했던 몸을 한순간에 잃고 그는 참혹한 좌절에 빠져들면서 이렇게 자책했다.

"나는 이제 쓸모없는 고깃덩어리가 되었구나!"

장애인으로 변한 자기 몸을 바라보면서 절망하던 중에 아는 이의 전도를 받고 교회에 나가게 되었다.

어느 날 그는 "여호와를 앙망하는 자는 새 힘을 얻는다"는 설교를 듣고 그의 마음에 새로운 힘이 솟아났다. 그리고 이런 음성을 듣게 되었다.

"그래도 잃은 것보다 가진 것이 많지 않으냐"

러셀이 생각해 보니 자기에게는 아직 생명이 있고, 두 눈이 있고, 두 귀가 있고, 두 발이 있었다. 정말 잃은 것보다 가진 것이 아직도 많았다. 그 후 그는 무엇을 할 것인지 고민하던 중에 의사로부터 쇠로 만들어진 인공손을 장착받게 되었는데 당시만 해도 의료공학 기술이 발달하지 못하여 불편하기 짝이 없었다. 그러나 그는 눈물겨운 노력 끝에 손으로 글씨도 쓰고, 나중에는 타자까지 칠 수 있게 되었다.

그리고 그는 자기가 걸어온 인생 역정을 글로 옮겼는데, 그 글이 세상에 알려지자 그의 스토리를 영화로 만들겠다는 사람이 나타났다. 그리고 그를 그 영화의 배우로 직접 출연시키겠다고 했다. 비록 장애의 몸이었지만 그는 직접 영화에 출연하여 정성을 다해 혼신의 힘으로 연기를 했다.

그 영화가 바로 1946년에 제작된 윌리 와일러(Willi Wyler) 감독의 「우리 생애 최고의 해, The best years of our lives」이다. 윌리 와일러 감독은 「폭풍의 언덕」, 「로마의 휴일」, 「벤허」 등을 만든 미국의 가장 유명한 영화감독이다. 이 영화에서 러셀은 아카데미 남우조연상과 특별상을 수상하여 오스카상을 2개나 동시에 따내는 진기록을 수립했다. 그리고 그는 받은 상금을 전액 참전 상이용사를 위해 기부하였다.

시상식이 끝난 후 한 기자가 신체적인 조건이 절망스럽지 않으냐고 질문하자 그는 이렇게 대답했다. "아닙니다. 저의 육체적인 장애는 나에게 도리어 가장 큰 축복이 되어 주었습니다. 여러분은 언제나 잃어버린 것을 계산할 것이 아니라, 여러분에게 남아 있는 것을 생각하고 하나님에게 감사하고 살면서 그 남은 것을 하나님을 위해 사용할 때, 언젠가는 잃은 것의 열 배보다도 더 많은 보상을 받을 수 있을 것입니다."

하나님의 말씀은 쓸모없을 뻔했던 러셀의 인생을 희망차고 쓸모 많은 인생으로 이끌어 주셨다. 인간의 절망은 하나님을 만날 수 있는 기회이기도 하다. 절망은 하나님의 기회요, 하늘 문이 열리는 기회요, 하나님의 축복과 은혜가 내리는 기회이다.

선지자 이사야는 주님을 사모하고 앙망하면 독수리가 날개 치며 하늘로 올라가듯 새 힘을 얻을 수 있다고 말씀하고 있다. 그리하여 해마다 '내 생애 최고의 해'가 되어야 한다.

"오직 여호와를 앙망하는 자는 새 힘을 얻으리니 독수리의 날개 치며 올라감 같을 것이요, 달음박질하여도 곤비치 아니하겠고 걸어가도 피곤치 아니하리로다." [이사야 40:31]

헤럴드 러셀(Herold Russell, 1914~2002)

64.
예배의 주인

탁월한 설교가로 유명한 영국의 어느 목사님이 계셨다. 그의 명성은 영국 전역에 퍼져서 매 주일마다 많은 사람들이 찾아와서 그의 설교를 들었다.

하루는 스칼렛이라는 여성이 목사님의 설교를 듣기 위해 주일 예배에 참석했는데 설교를 들은 스칼렛은 눈물을 흘릴 정도로 큰 은혜를 받았다.

그녀는 다음 주일에도 은혜를 기대하며 목사님의 교회를 찾았으나 어쩐 일인지 아무런 감동이 없었다. 그녀는 예배가 끝나고 목사님을 찾아가서 조언을 구했다.

"목사님, 사실 지난 주일에는 목사님의 설교를 듣고 큰 은혜를 받아 오늘 다시 이곳에 왔습니다. 그런데 저번 주 같은 큰 감동을 받지는 못했습니다. 도대체 뭐가 문제일까요?"

그러나 목사님은 이렇게 답변했다.
"지난주에는 예수님을 만나러 왔기에 은혜를 받으셨습니다. 그런데 오늘은 저를 만나기 위해 오셨으니 당연히 은혜가 없을 수밖에요."

하나님과의 자녀가 된 그리스도인들에게 있어서 가장 중요한 것 중의 하나가 '예배(Worship)'이다. 예배의 주인은 예수님이시며 동시에 예배는 하나님의 임재와 만남이다. 그러므로 나 중심으로 예배를 드리거나, 내가 성경을 좀 안다고 설교자를 평가하는 시간은 더욱 아니다.

예배는 신앙생활의 출발이기에 예배를 삶의 우선순위에 두는 것은 하나님에 대한 사랑의 표현이자 행복한 인생의 지름길이다. 예배를 통해 죄 사함과 영육의 병을 치유받고 설교를 통해 주님의 음성을 듣고 사막에서 생수가 흘러나오는 것 같은 복을 누리게 된다.

예배는 마치 다 닳아 버린 배터리를 재충전하는 시간과도 같다. 그 시간에 하나님의 영광과 능력을 덧입는 시간이기도 하다. 그러므로 우리는 예배의 소중함을 알고 전심으로 예배를 드림으로 늘 참된 예배자로 살아가야 한다.

"하나님은 영이시니 예배하는 자가 영과 진리로 예배할지니라."
God is spirit, and his worshipers must worship in spirit and in truth [요한복음 4:24]

65.
파스칼의 팡세(Pensées)

‘인간은 생각하는 갈대’라는 유명한 명언을 남긴 블레즈 파스칼 (Blaise Pascal, 1623~1662)은 근대 프랑스의 철학자, 신학자, 과학자로 그리고 계산기의 발명가이다. 그는 20대에 이미 다방면의 천재로 칭송받고 있었다.

그런데 어느 날 갑자기 아버지가 별세하셨다. 그리고 하나밖에 없는 누이동생마저 수도원의 수녀가 되기 위해 집을 떠나고 말았다. 허탈감과 허무감이 들었던 파스칼은 그때부터 사교계를 찾아서 온갖 세상의 쾌락을 즐기기 시작했다.

그런데 그렇게 살면 기뻐질 줄 알았는데 쾌락에 아무리 빠져들어도 쾌락이 그에게 진정한 기쁨을 가져다주지 못한다는 것을 느꼈다. 어느 날부터 이런 사교생활이 갑자기 역겨워지기 시작했고 혐오감이 들기 시작했다. 그리고 사교계에 발을 끊고 다시 성경을 읽고 묵상하고 연구하기 시작했고 기도하기 시작했다.

그러던 어느 날, 정확하게 1654년 11월 23일, 밤 10시 반부터 자정 사이, 갑자기 자기 눈앞에 불처럼 임재하시는 예수 그리스도를 경험하게 되었다. 그리고 그는 이 경험을 자신이 쓴 유명한 책, 『팡세(Pensées)』에서 글로 남겼다.

"불, 불, 불, 철학자의 하나님이 아니다. 신학자의 하나님도 아니다. 아브라함의 하나님, 이삭의 하나님, 야곱의 하나님, 예수 그리스도의 하나님, 나의 하나님 기쁨, 기쁨, 기쁨, 기쁨의 눈물, 영원히 그를 떠나지 않으리!"

'팡세'는 '생각'이라는 뜻을 가지고 있는 말이다. 이 책을 통해 그는 기독교를 설명하고 전도하려는 목적을 가지고 있었다. 파스칼의 팡세는 전인격적이며 말씀과 기도를 통한 하나님과의 영적 사귐 속에서 인생의 참된 기쁨을 발견한 눈물의 고백으로 쓴 책이었다.

"육신을 따르는 자는 육신의 일을, 영을 따르는 자는 영의 일을 생각하나니 육신의 생각은 사망이요, 영의 생각은 생명과 평안이니라. 육신의 생각은 하나님과 원수가 되나니 이는 하나님의 법에 굴복히지 아니할 뿐 아니라 할 수도 없음이라. 육신에 있는 자들은 하나님을 기쁘시게 할 수 없느니라." [로마서 8:5~8]

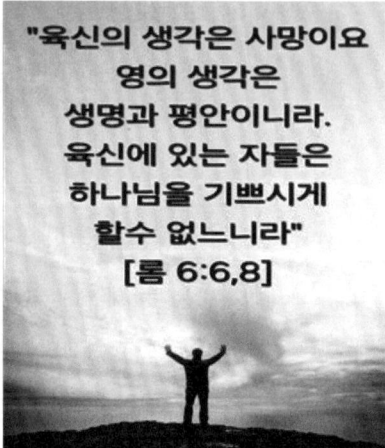

"육신의 생각은 사망이요
영의 생각은
생명과 평안이니라.
육신에 있는 자들은
하나님을 기쁘시게
할수 없느니라"
[롬 6:6,8]

블레즈 파스칼(Blaise Pascal, 1623~1662)

66.
전적 신뢰(信賴)

1859년 6월 30일, 미국에서 실제로 있었던 일이다.

폭포 주위에 모여든 많은 관중들이 침을 삼키면서 한 사나이의 일거수일투족을 관찰하고 있었다. 이 사나이는 배낭에서 프라이팬을 꺼내 계란을 톡 깨뜨려 오믈렛(omelette)을 만들기 시작했다. 군중들의 환호와 박수가 터져 나왔다.

이 남자 옆에는 길이 338m의 긴 쇠밧줄이 호수 위를 가로지르고 있었다. 쇠밧줄의 48m 아래로는 어마어마한 물기둥이 쏟아지고 있었다. 지금 이 사나이는 나이아가라 폭포 위에 설치된 강철 밧줄 위를 이제 오믈렛으로 식사를 마친 후 건너려고 하고 있는 것이다.

식사를 마친 이 사나이는 입맛을 다시면서 중심을 잡아 주는 쇠막대기 하나만 달랑 들고 드디어 밧줄 위를 걸어 반대편 목적지를 향해 출발했다. 수많은 관중들이 숨소리마저 멈춘 채 지켜보는 가운데 마침내 반대편에 다다르자 우레와 같은 박수가 터져 나왔다. 하지만 이벤트는 이게 모두가 아니었다. 이 남자는 다시 원래 출발 지점을 향해 물구나무서기로 밧줄 위를 걷는 것이다. 걷다가 도중에 밧줄 위에 누워서 잠깐 쉬기도 하고, 이어서 자전거를 타고 건너기, 뒤로 걸어 건너기 등 상상을 초월하는 능력으로 외줄타기의 신공을 보여 주었다. 그리고는 중심을 잡아 주는 쇠막대기마저 폭포 아래로 던져 버렸는데 관중들은 손에 땀을 쥐고 이 남자를 바라보았다.

찰스 블론딘(Charles Blondin, 1824~1897)은 별다른 볼거리가 없던 미국 사회에서 당대 최고의 엔터테이너였다. 당시 곡예사는 고소득을 올리던 최고의 스타였다. 프랑스에서 태어난 그는 한 번 구경한 서커스에 푹 빠져 아버지의 낚싯대를 균형 잡는 장대로 삼아 줄타기를 연습하기 시작했고, 다섯 살의 나이에 대중 앞에 데뷔했다. 그의 가장 유명한 묘기는 35세 때 최초로 나이아가라 폭포를 건넌 것이었다. 밧줄의 자체의 무게 때문에 중간 지점에서는 밧줄이 약 18m나 아래로 처져 가파른 경사가 져 있었다. 이 행사는 신문과 벽보, 전단지를 통해 널리 홍보되었다. 주변 호텔은 방값을 올렸고, 블론딘이 줄타기하는 장면을 구경하기 위해 엄청난 수의 관객이 흥분한 가슴을 안고 모여들었다.

이벤트가 끝나 갈 무렵 모여 있는 그는 관중들에게 도발적인 질문을 던졌다.
"여러분은 내가 사람을 등에 업고 이 폭포를 건너갈 수 있다고 믿습니까?"
관중들은 한목소리로 합창했다.

"네! 우리는 믿어요!" 블론딘은 다시 물었다.

"내 등에 업혀 이 폭포를 건너갈 사람이 필요합니다. 한 사람 지원해 주실 분 있으십니까?"

순간 열광적으로 성원을 보내던 관중들의 눈길이 땅바닥으로 향했다. 누구도 선뜻 나서질 못했다. 그때 블론딘은 관중석 맨 앞줄에 있는 한 남자를 지목했다.

"당신은 날 믿습니까?" 그 남자는 일 초도 망설임 없이 대답하며 벌떡 일어나 블론딘 앞으로 나왔다.

"난 당신을 믿습니다. 기꺼이 당신 등에 업혀 폭포를 건너보겠습니다"

남자를 들쳐 업은 블론딘은 심각한 표정으로 38피트짜리 보조 쇠막대기를 챙겨 최대한 안전하게 로프를 건너려는 모습을 보였다. 사람들은 감탄했다. 블론딘과 등에 업힌 남자의 배짱과 용기에 대해 박수를 보내면서도 목숨을 건 이 곡예에 한편으로는 착잡한 마음이 들었다.

몇십 미터 전진해 나갈 때 등에 업힌 남자가 움찔했다. 이때 블론딘은 폭포의 거대한 굉음을 뚫고 등에 업힌 남자에게 외쳤다.

"힘을 빼요! 당신은 이제 찰스 블론딘이오. 내 한 부분입니다. 내가 흔들리면 당신도 흔들려야 해요. 당신이 균형을 잡으려고 노력하지 마세요. 당신이 노력하면 우리는 둘 다 죽습니다. 나를 완전히 믿고 힘을 빼고 내 일부가 되세요."

마침내 두 사람은 목적지까지 건너는 데 성공했다. 숨죽여 보던 관중들은 두 사람에게 감정이 이입되어 마치 스스로가 나이아가라 폭포를 건넌 것처럼 부둥켜안고 눈물 흘리며 열광하고 기뻐했다. 블론딘은 훗날 이 남자의 정체에 대해 밝혔다. 자신의 매니저 해리 콜코드(Harry Colcord)였다.

'믿는다'는 말만 하는 것과 실제로 믿고 '행동하는 것'은 다르다. 신앙도 마찬가지다. 우리는 말로는 죽을 때까지 섬기겠다고 하지만 실제로는 '설마' 하며 믿지 않을 때가 많이 있다. 하지만 하나님을 온전히 신뢰하면 어떤 상황 속에서도 우리는 굳건히 설 수 있다. '전적 신뢰, 뿌리 깊은 나무 같은 믿음'이 되어 하나님 앞에 서야 한다.

"너의 길을 여호와께 맡기라. 저를 의지하면 저가 이루시고 네 의를 빛같이 나타내시며 네 공의를 정오의 빛같이 하시리로다." [시편 37:5~6]

1859년 6월 30일, 찰스
블론딘과 해리 콜코드
[동아일보DB]

당신의 재능을 썩히지 마라. 당신속에는
아직 사용되지 못한 숨겨진 재능이 있다.

"할 수 있다고 생각하면 방법이 보이고
할 수 없다고 생각하면 핑계만 보인다."

67.
위대한 발견(great discovery)

알렉산더 플레밍(Alexander Fleming, 1881~1955)은 스코틀랜드 출신의 의사, 세균학자로서 1928년 푸른곰팡이 배양을 연구하다가 우연히 페니실린(penicillin)이라는 인류 최초의 항생제를 발견하였다.

페니실린은 제2차 세계대전에서 부상당한 수백만 명의 생명을 살리는 기적의 치료제가 되었다. 특히 전쟁 중에 중동으로 순방을 갔다가 폐렴에 걸려 사경을 헤매던 영국 처칠(Winston Churchill) 수상을 치료한 일로 더욱 유명해졌다. 그의 연구 업적으로 플레밍은 1945년 노벨상을 받았고 영국의 귀족 작위를 받게 되었다.

신문 기자들이 플레밍을 찾아가 지금까지 발견한 것 중 가장 위대한 발견이 무엇인지 물었다. 그러자 그는 겸손히 대답했습니다.

"제가 발견한 것 중 가장 위대한 것은 제가 죄인이라는 것을 안 것이고, 예수님의 십자가 보혈로 죄를 용서받아 구원받았음을 발견한 것입니다."

당연히 페니실린이 가장 위대한 발견이라고 답할 거라 예상했던 기자들은 그의 의외의 답변에 놀라지 않을 수 없었다.

현대인들은 네 가지 교만을 가지고 있다고 한다. 지적 교만, 권력적 교만, 도덕적 교만, 마지막으로 하나님 없이 살 수 있다고 생각하는 영적 교만으로 이는 가장 큰 교만이다. 물을 떠난 고기가 잠깐은 살 수 있어도 곧 죽을 수밖에 없듯이 하나님을 떠난 교만한 인생은 결코 행복하게 살 수 없다. 죄의 결과는 참혹한 형벌이라고 성경은 가르치고 있다. 특히 영적 교만은 자신의 죄를 보지 못하고 남을 비판하고 정죄하는 것이다.

마더 테레사(M. Teresa)는 이러한 현상을 빛에 비추어진 물잔에 비교했다.

"잔에 채워진 물이 해가 비치지 않을 때는 깨끗하게 보이지만, 해가 비치게 되면 먼지와 불순물이 가득함을 드러내게 됩니다."

이처럼 우리도 어두운 세상에서는 자신의 죄가 별로 없어 보이지만, 하나님의 빛이 우리에게 비춰지면 우리가 얼마나 나쁜 죄인인지 보여지게 된다. 그러므로 가장 중요한 발견은 하나님 앞에서 내가 죄인이라는 사실을 발견하는 것이다. 빛이신 하나님을 가까이할수록 자신의 죄는 더욱 선명하게 보여지게 된다. 지구상의 그 어떠한 위대한 발견과 발명보다도 자신의 죄를 볼 수 있는 것이 가장 위대한 발견이다.

"시몬 베드로가 이를 보고 예수의 무릎 아래에 엎드려 이르되 주여, 나를 떠나소서, 나는 죄인이로소이다." [누가복음 5:8]

68.
사랑의 원자탄

사랑의 원자탄으로 잘 알려진 손양원(孫良源, 1902~1950, 향년 48세) 목사는 일본 제국의 신사참배 강요에 끝까지 맞서 투쟁한 항일 독립운동가이기도 하다. 주일학교 시절부터 신앙이 남달랐고 보통학교 재학 중 학교 조회 시간에 일본 천왕이 사는 궁성 쪽을 향해 절하는 소위 '동방요배'를 거절하고 신사참배에 반대했다는 이유로 퇴학당하기도 하였다.

1938년 평양신학교(현 총신대학교)를 졸업한 뒤 전도사가 되어 1939년 전남 여수의 애양원 교회에 시무했다. 이곳에서 한센병 환자들을 위하여 전도와 구호, 봉사활동에 전념했는데 환자의 상처에 난 고름을 입으로 빼내는 등 지극한 정성을 다하였다.

1938년, 일제는 조선의 모든 교회와 목회자들에게 신사참배를 강요했다. 하지만 "신사참배는 우상 숭배며 하나님을 모독하는 일"이라며 단호히 거부하였다.

그 결과, 1938년 9월, 신사참배 거부 혐의로 체포되어 투옥되었고, 이로 인하여 1945년 8.15 광복 때까지 혹독한 수감 생활을 하였는데 건강이 악화하여 실명 위기까지 왔지만, 다행히 꿋꿋한 신앙으로 잘 견뎌 냈다. 해방 이후 다시 애양원으로 돌아와 환자들을 돌보던 중, 1948년 민족의 비극인 여순사건이 일어났다.

이 사건으로 인하여 두 아들 손동인, 손동신이 당시 기독교인이라는 사실이 빌미가 되어 반란군 세력에 의해 순천 인근에서 살해되는 큰 충격이 벌어지고 말았다. 그때의 고통과 슬픔은 부모로서 말로 다 할 수 없는 것이었다.

후에 충격과 슬픔의 극복 과정을 지켜본 손 목사님의 딸 손동희 권사는 『나의 아버지 손양원 목사』 책에서 이렇게 기록하였다.

"신사참배 거부로 당한 지난 5년여 동안 혹독한 감옥 생활도 강철같은 신앙심으로 꿋꿋하게 버텨 온 아버지였지만, 한꺼번에 두 아들을 잃고 나자 그 충격을 이겨 낼 수 없는 듯 비통한 모습을 감추지 못했다.

그런데 마침 애양원 교회 부흥회를 인도하던 아버지의 평양신학교 동기동창인 이인재 목사님이 아버지에게 이렇게 말했다.

'손 목사, 정신 차리시오. 우리는 과거에 감옥에서 같이 순교하기를 원했으나 하나님은 우리의 순교를 허락하지 않았소. 오늘 젊고 아름다운 두 아들을 순교의 제물로 바친 것이 그리도 아깝소?

이것은 슬퍼할 일이 아니요. 더 좋은 천국에 갔으니 오히려 기뻐할 일이요.'"

손동희 권사는 이 순간을 이렇게 증언하였다.

"이 말을 듣는 순간 아버지의 세계는 갑자기 바뀌었다. 마음속에 한 줄기 빛이 비치는 것을 느꼈다고 한다. 영감처럼 떠오른 감사의 마음이 어둡기만 하던 아버지의 가슴속을 환하게 밝힌 것이다."

아버지는 더 이상 아들을 잃은 슬픔으로 정신이 나간 평범한 아버지가 아니었다. 두 아들을 순교의 제물로 기쁘게 바친 당당하고 강건한 아버지였다. 이때 아버지는 종이와 펜을 들어 아홉 가지 감사를 적어 내려갔다.

두 아들의 합동 장례 예배에서 손양원 목사는 장례 답사를 다음과 같이 하였다.

"제가 이 시간에 무슨 답사를 하고 무슨 인사를 하겠습니까마는 그래도 하나님 앞에 감사하는 마음이 있어서 몇 말씀 드립니다.

첫째, 나 같은 죄인의 혈통에서 순교의 자식들이 나오게 하셨으니 하나님 감사합니다.
둘째, 허다한 많은 성도 중에 어찌 이런 보배들을 주께서 하필내게 맡겨 주셨는지 그 점 또한 주님 감사합니다.

셋째, 3남 3녀 중에서도 가장 아름다운 두 아들 장자와 차자를 바치게 된 나의 축복을 하나님 감사합니다.

넷째, 한 아들의 순교도 귀하다 하거늘 하물며 두 아들의 순교이리오, 하나님, 감사합니다.

다섯째, 예수 믿다가 누워 죽는 것도 큰 복이라 하거늘 하물며 전도하다 총살 순교 당함이리오, 하나님 감사합니다.

여섯째, 미국 유학을 가려고 준비하던 내 아들, 미국보다 더 좋은 천국에 갔으니 내 마음이 안심되어, 하나님 감사합니다.

일곱째, 나의 사랑하는 두 아들을 총살한 원수를 회개시켜 내 아들 삼고자 하는 사랑의 마음을 주신 하나님 감사합니다.

여덟째, 내 두 아들의 순교로 말미암아 무수한 천국의 아들들이 생길 것이 믿어지니 우리 하나님 감사합니다.

아홉째, 이 같은 역경 중에서도 이상 여덟 가지 진리와 하나님 사랑을 찾는 기쁜 마음, 여유 있는 믿음 주신 우리 주 예수 그리스도께 감사합니다.

이렇듯 과분한 축복 누리게 되는 것을 감사합니다."

이와 함께 주위 사람들을 더욱 놀라게 한 것은 바로 두 아들을 죽인 원수를 자신의 아들로 삼겠다는 내용이었다. 그리고 반란이 진압된 이후 손 목사는 실제로 반란군 중 안재선이란 좌익 학생이 두 아들을 살해했다고 자백하자 이를 용서하고 자신의 양자로 삼은 것이다.

격분한 마을 사람들과 애양원 환자들이 안재선 씨를 처형하려 했지만 손 목사의 간곡한 부탁으로 결국 처형되지 못했고 그렇게 목숨을 건진 안재선 씨는 자신의 행동을 참회했고 진심으로 목사님을 자신의 아버지로 따랐다.

곧이어 1950년 6·25 전쟁이 터지고 북한군이 호남 지역으로 진격해 오자 모두 피난을 가는데도 손 목사는 환자들을 내버려두고 갈 수는 없다며 끝까지 애양원에 남았다. 환자들은 목사님께 떠나라고 종용했으나 이를 듣지 않았다. 결국 북한군이 점령하자 기독교 목사라는 이유로 체포되었고 모진 고문을 당하고 함께 갇혔던 사람들과 함께 1950년 9월 28일 총살당함으로 순교하였다. 장례식 때는 양자인 안재선 씨가 상주를 맡아 많이 슬퍼했다고 한다.

위대한 신앙과 위대한 감사는 수시로 즉각 나오는 것은 아니다. 갈등의 단계를 딛고 일어서는 데는 많은 시간이 걸린다. 금은 불에 넣어 보아야 진짜인지 알 수 있듯이 고난 없는 성도는 진짜인지 구분하기 어렵다. 그리스도인으로서 당하는 인생의 고난의 밤이 찾아왔을 때 우리는 예수님의 고난을 생각하며 우리의 상처를 회복시키는 신앙의 위대함을 되새겨볼 수 있어야 한다.

그리스도인은 그리스도를 위한 고난의 흔적을 가지고 있어야 한다.
그리스도인은 그리스도 중심적인 생각과 삶을 지향한다.
그리스도인은 그리스도와 함께하는 생사관이 분명하다.

그리스도인은 타인을 위하여 존재한다.

그리스도인은 복음으로 빚어낸 삶의 증거를 가진다.

"나는 이제 너희를 위하여 받는 괴로움을 기뻐하고 그리스도의 남은 고난을 그의 몸된 교회를 위하여 내 육체에 채우노라." [골로새서 1:24]

69.
믿음의 눈

어느 신발 회사에서 아프리카의 외진 마을에 시장 조사를 위하여 두 명의 영업사원을 보냈다. 그 지역은 사람들이 평생 맨발로만 다녔고, 신발을 신는 문화도 없는 곳이었다.

첫 번째 영업사원은 현장을 둘러본 뒤 본사에 전화를 걸어 말했다.

"여긴 아무도 신발을 신지 않아요. 시장이 전혀 없습니다. 돌아가겠습니다."

두 번째 영업사원도 같은 상황을 봤지만, 본사에 이렇게 보고했다.

"여긴 아무도 신발을 신지 않아요! 엄청난 시장입니다! 우리 제품을 처음으로 소개할 기회입니다!"

같은 상황, 같은 고객, 같은 조건이었지만 어떤 마음가짐을 가졌느냐에 따라 완전히 다른 판단이 나온 것이다. 긍정적인 사람은 불가능해 보이는 곳에서도 기회를 보았고, 부정적인 사람은 그 가능성조차 닫아 버린 것이다.

한편, 한 냉장고 회사가 국내에서 모든 시장을 다 포화시킨 후, 마지막으로 남은 곳이 북극이라며 농담처럼 말했다.

"이제는 북극에나 가서 냉장고 팔아야겠다."

그 말을 들은 한 영업사원이 실제로 북극에 가서 시장 조사를 하겠다고 하자 사람들은 모두 말렸다.

"북극은 얼음 천지인데 누가 냉장고를 사겠어요?" 하지만 그는 다른 관점으로 접근하고자 했다.

"에스키모인들은 음식이 너무 쉽게 얼어 버려 힘들어하고 있습니다. 때로는 고기를 서서히 해동해서 먹고 싶을 때도 있습니다. 그래서 냉장 기능만 있는 냉장고를 제안합니다."

결국 그는 북극에서도 냉장고를 팔 수 있었고, "냉장고는 음식 보관 장치로서 꼭 더운 나라에만 필요한 건 아니다"라는 개념 재 정립에 성공히게 되었다.

모세는 가나안 땅을 정탐하기 위해 각 지파에서 지도자급 인물 열두 명을 파송했고 그들은 40일간 그 땅을 정탐하고 돌아와 보고했다. 열두 명 모두가 같은 땅을 보고 왔지만, 평가하는 태도는 완전히 달랐다.

열 명의 정탐꾼은 보고했다.

"그 땅은 그 거주민을 삼키는 땅이요, ~ 거기서 거인들을 보았나니 우리는 스스로 보기에도 메뚜기 같으니~"

그들은 눈앞에 보이는 현실만을 분석하며 두려움에 빠졌고 인간의 눈으로 본 장애물들에 시선을 빼앗겨 버린 것이다. 그러나 남은 두 명, 여호수아와 갈렙은 달랐다.

"우리가 곧 올라가서 그 땅을 취하자. 능히 이기리라. 과연 젖과 꿀이 흐르는 땅이니라~ 여호와는 우리와 함께 하시느니라. 그들을 두려워하지 말라."

그들은 동일한 현실을 '믿음의 눈'으로 바라보았던 것이다. 하나님은 우리에게도 약속의 삶을 준비해 두셨다. 하지만 그 길에는 여전히 가나안 땅처럼 장애물과 거인들이 살고 있다.

문제는 '그 현실을 어떻게 바라보는가'이다. 인간의 눈으로 보면 두려움과 절망이 앞서지만, 믿음의 눈으로 보면 모든 것이 하나님의 계획안에 있음을 보게 된다. 여호수아와 갈렙처럼 우리에게도 믿음의 눈을 열어 주시어 세상이 불가능하다고 말할 때도 "하나님이 함께하시니 능히 이기리라"고 고백하는 담대한 신앙을 가져야 한다.

**"하나님이 레몬을 주시면
에이드는 내가 만들어야 한다"**

**"배는 항구에 정박해 있을
때가 가장 안전하다"**

70.
코끼리 사슬 증후군

거대한 코끼리를 길들이기 위해서 조련사는 아주 어린 아기코끼리 시절부터 뒷다리를 말뚝에 묶어 놓는다고 한다. 답답함을 견디지 못한 아기코끼리는 이리저리 발버둥을 쳐 보고 안간힘을 쓰지만 결국 말뚝 주변을 벗어날 수 없게 되자 좌절하게 된다. 그렇게 시간이 흐르면서 코끼리는 스스로 말뚝 주변을 자신의 한계로 정해 버리고 만다. 그래서 코끼리가 성장한 뒤에는 사슬을 풀어 놓아도 말뚝 주변을 벗어나지 않게 된다고 한다.

마음먹기만 하면 얼마든지 사슬을 끊을 수 있는 힘도 가지고 있지만 이렇게 적응된 코끼리는 그럴 엄두조차 내지 않는다고 한다. 이것을 '코끼리 사슬 증후군(Baby Elephant Syndrome)'이라고 말한다. 이 말은 사람이 살아가는 데 어떤 것이 방해물이 되거나 족쇄가 되어 평생토록 개인의 성장과 발전을 가로막는 내적 장애물을 말한다.

사람도 마찬가지다. 코끼리처럼 우리를 묶어 놓는 가장 큰 원인은 타인보다도, 환경보다도 바로 자신의 마음 안에서 스스로를 묶어 버리는 인식과 부정적 믿음 때문이다.

그러나 하나님께서 주시는 능력은 우리의 마음을 뜨겁게 작동시키는 엔진과 같은 것이다. 즉, 우리를 움직이게 하는 열정이다. 열정(Enthusiasm)이란 단어는 '안에'를 뜻하는 그리스어 'en'과 '신(神)'을 뜻하는 'theos'의 두 단어에서 유래되었다. 즉, '열정'이란 뜻은 라틴어의 '주 안에 있다'에서 파생된 말로 우리의 열정적인 삶은 주 안에 있을 때 가능하다는 것이다. 열정은 하나님이 우리 안에 들어오심으로 우리가 그분이 원하시는 삶을 살게 된다는 것을 의미한다. 진정한 예수님의 제자로서의 삶을 살기 원하는 그리스도인이라면 하나님 안에서의 열정과 열심을 갖고 있을 때 그러한 삶은 가능한 것이다.

하나님은 우리의 나이를 따라 일하시는 분이 아니라 꿈을 따라 일하게 하시며 우리의 믿음을 따라 일하시는 분임을 알아야 한다. 열정은 앞으로 나아가게 하는 동력이요 엔진이다. 세월이 사람의 피부를 주름지게 하듯이 열정을 잃으면 영혼에 주름이 지게 된다.

그러므로 그리스도인은 일상 속에서 우리 내부의 '코끼리 사슬 증후군'을 물리치고 하나님께서 주신 열정의 힘찬 엔진 소리를 들으며 앞으로 전진해야 한다.

"내가 이미 얻었다 함도 아니요 온전히 이루었다 함도 아니라 오직 내가 그리스도 예수께 잡힌 바 된 그것을 잡으려고 달려가노라. 형제들아, 나는 아직 내가 잡은 줄로 여기지 아니하고 오직 한 일 즉 뒤에 있는 것은 잊어버리고 앞에 있는 것을 잡으려고 푯대

를 향하여 그리스도 예수 안에서 하나님이 위에서 부르신 부름의

상을 위하여 달려가노라" [빌립보서 3:12~14]

71.
찬양의 능력

2008년, 아프리카 콩고민주공화국 동부의 한 밀림 마을, 끊임없이 지속되는 내전으로 이 지역은 정부군과 무장 반군이 곳곳을 장악하고 있었다. 미국인 선교사 마크와 아내 리사는 그곳에 정착하여 의료 선교와 아이들을 위한 학교 사역을 시작하고 있었다.

처음 몇 개월은 은혜로웠다. 아이들의 웃음이 마을을 밝히고, 병든 자들이 고침을 받으며, 하나님의 말씀이 조용히 뿌리를 내려 갔다.

어느 날 밤, 마을 추장이 허겁지겁 찾아왔다.
"무장 반군들이 당신들 사는 곳을 노리고 있습니다. 새벽에 습격할 겁니다. 지금이라도 마을을 떠나세요!"

하지만 마크와 리사는 아이들을 두고 떠날 수 없었다. 마크는 잠시 눈을 감았습니다. 머릿속은 하얘졌고, 심장은 미친 듯이 뛰고 있었다. 그는 아내의 손을 꼭 붙잡고 조용히 말했다.

"이 상황에서 우리가 할 수 있는 가장 강력한 일은… 하나님을 찬양하는 거야.”

그들은 서로 눈을 맞추고 숨을 가다듬은 후, 떨리는 목소리로
찬양을 부르기 시작했다.

“Because He lives, I can face tomorrow~
주님 살아 계시기에, 난 내일을 맞이하리~”

잠시 후 무장 반군들이 들이닥쳤다. 그리고는 찬양하는 그들을
향해 “죽기 전에 노래나 한 곡 부르겠다는 거냐?”며 비웃고 조롱
했다. 그러나 부부의 찬양은 점점 깊어졌고, 두 사람의 목소리에
는 오히려 알 수 없는 평안함과 담대함이 흘러나왔다.

그때였다. 갑자기 무장 반군 대장의 얼굴이 굳어지기 시작했다.
이걸 보고 병사들의 눈도 휘둥그레졌다. 갑자기 주변이 조용해졌
고, 반군 병사 중 한 명이 힘이 빠지면서 자신의 총을 땅바닥에 떨
어뜨리고 말았다. 갑자기 병사가 소리쳤다.
“누가… 누가 저들 뒤에 있는 것 아니냐?”
반군 대장은 눈에 보이지 않는 무언가를 응시하며 뒷걸음질을
쳤다.

그날 밤, 마크와 리사는 아무 해도 입지 않고 풀려났다. 눈물을
흘리며 아이들을 다시 품에 안을 수 있었다.

그런데 반군 병사들 사이에 신기한 소문이 퍼졌다.

"그들 뒤편에 빛나는 거대한 전사들이 칼을 들고 지키고 있었다… 감히 그들을 손댈 수 없었다."

그 후 그들을 놓아준 반군 대장이 몰래 찾아와 이렇게 고백했다.

"당신들이 찬양할 때, 우리는 어떤 강한 존재가 당신들 뒤에 있는 걸 보았습니다. 그 전사는 눈으로는 보였는데… 어떤 총으로도 대적할 수 없었습니다. 나는 처음으로 진짜 두려움을 느꼈습니다."

하나님은 선교사 부부의 위급함을 아시고 하늘 군대를 동원해 주신 것이다.

성경에도 찬양을 통하여 전쟁에서 승리한 기적이 나온다. [역대하 20장] 유다의 제4대 왕 여호사밧 재위(B.C. 873-849) 시 주변 나라들이 함께 큰 무리를 이루이 유다를 치러 올라왔다.

이때 여호사밧이 여호와께 간구하고 온 유다 백성에게는 금식하라 공포하였고 노래하는 자들을 택하여 거룩한 예복을 입히고 군대 앞에서 전장으로 행진하며 여호와를 찬송하여 이르기를 "여호와께 감사하세, 그의 인자하심이 영원하도다" 하게 하였더니 쳐들어온 군대가 자기들끼리 서

로 싸워서 자멸하게 되었다. 유다는 조금의 피해도 없이 전쟁에서 여호와
의 도우심으로 승리한 것이다.

하나님은 실로 자기를 찬양하는 백성들에게 큰 승리로 보답하여 주신
것이다.

제6장

그리스도인,
세상의 빛(light)과
소금(salt)

72.
빛을 따라 사는 삶

탈무드에 나오는 이야기이다.

앞을 볼 수 없는 시각장애인 할아버지가 밤에 외출을 하게 되었다. 할아버지의 아들이 외출하는 아버지를 보고 말했다.

"아버지, 내가 등불을 하나 만들어 드릴 테니 들고 나가세요."
앞을 볼 수 없는 아버지는 말했다.
"허허, 내가 앞을 볼 수 없는데 무슨 도움이 되겠느냐?"

아들은 말했다.
"아니에요, 아버지는 볼 수 없어도 지나가는 사람들은 아버지가 든 등불을 보고 피해 갈 수 있어요."

아버지는 아들의 말이 옳다는 생각에 등불을 들고 길을 걸어가고 있었다. 정말 아들의 말대로 사람들이 잘 피해 가는지 아무에게도 부딪히지 않았다.

"허허, 내가 눈은 멀어도 자식 하나는 잘 두었구나." 하고 힘차게 잘 걸어갔다.

그런데 어느 순간 갑자기 한 사람과 툭 하고 부딪히고 말았다. "아니, 여보시오, 이 등불이 보이지 않소?" 그러자 부딪힌 사람은 말했다.

"할아버지가 들고 있는 등불은 꺼져 버렸는데요."

그렇다. 등불은 빛을 낼 때만 그 가치가 있는 것이다. 예수님은 우리를 '세상의 빛'이라고 말씀하셨다. 그리고 "너희 빛이 사람 앞에 비치게 하여 그들로 너희 착한 행실을 보고 하늘에 계신 너희 아버지께 영광을 돌리게 하라"고 말씀하셨다.

그리스도인 인생의 가장 큰 목적은 '하나님께 영광'을 돌려드리는 것이다. 하나님께 영광을 돌려드리는 방법의 하나가 우리의 '착한 행실'을 세상 사람들에게 보여 주는 것이다. 그러므로 우리는 착한 행실을 하기 위해 늘 애써야 하며 한편으론 이 일을 위해 하나님께 지혜를 달라고 기도해야 한다.

> "너희는 세상의 빛이라. 산 위에 있는 동네가 숨겨지지 못할 것이요, 사람이 등불을 켜서 말 아래에 두지 아니하고 등경 위에 두나니 이러므로 집 안 모든 사람에게 비치느니라." [마태복음 5:14~15]

미국의 어느 슈퍼마켓에서 일어난 일이다. 어느 날, 갑자기 정전으로 불이 꺼졌다. 그 슈퍼마켓은 지하에 있었기 때문에 주위가 칠흑같이 어두워졌다. 거기에다 카운터의 계산기도 작동하지 않았다. 언제 다시 전기가 들어올지 모르는 상황인지라, 어둠 속에서 계산을 기다리던 손님들은 웅성대기 시작했다. 이때 슈퍼마켓 직원이 소리쳤다.

"고객 여러분, 정전으로 불편을 드려 죄송합니다. 전기가 언제 들어올지 알 수 없는 상황입니다. 그러니 바구니에 담은 물건은 그냥 집으로 가져가십시오. 그리고 그 물건값은 여러분이 원하는 자선 단체에 기부해 주십시오. 모두 안전하게 나갈 수 있도록 제가 도와드리겠습니다. 조심해서 천천히 저를 따라오십시오."

그 후 이 사건은 몇몇 고객에 의해 인터넷으로 세상에 알려졌다. 손님의 안전을 먼저 생각한 직원의 지혜로운 조치에 대하여 칭찬이 잇따랐다. 얼마 뒤 슈퍼마켓 본사에서 그곳으로 조사를 나왔는데 그날 고객이 그냥 가져간 상품 금액은 대략 4천 달러 정도였다.

그런데 그 일로 인하여 언론에 노출된 회사의 좋은 이미지로 인해서 얻은 광고 효과는 무려 100배가 넘는 40만 달러 이상이 되었다.

어둠 속에서 대형 도난 사건이 날 수도 있었을 위기였지만, 자선 단체에 기부하도록 권고하고 고객들이 질서 있게 빠져나가도록 대처한 직원의 순발력이 지혜롭다.

오늘날 우리 사회가 기쁨을 잃어버리고 행복하지 못하고, 평안을 얻지 못하고, 사랑을 얻지 못하는 이유가 무엇일까? 그것은 어두움에 갇혀 있기 때문이라고 말한다.

그 어두움을 해결하는 길은 무엇일까? 그것은 어둠의 원인을 분석하고, 누가 잘못했는지 잘잘못을 따지고, 어둠을 제거하려고 애쓰는 것이 아니라 내가 먼저 '빛'이 되는 것이다. 작은 촛불로도 어두운 공간을 밝히듯, 우리가 빛이 되면 이 세상은 더 밝고 아름다워질 것이다.

"너희가 전에는 어둠이더니 이제는 주 안에서 빛이라 빛의 자녀들처럼 행하라" [에베소서 5:8~9]

73.
지금 하십시오

    옛날 어느 마을에 한 부자가 살았다. 그런데 그는 욕심이 많고 구두쇠로 소문이 나서, 마을 사람들 사이에 꽤 평판이 좋지 않았다. 그래서 그는 민심을 얻어야겠다고 마음으로 결심했다.

    "내가 죽거든 내 재산을 마을의 어려운 사람들에게 모두 나누어 주시오."

    그런데도 여전히 마을 사람들은 그를 싫어했다. 마음이 괴로운 어느 날, 부자는 지혜롭기로 소문난 노인을 찾아가 물었다.

    "어르신, 마을 사람들에게 제가 죽은 뒤에 전 재산을 어려운 이웃들에게 나눠 주겠다고 약속했는데도 사람들은 아직도 저를 구두쇠라고 하면서 미워하는 이유가 뭘까요?"

    노인은 부자의 물음에 다음과 같은 이야기를 들려주었다.

    "어느 마을에 돼지가 젖소를 찾아가 하소연했다네. 너는 우유만 주는데도 사람들의 귀여움을 받는데, 나는 내 목숨을 바쳐 모든 것을 다 주는데 사람들은 왜 나를 좋아하지 않는 거지?"

그러자 젖소는 돼지에게 대답하기를
"나는 비록 작은 것일지라도 살아 있는 동안 매일 주지만, 너는
죽은 뒤에 주기 때문일 거야."

노인은 이야기를 듣고 있는 부자를 쳐다보며 말했습니다.
"지금 작은 일을 하는 것이 나중에 큰일을 하는 것보다 더 소중
하네. 작고 하찮은 일이라도 지금부터 해 나가는 사람만이 나중에
큰일을 할 수 있다네."

그리스도인에게 있어 선행은 현재의 시간에만 할 수 있는 한시적인 것
이다. 요사이 많이 회자되는 용어 중에 솔트리스 처치(Saltless Church),
솔트리스 크리스천(Saltless Christian)이라는 말이 있다. 솔트리스
(saltless)란 말은 소금(salt)이 맛을 잃어버린(-less) 상태를 말한다. 즉, 교
회와 그리스도인이 소금의 맛을 잃고 그 영향력이 사라져 가는 현상을 말
하는 것이다.

그러므로 그리스도인의 정체성을 유지하기 위해서는 본질을 회복하는
것이 중요하다. 즉, 예수님처럼 자기를 내어 주며 사는 것으로 세상의 눈
으로 보면 미련하고 불쌍하고 어리석게 보이겠지만
'나 한 사람으로 복음의 역사가 펼쳐질 수 있다면',
'나 한 사람으로 예수님의 이름이 높아질 수 있다면',

'나 한 사람으로 교회의 영광이 드러날 수 있다면',

'나 한 사람으로 예수님의 사랑이 실천될 수 있다면'

나의 유익과 부귀영화를 위해 살지 않고, 믿음으로 충성하고 헌신하겠다는 신실한 자세가 있어야 한다.

"너희는 세상의 소금이니 소금이 만일 그 맛을 잃으면 무엇으로 짜게 하리요. 후에는 아무 쓸데 없어 다만 밖에 버려져 사람에게 밟힐 뿐이니라" [마태복음 5:13]

74.
우리의 이웃은 누구입니까?

지금부터 1,500년 전인 중국 남북조 시대의 역사서인 남사(南史)에 나오는 이야기이다.

송계아(宋季雅)라는 고위 관리가 나이 들어 퇴직을 대비하여 자신이 노후에 살 집을 구하러 다닌 이야기가 나온다. 그는 당시의 집값으로 금 천백 만금(萬金)이나 되는 큰돈을 주고 여승진(呂僧珍)이라는 사람의 이웃집을 사서 이사를 하였다.

그런데 그 집값은 백 만금밖에 되지 않았다. 집값으로 천백 만금이나 주고 샀다는 말에 사람들이 의아해서 그 이유를 물었다. 송계아의 대답은 간단했다.

"백만매택(百萬買宅)이요, 천만매린(千萬買隣)"이라. 즉, "백 만금은 집값으로 지불하였고 천 만금은 여승진과 이웃이 되기 위해서 이웃의 가치로 지불한 것입니다."

송계아는 좋은 이웃과 함께하려고 집값의 10배를 더 지불한 것이다. 여승진은 그만큼 좋은 사람으로 소문이 나 있었던 것이다.

예로부터 '이웃사촌'이라는 말이 있듯이 좋은 이웃이 옆에 있다는 것은 인생에 있어서 무엇보다도 가장 행복한 일로 여겨졌다. 오늘날처럼 이웃의 의미와 존재조차도 모르고 살아가는 현대인들에게 천만 금의 집값을 더 지불하고서도 좋은 이웃을 찾던 그 시절을 떠올리게 된다. 그만큼 아름다운 이웃은 소중하다.

"꽃의 향기는 백 리를 가고(화향백리 花香百里)
술의 향기는 천 리를 가고(주향천리 酒香千里)
사람의 향기는 만 리를 간다(인향만리 人香萬里)"는 말이 있다. 이는 좋은 사람들과의 인연은 가장 소중하며, 또 오래간다는 뜻이다.

누가복음 10장에서 어느 율법교사가 예수님께 물었다.

"우리의 이웃은 누구입니까?"
예수님은 그 답으로 강도 만난 자의 이웃인 '선한 사마리아 사람'의 이야기를 들려주셨다.

우리는 누구의 이웃으로 현재 존재하는지 이제는 우리가 예수님께 답해야 할 차례가 왔다. 우리도 송계아의 이웃 여승진 같은 그리스도인으로서 세상에 향기를 풍기는 좋은 이웃이 되지 않으면 안 될 것이다.

"당신은 참으로 멋지고 좋은 사람입니다. 그 멋으로 살아가는 당신에겐 늘 좋은 일만 있을 겁니다. 당신은 그리스도의 향기를 풍기는 사람입니다. 당신은 나의 참 좋은 이웃입니다."

"우리는 구원받는 자들에게나 망하는 자들에게나 하나님 앞에서
그리스도의 향기니" [고린도후서 2:15]

「선한 사마리아인」 바사노(Bassano, 1510~1592) 作, 런던박물관

75.
청결한 마음, 선한 양심

2012년 12월 2일, 스페인 부를라다에서 열린 크로스컨트리 경기에서 있었던 일이다. 이 경기에는 그해 런던 올림픽 동메달리스트인 케냐의 육상선수인 아벨 무타이(Abel Mutai)가 참가했다.

무척 힘든 국제 크로스컨트리 경주였는데 가슴에 7번을 새겨진 유니폼을 입고 참가한 아벨 무타이는 강력한 우승 후보였다. 경기 중 아벨 무타이는 선두를 확고히 하며 승리를 바로 눈앞에 두고 있었다.

그런데 갑자기 아벨 무타이가 결승점을 단 10m 앞두고 멈춰 섰다. 그가 잠시 착각을 했던 것이다. 경주 코스를 알려주는 안내판을 잘못 보고 자신이 이미 결승선을 넘었다고 생각했고, 우승의 세리머니를 하며 멈춰 선 것이다.

관중들이 이 광경을 보고 흥분했다. "달리라"고 소리쳤지만, 스페인어를 못 알아들었기에 계속 멈추고 있었다.

그는 "끝났다. 내가 이겼다."라고 생각한 모양이었다.

그러나 그렇지 않았다.

바로 그 뒤를 스페인 출신의 이반 페르난데즈(Ivan Fernandez)
가 바짝 붙어서 달려오고 있었던 것이었다. 그는 자기 앞에서 지
금 무슨 일이 일어나고 있는지 바로 깨달았다. 그리고 바로 자기
앞에 있는 무타이에게 소리쳤다.

"멈추지 말고 달려라."
페르난데즈가 그냥 앞질러 달리면 결승점을 들어가서 1등을 할
수 있는 상황이었다. 무타이는 뒤에서 이반 페르난데즈가 소리치
는 스페인 말을 알아듣지 못하고 서 있었다. 그러자 페르난데즈가
달려와 뒤에서 무타이의 등을 밀어 주었다. 그때야 무타이는 비로
소 여기가 결승점이 아니라는 사실을 알게 되었다.

아벨 무타이는 조금 남은 거리를 다시 달려서 결국 이겼고 그는
금메달리스트가 되었으며 이반 페르난데즈는 2위가 되었다. 페르
난데즈는 그를 추월하여 충분히 승리할 수 있었지만, 그는 무타이
가 금메달을 딸 수 있도록 밀어주었던 것이다.

기자들이 페르난데즈에게 왜 일부러 우승을 양보했느냐고 묻자
그는 자신보다도 무타이가 우승할 자격이 있었다고 강조했다.

"나는 그를 이기게 하지 않았습니다. 그가 이긴 것입니다."

"하지만 당신은 이길 수도 있었는데 왜 앞지르지 않았습니까?"

그는 말했다. "그런 상황에서 내가 이겼다면 그 승리가 가치 있는 일이었을까요? 영광스러운 우승이 될까요? 그랬다면 내 어머니는 그런 나에게 뭐라고 하셨을까요?"

언론들은 "페르난데즈 선수는 금메달보다는 정직을 선택했다"고 기사를 썼다.

이 실화는 인류의 스포츠 정신을 이야기할 때 현재까지 가장 모범적인 사례로 꼽히고 있다. 금메달이라는 목적보다는, 실수했지만 열심히 달렸고 탁월했던 아벨 무타이의 실력을 인정하며 그에게 금메달을 양보한 페르난데즈 선수에게 박수를 보내지 않을 수 없다.

"정직이 최선의 방책이다. 정직은 가장 확실한 자본이다."("Honesty is the best policy. Honesty is the surest capital.") [에머슨 R.W. Emerson, 1803~1882]

"이 교훈의 목적은 청결한 마음과 선한 양심과 거짓이 없는 믿음에서 나오는 사랑이거늘" [디모데전서 1:5]

아벨 무타이(Abel Mutai)와 이반 페르난데즈(Ivan Fernandez)

76.
행복의 사슬(chain of happiness)

소설 「마지막 잎새」, 「크리스마스 선물」로 유명한 미국의 소설가 오 헨리(O Henry, 1862~1910)가 쓴 단편소설, '현자(賢者)의 선물'에 다음과 같이 '행복을 나누는 사람들'의 이야기가 나온다.

'돈 리'라는 사람이 추운 겨울에 직업을 잃고 실직했다. 먹고 살 길이 막막했던 그는 굶주림에 지쳐 할 수 없이 구걸에 나서게 되었다. 돈 많은 사람들이 드나드는 고급 식당 앞에 서서 한 쌍의 부부에게 동정을 구했다.

그러나 보기 좋게 거절당하였다. 그때 함께 가던 부인이, 남편이 퉁명스럽게 거절하는 것을 보고, "이렇게 추위에 떠는 사람을 밖에 두고 어떻게 우리만 들어가 식사를 할 수 있겠느냐"며 2달러를 주었다.

그녀는 "이 2달러로 음식을 사 드시고 용기를 잃지 마세요. 그리고 당신이 직업을 구하도록 기도할게요"라고 말했다.

'돈 리'는 "부인! 고맙습니다. 부인은 저에게 새 희망을 주셨습니다. 결코 잊지 않겠습니다."라고 대답했다.

그러자 부인은 "당신은 예수님의 떡을 먹는 것입니다. 이 떡을 다른 사람에게도 나눠 주기 위해 노력하세요"라고 다정히 말하고 안으로 들어갔다.

돈 리는 우선 1달러로 요기부터 하고 1달러를 남겼다. 그때 마침 한 노인이 부러운 듯이 자신을 쳐다보고 있었다. 돈 리는 남은 돈 1달러를 꺼내 빵을 사서 노인에게 주었다. 이 노인은 빵을 조금 떼어 먹다가 남은 빵 조각을 종이로 쌌다. 돈 리가 "내일 먹으려고 합니까?" 하고 묻자 이 노인은 "아닙니다. 저 길에서 신문을 파는 아이에게 주려고 합니다."

노인이 소년에게 다가가 빵을 건네자 이 아이는 좋아하며 빵을 뜯어 먹기 시작했다. 그때 마침 길 잃은 강아지가 빵 냄새를 맡고 꼬리를 치며 다가왔는데 소년은 조금 남은 빵 부스러기를 강아지한테 주었다. 소년은 기쁜 마음으로 신문을 팔러 뛰어갔고, 노인도 일감을 찾으러 나갔다.

그 모습을 보며 돈 리는 '나도 이렇게 있을 순 없지.'라고 생각하는 순간 강아지의 목에 걸린 목걸이가 눈에 들어왔다. 그 강아지는 잃어버린 강아지였던 것이다. 돈 리는 길 잃은 강아지의 목걸이에 적힌 주소를 보고 주인을 찾아갔는데 주인은 매우 고마워하며 10달러를 주었다.

그러면서 "당신같이 양심적인 사람을 내 사무실에 고용하고 싶소. 내일 나를 찾아오시오."라고 말했다. 그래서 드디어 돈 리도 취직을 하게 되었다.

지나가는 한 여인이 준 적은 돈 2달러가 나누어지면서 얼마나 많은 사람들을 행복하게 하고 또 아름다운 세상을 만들었는지 모른다.

누구는 가진 것이 없어서 남에게 줄 것이 없다고 말한다. 누구는 나중에 돈 많이 벌고 여유가 생기면 줄 수 있다고 말한다. 그러나 곰곰이 생각해 보면 가진 것이 없더라도 능력이 없더라도 찾아보면 누구나 나눌 수 있는 것은 많이 있다. 예수님께서도 "너희가 거저 받았으니 거저 주어라."(마태복음 10:8)라고 말씀하셨다. 무엇이든지 가지고만 있으면 아무런 쓸모가 없는 법이다. 하지만 가진 것은 나눌 때 가진 것의 소중한 가치는 발휘된다. 그리스도인은 모두 이렇게 나눔으로서 기쁨의 통로가 되어야 한다.

"네가 이 세대에서 부한 자들을 명하여 마음을 높이지 말고 정함이 없는 재물에 소망을 두지 말고 오직 우리에게 모든 것을 후히 주사 누리게 하시는 하나님께 두며, 선을 행하고 선한 사업을 많이 하고 나누어 주기를 좋아하며 너그러운 자가 되게 하라. 이것이 장래에 자기를 위하여 좋은 터를 쌓아 참된 생명을 취하는 것이니라." [디모데전서 6:17~19]

77.
소록도의 두 천사(two angels)

전라남도 고흥군에 속하는 소록도(小鹿島)는 작은 사슴(鹿)과 같이 생겼기에 붙여진 이름이다. 육지 끝인 녹동항에서 배로 5분 거리에 있는데 2009년 연륙교가 개통되면서 이제는 육로로 오갈 수 있게 되었다.

이곳은 한센병 환자들이 모여 사는 곳이다. 구한말 개신교 선교사가 1910년 세운 나환자 요양원에서 시작되었다. 일제강점기에 한센병 환자를 강제로 수용하기 위한 격리 시설로 사용되면서 전국의 한센병 환자들이 강제 수용됐다. 이로 인해 한센병 환자들이 가족으로부터 헤어져야 하는 아픔과 눈물이 가득한 슬픔의 섬이기도 하다.

이곳에서 40여 년간 한센병 환자들을 치료하며 울고 웃으며 애환을 나누어 온 두 천사가 있었다.

오스트리아 출신의 간호사 마리안느 스퇴거(Marianne Stöger, 1934~)와 마가렛 피사렉(Margaritha Pissarek, 1935~2023). 이곳 사람들은 이들을 친근하게 '큰 할매'와 '작은 할매'로 불렀다.

이들은 평신도 간호사들로 오스트리아 인스브루크 간호대학 재학 시 기숙사에서 룸메이트로 지낸 사이이다. 이들은 간호학교를 졸업한 후 구호단체인 다미안 재단을 통해 어려운 한국의 '소록도병원'에 간호사가 필요하다는 소식을 듣고 꽃다운 20대 아가씨 시절인 1962년, 마리안느가 먼저 오스트리아를 떠나 이역만리 소록도에 찾아왔다. 그리고 모두가 꺼리는 한센병 환자들을 위한 순수한 자원봉사자로 살았다. 그 후 4년 뒤인 1966년 마가렛이 뒤따라왔다.

이들은 공식 파견 기간인 5년이 끝난 후에도 떠나지 않고 결혼도 하지 않은 채 자원봉사자 신분으로 한센인들을 돌보았다. 한센병 자녀들이 일반 학교에 다닐 때 학교생활에 어려움이 생기면 엄마처럼 학교에 찾아가는 역할도 했다. 이처럼 소록도 아이들을 지켜주는 '엄마'였던 이들은 수녀로 불리기도 하고, 나중엔 친근한 '할매'로 불렸다.

당시만 해도 전염병으로 잘못 알려진 탓에 한국인 간호사와 의사는 환자와 떨어져서 장갑을 끼고 진찰하던 때였는데 두 사람은 환부를 직접 만지고 진물을 닦아주는 등 환자를 가족처럼 돌보았다. 정부 보조금 10만 원과 텔레비전도 없는, 수리도 하지 않은 10㎡ 남짓한 방에서 사과 궤짝 만 한 장롱과 침대 한 개로 생활했고 지네에게 물리는 등의 고초를 겪으면서도 매일 아침 5시에 일어나 환자를 돌보았고, 그들은 생활비를 줄이느라 속옷도 직접 꿰매 입었다.

환자들을 직접 챙기면서 약을 발라 주었고 오후에는 과자 같은 간식들을 만들어 마을에 나눠 주는 등 한센병에 대한 각종 편견과 싸우면서 병의 치료에만 전념한 것에 그치지 않고 환자들의 마음을 치유하고 외부 시선에도 맞서 싸우는 데도 노력하였다.

이들의 봉사 기간은 무려 43년, 39년. 안타깝게도 노후에 대장암을 겪는 등 건강 문제로 인하여 소록도 활동이 어려워지자 2005년 11월,

"사랑하는 친구, 은인들에게, 이제 나이가 들어 제대로 일을 할 수 없습니다. 부담을 주기 전에 떠나야 할 때입니다."라는 편지 한 통을 남기고 새벽에 조용히 섬을 빠져나가 고국 오스트리아로 돌아갔다.

이를 나중에 알게 된 환자와 가족들, 주변 사람들이 많이 울었다고 한다. 귀국 이틀 전에야 극소수의 사람에게만 이 사실을 알렸고 귀국할 때 챙겨 간 짐은 처음 입국할 때 가지고 왔던 낡은 가방 하나뿐이었다고 한다.

오스트리아에 돌아가서도 이들은 정식 수녀가 아니라서 노후를 보낼 수녀원이 없었다. 오스트리아 최저 수준의 국가 연금을 받으

면서 가족들이 보살펴야 했다. 오스트리아의 고향 사람들도 두 사람이 무슨 일을 하다 돌아왔는지 모를 정도로 자신들이 한 일을 알리지 않았다고 한다.

이런 사정을 알게 된 천주교 광주대교구와 성당, 소록도병원에서는 돌아가시는 날까지 보살펴 드리겠다고 한국에 다시 와달라는 요청을 하였으나 사양하였고 관련된 지원도 모두 거절하였다.

여러 언론사의 기자들도 그들을 만나려고 했지만, 번번이 실패했다. 대한민국 정부는 두 천사에 감사하는 마음으로 1972년 국민훈장, 1983년 대통령 표창, 1996년 국민훈장 모란장 등을 수여했으며 2016년 대한민국 명예국민으로서 마리안느는 '고지선 할머니'가, 마가렛은 '백수선 할머니'가 되었다.

이들이 봉사하던 병원과 집은 2000년대 들어 문화재가 되어 소중하게 보존되고 있어 관광 및 교육의 장으로 현재 활용되고 있다.

이들은 "소록도에 머물 때가 가장 행복한 순간이었다"고 회고했는데 두 분 중 마가렛 피사렉은 2023년 오스트리아 현지에서 대퇴부 골절을 당해 수술을 받던 중 하나님 품으로 먼저 떠나셨다.

"사랑은 모든 것을 참으며 모든 것을 믿으며 모든 것을 바라며 모든 것을 견디느니라~그런즉 믿음, 소망, 사랑, 이 세 가지는 항상 있을 것인데 그 중의 제일은 사랑이라." [고린도전서 13:7, 13]

꽃에서만
향기가 나는 것이 아니라
사람 사이에도
좋은 향기가 난다.

엄마 미소를 보이고 있는 마리안느

마가렛 생전에 인스부르크로 병문안을 간, 한살 언니 마리안느(왼쪽)와 마가

78.
노블레스 오블리제(Noblesse oblige), 「칼레의 시민 (The Burghers of Calais)」

「칼레의 시민」은 프랑스 조각가 로댕(Auguste Rodin, 1840~1917)이 제 작한 조각 작품이다.

작품의 기원이 되는 역사는 중세 시기인 1337년부터 잉글랜드 왕국과 프랑스 왕국 사이에 왕위 계승 문제를 두고 무려 117년간, 5대 왕조에 걸 쳐 지루하게 계속된 백년전쟁(百年戰爭) 중에 벌어진 사건을 주제로 한 작품이다.

로댕은 함락된 프랑스 칼레시의 시민을 살리기 위해 스스로 목을 매어 처형받기로 자원한 6명의 칼레 시민 대표들의 모습을 조각하였다.

1374년 도버해협을 양쪽에 두고 1년 가까이 영국의 공격에 저 항하던 프랑스의 북부 항구도시 칼레시는 지원병을 기대할 수 없 는 절망적인 상황 속에서 항복의 백기를 들지 않을 수 없었다.

항복하러 나가는 칼레 대표단은 모든 시민을 도살하고 도시 전 체를 불태워 버리겠다는 영국 국왕 에드워드 3세에게 자비를 구 하였다. 처음에는 완강한 태도를 보이던 국왕 에드워드 3세는 마음을 누그러뜨려 항복의 조건을 내놓았다.

"좋다. 칼레 시민들의 생명은 보장하겠다. 그러나 누군가는 그동안, 이 어리석은 반항에 대해 책임을 져야 한다. 이 도시에서 가장 명망이 높던 대표적인 시민 대표 6명을 골라 목에 교수형에 사용될 밧줄을 걸고 신발을 신지 않은 맨발로 영국군 진영으로 가서 도시의 열쇠를 건넨 후 목을 매 처형받아야 한다."

시민들은 기뻐할 수도 슬퍼할 수도 없었다. 누군가 6명이 그들을 대신해 죽어야만 했기 때문이었다. 그때 용감하게 6명이 선뜻 나섰다. 모두 그 도시의 핵심 인물이며 절정의 삶을 누리던 부유한 귀족들이었다. 칼레에서 가장 부자인 위스타슈 드 생 피에르가 가장 먼저 자원했다.

"자 칼레의 시민들이여, 나오라, 용기를 가지고."

그러자 뒤따라 칼레의 시장과 상인이 나섰다. 그의 아들도 나섰다. 그러고 보니 모두 일곱 명이 되었다. 한 사람은 빠져도 되게 되었다.

생 피에르는 "내일 아침 장터에 제일 늦게 나오는 사람을 빼자" 제의했고 이에 모두 동의했다. 그들의 긴 고통의 밤은 그렇게 깊어만 갔다.

이튿날 이른 아침 드디어 여섯 명이 모였다. 그러나 생 피에르가 오지 않았다. 모두 의아해하였다. 알고 보니 그는 이미 자기 집에서 죽어 있었다.

그는 죽음을 자원한 사람들의 용기가 약해지지 않도록 칼레의 명예를 위해 스스로 목숨을 끊었던 것이다. 이날 아침 가장 늦게 나옴으로써 행여 살기를 바랐던 마지막 한 사람마저도 용감하게 죽음을 맞이하게 함으로써 칼레 시민을 위한 희생을 스스로 짊어지도록 했던 것이다.

그날 6명이 처형되려던 마지막 순간, 영국 국왕 에드워드 3세는 왕비의 간절한 간청을 듣고 그 용감한 시민 6명을 살려 주었다.

그로부터 510년이 지나 칼레시는 이들의 용기와 헌신을 기리기 위해 생 피에르의 조각상을 제작하기로 하고 조각가 로댕에게 의뢰했다. 로댕은 이 작품을 완성하기 위하여 10년의 긴 세월에 걸쳐 심혈을 기울였고 마침내 1895년 6월 3일 기념상이 제막되었다.

그런데 칼레 시민들은 영웅적인 선조들을 아름답게 미화하여 굳센 영웅상으로 표현되기를 바랐으나 완성된 작품은 기대한 것과는 달리 애국적이고 늠름한 모습이 아니었다. 그들은 공포에 질린 모습을 하고 있었던 것이다. 로댕은 죽음에 대한 공포에 떨면서도 자신을 희생하겠다는 진짜 인간적인 모습을 그린 것이었다.

비장한 슬픔으로 얼룩진 이 조각상은 여러 개가 제작되어 설치되었다. 그리고 이 작품은 오늘날 '노블레스 오블리제(Noblesse Oblige)' 즉, '지도층, 귀족의 의무'라는 중요한 교훈을 후세에 남겨 주고 있다.

"자기 목숨을 얻는 자는 잃을 것이요, 나를 위하여 자기 목숨을 잃는 자는 얻으리라" [마태복음 10:39]

「칼레의 시민」 로댕(Auguste Rodin, 1840~1917) 1895년 作

79.
요셉처럼 형통하게 하소서

　　미국 워싱턴 D.C. 한복판에 위치한 성경박물관(Museum of the Bible)은 2017년에 개관한 곳이다. 지하 2층~지상 6층, 43만 제곱 피트의 대형 건물 구석구석에 성경 말씀이 가득하다. 가장 중요한 자료인 구약의 사해 두루마리 성경을 비롯하여 마틴 루터, 엘비스 플레슬리가 소장했던 성경 등 4만 4천 여권의 성경이 전시되어 있는 곳이다. 박물관의 입구 전면에는 헬라어로 된 시편 19편 말씀이 큰 글자로 쓰여 있다.

　"여호와의 율법은 완전하여 영혼을 소성시키며, 여호와의 증거는 확실하여 우둔한 자를 지혜롭게 하며, 여호와의 교훈은 정직하여 마음을 기쁘게 하고, 여호와의 계명은 순결하여 눈을 밝게 하시도다. 여호와를 경외하는 도는 정결하여 영원까지 이르고 여호와의 법도 진실하여 다 의로우니, 금 곧 많은 순금보다 더 사모할 것이며 꿀과 송이꿀보다 더 달도다." [시편 19:7~10]

　　이 박물관을 건립한 사람은 누구일까?
　　하비 라비(Hobby Lobby)의 데이비드 그린 회장이다.
　　하비 라비는 미국의 대형 공예품 회사로 천 개 이상의 체인과

278　　　　　　　　　　　　　　　　　　　　신앙 예화 153

40,000명 이상의 종업원이 근무하는 대규모 회사이다.

데이비드 그린 회장은 성경박물관 건립 비용의 대부분을 기부했으며, 그의 아들 스티브 그린(하비 라비 사장)은 봉헌식을 통해 박물관의 목적을 이렇게 말했다.

"이 박물관은 모든 사람들이 성경을 접하도록 하는 것이 목적입니다. 성경은 세상을 바꾼 책입니다. 사람들이 박물관에 와서 성경이 얼마나 큰 영향을 줬는지 그 사실들을 알고 성경에 대해 더 알기를 바랍니다."

데이비드 그린 회장은 어떻게 사업적으로 신앙적으로 성공했을까?

그는 가난한 목사의 집안에서 자라났다. 늘 가난하고 돈은 부족했지만, 부모님은 언제나 하나님을 신뢰하며 자녀들에게 믿음과 성실함을 가르쳤다.

어느 날 그는 작은 아파트에서 단돈 600달러를 들고 나무 액자 제조업을 시작했다. 하지만 초기에는 실패의 연속이었다. 매출이 나오지 않아 파산 위기를 겪을 때, 그는 기도하며 하나님께 간구했다.

"하나님, 제 사업이 제 것이 아니라 주님의 것입니다. 이 모든 것을 주님께 맡깁니다."

그 후, 놀라운 일이 일어났다. 사업이 점점 확장되었고, 매출이 기하급수적으로 증가한 것이다. 하지만 데이비드는 성공 속에서도 초심을 잃지 않았다. 그는 매출의 50% 이상을 교회와 선교 사역에 기부하며, 하나님 나라를 위한 일에 사용했다. 또한 회사는 일요일 영업을 하지 않는 정책을 도입했는데 이는 경제적으로 손해를 볼 수도 있는 결정이었지만, 하나님을 경외하는 마음에서 내린 당연한 선택이었다. 이런 그의 믿음과 헌신에 하나님은 더 큰 축복으로 응답해 주셨다.

하비 라비는 현재 수천 개의 매장을 운영하는 성공적인 기업으로 자리 잡았으며 그는 많은 이들에게 하나님을 증거하는 삶을 살고 있다.

데이비드 그린 회장은 이렇게 말한다.

"성공은 하나님께 달려 있습니다. 내가 가진 모든 것은 그분의 것입니다. 주님께 온전히 맡기면, 그분은 반드시 형통케 하십니다."

요셉은 형통을 기대할 수 없는 가족적 환경 속에 큰 고난과 시련이 많은 성장 시기를 거쳤다. 그러나 그를 하나님께서는 형통하게 하셨다. 그의 형통은 혼자만 누린 형통이 아니라 급기야 애굽의 흉년에서 백성을 구하는 위대한 하나님의 형통이었던 것이다.

요셉의 형통 비결은 무엇이었을까? 여호와께서 요셉과 함께하셨고 이로 인해 여호와께서 그를 범사에 형통하게 하셨다.

"여호와께서 요셉과 함께하시므로 그가 형통한 자가 되어 그의 주인 애굽 사람의 집에 있으니 그의 주인이 여호와께서 그와 함께하심을 보며 또 여호와께서 그의 범사에 형통하게 하심을 보았더라" [창세기 39:1~3]

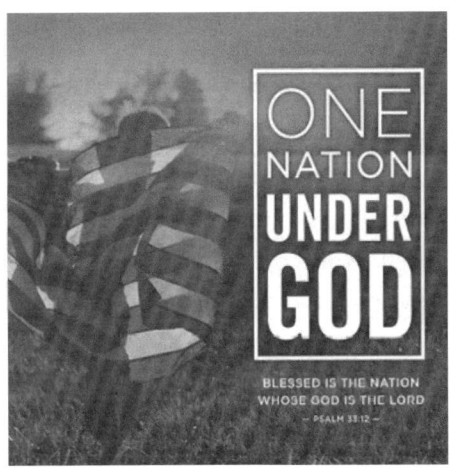

하비 라비(Hobby Lobby) 회사가 미국 독립기념일에 전국 일간지에 낸 광고. "One Nation Under God, 하나님 아래 하나의 국가", "Blessed is the nation whose God is the Lord, 여호와를 자기 하나님으로 삼은 나라는 복이 있다"(시편33:12)는 말씀이다.

80.
예수님의 마음

오래전 미국 펜실베이니아 대학에서는 해마다 여름방학을 마치고 개학을 하는 날 기숙사 방 배정 때문에 많은 신경을 써야 했다. 기숙사 방이 높은 위층에는 오르내리기에 불편하고, 맨 아래층에는 시끄럽고 분주해 모두가 2층이나 3층 방을 차지하려고 야단법석을 떨기 때문이었다.

어느 해 가을 학기가 시작되었다. 그해에도 예년과 같이 기숙사 방 차지로 분주할 때 그해 신입생 중에 한 학생이 등록을 마치자 학교 직원이 물었다.

"방은 어디로 할까요?"
이 학생이 이렇게 대답했다.
"네, 다른 학생이 차지하고 남은 방을 제게 주세요."
깜짝 놀란 직원이 대학 총장에게 보고하고 그 이름을 메모해 두었다.

세월이 많이 흘러 대학에 새로운 총장이 부임했다. 바로 그 학생이었다.

성 어거스틴(Aurelius Augustinus, 354~430)에게 기독교의 제일 되는 덕이 무엇이냐고 물었을 때 '겸손'이라고 대답했다고 한다.

겸손은 곧 십자가의 죽음, 곧 자아부정(自我否定, self-denial)을 말한다.

겸손의 반대말은 교만이다. 신앙생활을 하면서 실족하거나 시험에 드는 가장 큰 이유는 바로 교만을 다스리지 못하기 때문이다. 하나님은 겸손의 문을 통해 들어오신다. 사탄은 교만의 문을 통해 들어온다.

참 겸손은 "나는 겸손하지 않다"고 생각하는 것이라고 한다.

대단한 겸손은 "나는 교만하다"고 생각하는 것이라고 한다.

최고의 교만은 "나는 교만하지 않다"고 생각하는 것이라고 한다.

구제 불능 교만은 "나는 겸손하다"고 생각하는 것이라고 한다.

예수님께서도 "무릇 자기를 높이는 자는 낮아지고 자기를 낮추는 자는 높아지리라."(누가복음 14:11)고 말씀하셨다. 겸손의 열매를 맺기 위해서 우리는 매일 매일 자신을 낮추는 훈련을 해야 한다.

> "마음을 같이하여 같은 사랑을 가지고 뜻을 합하며 한마음을 품어 아무 일에든지 다툼이나 허영으로 하지 말고 오직 겸손한 마음으로 각각 자기보다 남을 낮게 여기라" [빌립보서 2:2~3]

81.
선한 목자의 마음

제2차 세계대전이 격화되던 시절, 독일의 공습으로 인해 영국 런던 시내에는 밤낮으로 폭탄이 떨어졌다. 당시 히틀러는 영국에 폭탄을 쏟아부을 때 그 폭탄에 시한장치를 해서 투하했다고 한다.

폭탄이 떨어지면 바로 즉시 터지는 것이 아니라 30분 후에 터지는 폭탄이 있고 1시간 후에 터지는 폭탄이 있고 10시간이 지나서 터지는 폭탄이 있었는데 심지어는 하루가 지나서 터지는 폭탄도 있었다고 한다.

그러니 폭탄이 떨어지고 난 이후에도 언제 폭탄이 터질 줄 몰라 사람들이 밖으로 나올 수가 없었다. 결국 도시가 마비되고 런던 시민들은 늘 공포에 떨어야만 했던 것이다.

이러한 때에 영국의 높은 귀족이었던 써포크라는 공작(Duke)이 저녁에 기도하던 중에 "이 일을 나의 일이다. 폭탄을 제거하는 일을 내가 담당해야겠다."라는 생각이 들었다.

그래서 그는 자기 운전기사를 대동하고 여비서와 함께 떨어진 시한폭탄을 처리하는 UBF 결사대를 조직했다. 그리고 시한폭탄이 떨어진 곳을 찾아가 죽음을 무릅쓰고 34개의 폭탄을 해체했다. 그리고 35번째의 폭탄을 처리하는 순간 폭탄이 터져서 써포크 공작과 같이 작업하던 팀원들이 모두 그 자리에서 죽임을 당하게 되었다.

그들은 이 일을 하나님께서 자신에게 주신 사명으로 여겼기 때문에 죽음을 무릅쓴 용기 있는 희생을 했던 것이었다.

"나는 선한 목자라. 선한 목자는 양들을 위하여 목숨을 버리노라." [요한복음 10:11]

82.
당신은 하나님의 소중한 보석입니다

윌리엄 랜돌프 허스트(William Randolph Hearst, 1863~1951)는 미국 미디어 그룹 허스트 커뮤니케이션즈의 창업주로 '미국의 신문왕'으로 불리는 인물이다. 그는 언론인이면서 취미로는 고(古) 예술품 수집광이었다. 그는 부유한 재력을 바탕으로 세계의 유명한 예술품들을 많이 사들였다.

어느 날 그는 유럽 왕가에서만 사용했다는 신기한 도자기 하나가 탐이 났다. 그래서 유럽에 갈 때마다 여기저기를 돌아다니면서 그 도자기를 추적했다. 그 도자기를 꼭 소유하고 싶은 열망 때문에 그는 여러 해 동안 많은 돈과 힘을 기울이며 찾아다녔다.

그러던 어느 날 그는 그 도자기가 이미 오래전에 미국의 돈 많은 한 언론인의 손에 넘어갔다는 사실을 듣게 되었다. 그때부터 그는 그 사람을 열심히 찾아다니기 시작했다. 그렇게 그 언론인을 찾기 위해 한참을 헤맨 끝에 마침내 그는 그 도자기를 산 사람이 바로 자신이라는 것을 알게 되었다.

이미 오래전에 자기가 사서 창고에 보관하고 있었던 것이다. 엄

청난 가치의 보화가 이미 자기에게 있다는 사실조차 까마득히 잊
어버리고 그것을 찾아 헤매고 다녔던 것이다.

성경은 우리를 보석처럼 귀하게 여기고 있다. 그것도 보통의 보석이 아
닌, 하나님이 선택하시고 자녀 삼으신, 하늘 아래 오직 하나밖에 없는 귀
한 보석이다. 보석이나 예술품은 볼 줄 아는 사람에게만 가치가 있다. 우
리의 인생도 자신을 보석처럼 소중히 여기는 사람일수록 가치 있는 인생
을 살아갈 수 있다.

진짜 보석과 가짜 보석은 얼른 보기에는 크기나 색깔이 같아 구별하기
어렵다. 그러나 자세히 보면 가짜 보석은 흐릿한 반면 진짜 보석은 눈부
신 빛을 뿜고 있다. 흐릿해 보이는 보석은 10번 다듬지만, 광채가 나는 보
석은 100번을 다듬었기 때문이다.

인생의 시련은 하나님께서 우리를 깎으시는 과정이라고 한다. 많이 깎
인 신앙인은 그래서 더 밝은 빛을 발한다. 내 안에 있는 다이아몬드를 아
직 발견하지 못했거나 가공하지 않았기 때문에 아직도 빛을 내지 못하고
있을 수도 있다. 우리 모두 내 안에 숨겨져 있는 다이아몬드를 발견하고,
잘 다듬어져서 세상에서 귀하게 쓰임 받는 보석이 되어야 한다.

> "너희는 택하신 족속이요, 왕 같은 제사장들이요, 거룩한 나라요,
> 그의 소유가 된 백성이니 이는 너희를 어두운 데서 불러내어 그의
> 기이한 빛에 들어가게 하신 이의 아름다운 덕을 선포하게 하려 하
> 심이라" [베드로전서 2:9]

83.
사랑에 빚진 자

오래전 미국 오하이오주(State of Ohio)에서 있었던 일이다.

한 사람이 보육원을 찾아왔다. 아이를 입양하고 싶다고 했다. 그는 특이하게도 아무도 좋아하지 않는 아이를 소개해 달라고 요청했다. 보육원 원장은 망설이지 않고 머시 굿 페이스(Mercy Good Faith)란 아이를 그에게 소개했다.

머시는 못생긴 얼굴에 등에는 보기 흉한 혹을 가진 열 살짜리 여자아이였다. 그래서 아무도 관심을 보이지 않았던 아이였다. 그 사람은 머시를 자기 집으로 데려와서 자기 딸로 삼아 사랑으로 정성껏 키웠다.

그로부터 35년이 흐른 어느 날, 미 중부의 아이오와주(State of Iowa) 정부의 보육원 담당 국장이 직원으로부터 이런 내용의 보고를 받았다.

"우리 주의 여러 보육원들을 탐방하고 감사한 결과, 저희 주에 아주 훌륭한 보육원이 있어 부고드립니다. 이 보육원은 매우 깨끗하고 음식도 훌륭하고, 아이들 얼굴은 밝았고 웃음이 가득했습니다. 보육원의 모든 어린이는 한 사람 한 사람 특별한 보살핌을 받고 있었는데, 어린이들의 얼굴에서 원장님의 사랑을 읽을 수 있었습니다. 그들은 저녁을 마치고 피아노 주위에 몰려들어 찬송을 함께 부르는데, 그것을 보면서 이제까지 경험해 보지 못한 따스함과 포근함을 느낄 수 있었습니다. 피아노를 치고 있는 원장의 목소리는 사랑의 천사가 내는 소리 그 자체였습니다. 그런데 그녀의 얼굴은 몹시 추했고 등에는 불편하게도 혹이 있었습니다.

이 보육원 원장의 이름은 바로 '머시 굿 페이스'라는 분입니다.”

한 이름 없는 믿음의 부모가 머시에게 자신이 받은 하나님의 사랑을 흘려보냈다. 그 사랑은 머시의 마음속에 잠자고 있던 하나님의 사랑의 불씨에 불을 붙였다. 그 사랑의 불을 전달받은 머시는 그녀가 받은 사랑을 버림받은 고아들에게 흘려보냄으로 하나님의 천사가 되었다.

사랑은 나눌수록 줄어들지 않는 속성을 가지고 있다. 우리는 먼저 받은 하나님의 사랑을 어디로 누구에게로 흘려보내고 있을까? 그동안 받은 많은 은혜를 그대로 가지고만 사는 사랑의 빚진 자는 아닐까? 하나님께서 우리에게 원하시는 것은 겸손히 하나님을 섬기고, 이웃을 자기 몸처럼 사랑하는 것이다.

“새 계명을 너희에게 주노니 서로 사랑하라 내가 너희를 사랑한

것 같이 너희도 서로 사랑하라 너희가 서로 사랑하면 이로써 모든

사람이 너희가 내 제자인 줄 알리라." [요한복음 13:34~35]

84.
한 아이의 헌신

"여기 한 아이가 있어 보리떡 다섯 개와 물고기 두 마리를 가지고 있나이다. 그러나 그것이 이 많은 사람에게 얼마나 되겠사옵나이까?" [요한복음 6:9]

걸인 1명이 구걸을 위해 신부님 숙소를 찾아왔다. 신부님은 걸인에게 한 끼의 음식을 주었다. 그 이후에도 그 걸인은 정기적으로 찾아왔다. 어느 날 신부님은 그 걸인이 도대체 어디서 무얼 하며 사는지 궁금해서 뒤를 밟아 보았다. 걸인은 이집 저집을 돌며 더 많은 음식과 돈을 얻어서 어느 움막으로 들어가는데 이상하게 생각하며 움막까지 따라가 보니 거기에는 수족을 쓰지 못하는 9명의 장애인 걸인들이 누워 있었다. 음식을 얻어 온 이 걸인은 그 병자들에게 일일이 밥을 떠먹이고 있었다.

그 후 어느 날 걸인이 다시 신부님을 찾아왔을 때 신부님은 물었다.

"당신의 몸도 성치 않은데 어떻게 9명이나 되는 병자들을 돌보고 있나요?"

이 질문에 그 걸인은 아주 충격적인 대답을 했다.

"신부님, 저는 그래도 걸어 다닐 수 있는데 걸어 다닐 수 있는 제가 누워 있는 이 사람들을 책임지지 못한다면 이 사람들이 어떻게 되겠습니까?"

이 한마디가 신부님의 양심을 깊게 찔렀다.

"나는 얼마나 이웃 사람들에 대해 책임을 지고 있는가?"

1976년 9월, 이 걸인과 신부의 만남이 오늘의 '음성 꽃동네'를 만든 출발이 되었다.

이 걸인의 이름은 최귀동(1990년 71세로 사망) 할아버지이고, 신부의 이름은 오웅진 신부(1945~)로 충북 음성의 무극천주교회 주임신부이다.

오웅진 신부는 거동 못 하는 걸인들을 움막에 모은 뒤 걸식 등을 하면서 돌봐온 최귀동 할아버지의 헌신적 사랑에 감동, 그해 11월 인근에 사랑의 집(움막)을 짓고 18명의 걸인들을 수용했다. 이 사실이 알려지면서 사랑의 후원이 답지했고 1983년 첫 건물이 완공되고 점차 확장돼 현재는 특수학교, 연수원, 대학이 설립되었으며 전국으로 확산되어 8개 지역에 꽃동네가 생겨났다. 부랑인, 심신장애인, 정신 요양자, 아동, 지체장애인 등 의지할

데 없는 불우이웃 4,000명과 함께 수도자, 봉사자, 직원 1,000명이 살아가는 우리나라의 대표적인 종합사회복지시설로 성장하였다. 뿐만 아니라 미국, 캐나다, 필리핀, 남미 등 해외에도 14곳이 운영되고 있다.

예수님은 목자 없는 양같이 방황하는 큰 무리를 보시고 불쌍히 여기시고, 굶주린 무리들을 위하여 보리떡 다섯 개와 물고기 두 마리로 온 군중을 먹이시는 기적을 베푸셨다. 그 기적은 5,000명을 배불리 먹이고도 열두 바구니를 남길 수 있는 풍성한 것이었다.

이 오병이어(五餠二漁)의 기적에는 자신의 것을 바친 한 아이의 헌신이 있었다. 그 당시 유대 유목민들은 도시락을 싸서 가지고 다녔다고 한다. 무리들 중 많은 사람들이 도시락을 싸 왔을 것으로 짐작되지만 정작 자기의 도시락을 내놓았던 이는 오직 이 아이 하나였다.

사람은 하나님으로부터 은혜와 기적을 바라기만 하지 내 것을 드리는 데는 인색하다. 그러나 이처럼 자기를 드리고 자신의 것을 내어놓는 헌신의 결단이 바로 기적의 출발이다. 그리고 가장 작은 것이라도 주님께 드려질 때 주님은 귀하게 사용하신다.

> "너는 진리의 말씀을 옳게 분별하며 부끄러울 것이 없는 일꾼으로 인정된 자로 자신을 하나님 앞에 드리기를 힘쓰라." [디모데후서 2:15]

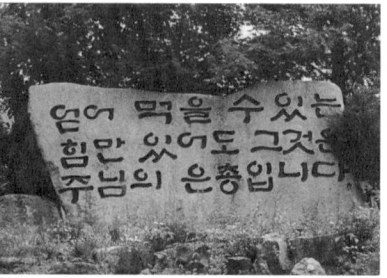

오웅진 신부와 최귀동 할아버지

신앙 예화 153

85.
생명의 말

작가 김영주 님의 『네가 내 딸이라 행복해』책에 소개된 이야기다.

미국의 '앤 그루델'은 구순구개열(언청이) 장애로 태어난 소녀
이다. 지금은 병원에서 수술이 가능하지만 그 당시만 해도 수술은
힘든 일이었다.

'앤 그루델'은 자신의 얼굴이 사람들과 다르다는 것을 알아가면
서 성장했다. 입이 삐뚤어지고, 코가 삐뚤어졌으며, 치열도 고르
지 못하고 발음도 정확하지 못하였다. 친구들이 그녀의 입술에 관
해 물으면 사고로 생긴 상처라고 거짓말을 할 수밖에 없었다.

어린 소녀는 학교에 입학하면서 심한 우울증과 열등감에 시달
리면서 부모를 원망하며 공격적인 삶을 살았다. 그래서 부모도 딸
을 멀리했고, 친구들도 앤을 피하기 시작했다. 그렇게 살다 보니
세상의 모든 사람들이 자기를 싫어한다고 생각하게 되었다.

그러던 어느 날, 학교에서 학생들을 대상으로 한 속삭임 검사
(The Whisper Test)가 있었다. 교실 한가운데 칸막이를 설치하고

칸막이 저편에서 선생님이 하는 말을 그대로 반복하도록 해서 얼마나 정확히 듣는가를 알아보는 '듣기 테스트'였다.

선생님이 "하늘이 파랗다", "바람이 시원하다" 등의 간단한 문장을 말하면 학생이 정확하게 큰 소리로 따라서 말했다.

앤의 듣기 테스트 차례가 되었을 때 레너드 선생님은 뜻밖에도 다른 학생들에게 하던 말과는 전혀 다른 말을 하셨다.

"나는 네가 내 딸이었으면 좋겠어."
이 말에 충격을 받은 앤은 선생님의 말을 반복하지 않고 대신 "선생님, 정말이세요?"라고 되물었다.
그러자 선생님은
"그럼 그렇고말고… 나는 네가 정말 내 딸이었으면 좋겠어."
라고 더 크고 분명하게 다시 말했다.

이 말은 앤의 인생을 완전히 바꾸어 놓은 전환점이 되었다. 의기소침하고 우울증에 시달리던 그녀가 선생님의 딸로 새로 태어나자 학교생활이 신나고 공부가 재미있고 친구들도 좋아지기 시작했으며 모든 것을 긍정적으로 바라보게 되었다.

앤 그루델은 이후 자신의 장애로 마음에 상처받지 않으려고 노력했고 마침내 자신처럼 우울증과 열등감에 시달리는 사람들을 돕기 위해 심리학을 공부하여 미국의 저명한 심리학자로 성장하게 되었다.

이처럼 말에는 분명히 사람을 변화시키는 힘이 있다. 생명의 언어이기 때문이다. 자신을 인정해 주는 말, 절망 가운데 들려오는 위로의 말은 사람을 살리는 생명의 말이다.

복음은 죽은 영혼을 살리는 생명의 말씀이다. 오늘도 우리의 입에서 나오는 말과 복음을 통해 사람을 살리고 풍성한 생명의 열매를 열리게 한다.

"사람의 말도 아름다운 꽃처럼 아름다운 색깔을 지니고 있다." [T. 리스]

"사람은 그 입의 대답으로 말미암아 기쁨을 얻나니 때에 맞는 말이 얼마나 아름다운고" [잠언 15:23]

아름다운 선물, 자폐아 딸과 함께한 어머니의 성장 일기

네가 내 딸이라 행복해

"하나님, 이 땅에 자폐아를 보내신 이유가 무엇인가요? 이 아이를 제가 어떻게 키워야 할까요?"

"사람의 말도 아름다운 꽃처럼 아름다운 색깔을 지니고 있다."

86.
겸손과 섬김

테레사(Mother Teresa) 수녀가 한 어린이의 상처를 지극 정성으로 치료해 주고 있었다. 그때 이웃 주민이 물었다.

"수녀님, 당신은 당신보다 더 잘살거나 높은 지위에 있는 사람들이 편안하게 사는 것을 보면 부러운 마음이 안 드시나요? 평생 이렇게 빈민가에서 사는 것에 만족하십니까?"

테레사 수녀는 환한 미소로 그에게 이렇게 대답했다.
"허리를 굽히고 섬기는 사람에게는 위를 쳐다볼 시간이 없습니다."

성(聖) 브라더 로렌스(Brother Lawrence) 수도사는 수도원 중에서 가장 문제가 많은 수도원장으로 임명장을 받았다. 그는 자신의 신분을 숨기고 문제 많은 수도원의 문을 두드리자 젊은 수도사들이 몰려나왔다. 그들은 백발이 성성한 늙은 수도사가 서 있는 것을 보고 말했다.

"노 수도사가 왔구려! 어서 식당에 가서 접시를 닦으시오. 처음

부임한 수도사가 그런 일을 하는 것이 이곳의 전통이요."

로렌스 수도사는 이 수도원의 문제가 바로 여기 있음을 발견했다. 그리고는 "네! 그리하겠습니다."라고 대답한 후 곧장 식당으로 묵묵히 걸어 들어갔다. 그리고 한 달, 두 달, 석 달, 열심히 접시를 닦았다. 멸시와 천대와 구박이 대단했다.

석 달이 지나서 대교구의 감독이 순시차 수도원을 방문하였다. 젊은 수도사들이 쩔쩔매었다. 그런데 원장의 모습이 보이지 않았다. 감독이 질문했다.

"원장님은 어디 가셨는가?"
수도사들이 대답했다.
"원장님은 아직 부임하지 않았습니다."

감독이 깜짝 놀랐다.
"아니 그게 무슨 소린가! 내가 로렌스 수도사를 3개월 전에 임명했는데!"

감독의 말에 젊은 수도사들이 아연실색했다. 그 즉시 식당으로 달려가 노 수도사 앞에 모두 무릎을 꿇었다. 노 수도사의 죽기까지 낮아진 겸손의 모습에 그 문제 많던 수도원은 그 후부터 모범적인 수도원이 될 수 있었다.

"오직 겸손한 마음으로 각각 자기보다 남을 낫게 여기고, 각각 자기 일을 돌볼뿐더러 또한 각각 다른 사람들의 일을 돌보아 나의 기쁨을 충만하게 하라. 너희 안에 이 마음을 품으라 곧 그리스도 예수의 마음이니" [빌립보서 2:3~5]

87.
쓰임이 되게 하소서

동유럽의 유고슬라비아 연방공화국이 무너진 이후 1992년, 유럽의 발칸반도 국가인 보스니아(Bosna)에는 내전이 한창 벌어지고 있었다. 인구 약 30만 명의 수도 사라예보(Sarajevo), 도시는 불타고, 사람들은 두려움 속에 웅크려 살아가고 있었다.

그날도 마찬가지였다. 사람들은 배급되는 빵을 받기 위해 줄을 서 있었다. 그 순간, 어딘가에서 날아온 박격포 한 발이 그들을 덮쳤다. 단 한 발의 폭탄으로, 22명의 생명이 순식간에 사라지고 말았다. 빵 한 조각을 얻기 위해 모였던 그 자리엔 피비린내와 절망만이 남았다.

다음 날 아침, 그 똑같은 장소에 한 남자가 나타났다. 그는 정장을 입고, 의자를 들고, 첼로를 품에 안고 있었다. 폐허가 된 거리 한가운데, 잿더미와 부서진 콘크리트 위에 조심스레 의자를 놓고 그는 그곳에 앉아 첼로를 꺼냈다.

모두가 숨죽인 도시 한복판에, 처음엔 아주 조용히, 그러다 점점 커지는 소리로 알비노니(Tomaso G. Albinoni, 1671~1751)의

'아다지오(adagio)'가 울려 퍼졌다.

그의 이름은 베드란 스마일로비치(Vedran Smailovic). 사라예보 오페라단의 수석 첼리스트였다. 그는 매일 같은 시간에, 22일 동안 그 자리를 지켰다. 그가 연주한 횟수는, 폭격으로 순식간에 죽은 사람의 수와 같았다. 그에게 총을 겨눈 사람도 있었고, 포탄이 날아오는 날도 있었다. 하지만 그는 연주를 멈추지 않았다.

한 음, 한 음, 그 첼로 소리는 이 땅에서 사라져간 생명들을 위한 애도였고, 무너져버린 도시에 대한 위로였으며, 무자비한 폭력에 맞서는 조용한 저항이었다.

사람들은 물었다.
"그게 무슨 소용이 있습니까? 연주한다고, 전쟁이 끝납니까? 이 상황에서 한가하게 첼로 연주가 나옵니까?"
그러나 그는 말없이 첼로를 들어 올리며 말했다.
"그렇기에 연주합니다. 폭력은 세상을 무너뜨리지만, 아름다움은 무너진 마음을 일으킬 수 있습니다."

스마일로비치의 용기 있는 행동은 전쟁의 참혹함 속에서도 아름다움과 마음을 지키려는 노력의 상징으로 남아 전 세계에 알려지며 '사라예보의 첼리스트'로 불리게 되었다. 그의 음악은 단순한 연주를 넘어, 공동체의 상처를 치유하고 희망을 전하는 도구였다.

스마일로비치, 92년 사라예보

평화를 기원하며 폐허 속에서 첼로를 연주하는 '스마일로비치'

세상의 모든 피조물은 하나님께서 창조하셨다. 인간도 마찬가지다. 하나님은 그분의 계획을 이루시기 위하여 피조물을 도구로 사용하신다. 우리도 언젠가는 하나님의 도구로 사용될 것이다. 하나님 나라의 귀하게 쓰임 받는 금 그릇이 되어야 한다.

> "큰 집에는 금 그릇과 은그릇뿐 아니라 나무 그릇과 질그릇도 있어 귀하게 쓰는 것도 있고 천하게 쓰는 것도 있나니, 그러므로 누구든지 이런 것에서 자기를 깨끗하게 하면 귀히 쓰는 그릇이 되어 거룩하고 주인의 쓰심에 합당하며 모든 선한 일에 준비함이 되리라." [디모데후서 2:20~21]

88.
걸리버(Gulliver) 여행기

『걸리버 여행기』는 어려서 누구나 즐겨 읽었던 이야기다. 1726년 영국계 아일랜드인 작가 조너선 스위프트(Jonathan Swift, 1667~1745)가 쓴 소설로 사람들은 이 소설을 어린이를 위한 동화라고 잘못 알고 있는데 실제는 당시 국가와 사회에서 발생되는 여러 가지 문제점들을 풍자로 만든 어른을 위한 소설이다.

걸리버가 난쟁이 나라 소인국에 도착했다. 그런데 소인국에는 자기들끼리 싸움이 붙어 수만 명의 목숨이 희생되는 일이 일어났다.

왜 이 작은 사람들의 나라에서 싸움으로 수만 명이 비참하게 죽지 않으면 안 되었을까? 그 싸움의 발단은 간단했다.

삶은 계란을 깨뜨려 까먹을 때에 계란의 넓은 쪽 끝을 먼저 깨뜨려서 까먹느냐, 아니면 좁은 쪽의 끝을 먼저 깨뜨려서 까먹느냐 하는 문제 때문에 두 편으로 의견이 갈라져 결국에는 치열한 싸움이 된 것이다.

즉 한 편은 넓은 쪽부터 깨뜨려 까는 것이 옳다고 하고, 다른 편은 좁은 쪽부터 깨뜨리는 것이 맞다고 서로 주장하다가 마침내 전쟁이 일어나게 되어 그렇게 많은 사람이 희생당한 것이다. 한마디로 기막힌 일이 아닐 수 없다.

이 이야기는 스위프트가 수많은 사람이 별로 중요하지도 않은 일에 그토록 골몰하고 문제로 삼고 싸우고 하는 일을 비웃고 풍자한 것이다. 걸리버가 소인국에 도착해서 본 것은 자기네들이 대단하다고 생각하는 국가나 사회제도라는 것이 얼마나 우스꽝스럽게 돌아가는가 하는 것이었다.

대부분의 내용이 당대 영국 상황을 풍자하는 것으로, 계란 때문에 전쟁을 일으키는 것은 사소한 종교적 문제 때문에 전쟁을 일으키는 영국과 프랑스를 빗대어 표현했다는 것을 알 수 있다.

지금은 세상이 늘 어수선하고 전쟁의 소문이 끝이 없는 시대이다. 누군가는 전쟁을 부추기고 서로를 적대시하는 위기와 불안의 시대에 우리는 살고 있다. 그리스도인이 세계의 평화와 안전을 위해 기도해야 할 이유가 여기 있는 것이다. 우리는 이 세계를 향한 하나님의 계획이 선하심을 잘 알고 있다. 평강의 왕으로 이 땅에 오신 예수님께서 이 땅에 평강 주시기를 간절히 사모해야 한다.

"너희 중에 싸움이 어디로부터 다툼이 어디로부터 나느냐? 너희 지체 중에서 싸우는 정욕으로부터 나는 것이 아니냐? 너희는 욕

심을 내어도 얻지 못하여 살인하며 시기하여도 능히 취하지 못하

므로 다투고 싸우는도다" [야고보서 4:1~2]

89.
성령의 새 바람

아랍에미리트(UAE)는 모슬렘 국가이면서도 아부다비, 두바이 등의 특정 지역은 큰 어려움 없이 예배를 드릴 수 있는 나라이다.

어떻게 이것이 가능하게 되었을까?

1960년대 두바이(Dubai)에는 큰 문제가 있었다. 그것은 산모가 아이를 출산하는 중 사망률이 매우 높다는 것이었다. 산모와 태아가 죽는 일이 많아지자 이 문제를 해결하기 위해 정부는 선진국에 도움을 요청했다.

이에 캐나다의 산부인과 의사이자 선교사인 케네디 박사가 두바이에 자원했다. 그는 당시 어떻게 하면 이 나라에 복음을 전할 수 있을까 기도하던 중이었는데 응답을 받은 것이었다.

그는 중동의 사막 국가로 와서 사랑의 의술을 펼치기 시작했고 덕분에 많은 산모와 아기의 생명을 구했다. 그리고 나라의 왕과 그 가족들을 죽음의 문턱에서 살려낸 생명의 은인이 되었다.

이를 너무 고마워한 아랍에미리트(UAE) 국왕이 무엇을 해 주면 좋겠느냐고 물었고, 그는 여기에서 예배를 드릴 수 있도록 예배당을 지어 달라고 요청했다.

이로 인해 교회가 지어졌고 오아시스 병원이라는 훌륭한 병원도 지어졌다. 이후 UAE에서는 종교 지역을 정해 놓고 맘껏 예배를 드릴 수 있게 되었다.

선교의 열망을 품은 한 젊은 의사의 헌신과 사랑이 겨자씨가 되어 하나님 나라가 이곳 모슬렘 땅에도 임하게 된 것이다.

우리는 지극히 보잘것없는 그리스도인 중의 하나이지만, 하나님께서는 우리에게 사명과 능력을 주시면 믿음으로 누리게 될 부요함을 먼 이방인들에게도 전하게 해 주신다.

성령은 선교의 영이시며 부흥의 주체이다. 초대교회에 불어온 성령의 선교는 하루에 3~5천 명을 믿게 하였고 날마다 믿는 사람이 더 늘어났으며, 심지어 유대교 제사장들에게도 믿는 사람이 나타났다.

이러한 복음의 씨앗은 예루살렘에서 안디옥, 소아시아 지역까지 전해졌고 다시 아시아와 아프리카와 유럽으로 전해졌다. 그리하여 마침내 유럽을 통해 전 세계로 퍼져 나갔다.

하나님께서 일방적으로 사울을 선교의 도구로 사용하신 것처럼 선교의 열망을 품은 한 젊은 의사의 헌신과 사랑이 겨자씨가 되어 이방의 땅 두바이(Dubai)에 복음이 임하게 해 주셨다.

우리 모두 이처럼 세상을 변화시킬 힘을 가진 천국 백성으로 살아가면서 세상에 선한 영향력을 끼치는 삶을 살게 하여 주시기를 늘 간구해야 한다.

> "모든 성도 중에 지극히 작은 자보다 더 작은 나에게 이 은혜를 주신 것은 측량할 수 없는 그리스도의 풍성함을 이방인에게 전하게 하시고" [에베소서 3:8]

90.
'연세(延世)'라는 이름

'연세(延世)'라는 이름은 어디서 유래했을까?

'연희대학교'의 '연'과 '세브란스 의과대학(병원)'의 '세'에서 온 이름이다.

먼저 '연희대학교'의 역사를 살펴보면 다음과 같다.

　　1885년 부활절, 26세의 젊은이로 우리나라에 입국한 미국 북장로회 소속 언더우드(Horace Grant Underwood, 1859~1916, 한국이름 원두우) 선교사가 서울에서 고아들을 모아 가르치는 '언더우드 학당'을 만들었다.

　　그 후 언더우드 학당은 '경신학교(현 경신고등학교)'가 되었고 1915년 미국 북장로교 선교부, 남,북감리교 선교부, 캐나다 장로교 선교부의 협력으로 '조선기독교학교(Chosun Christian College)'가 서울 종로의 YMCA에서 개교하였다. 그리고 초대 교장을 언더우드 선교사가 맡았다.

　　이 학교는 그 후 1917년 '연희전문학교'로 개편되었다. 이때 선교사의 형인 존 언더우드(John T. Underwood, 미국의 사업가) 박사가 헌금한 선교비로 경기도 고양군 연희면 창천리(현재 연세대학교 부지)에 대지 19만 평을 교지로 구입하였다. 그리고 1919년 3월에 '연희전문학교'는 제1회 졸업생을 배출하였다. 일제강점기 말기에 학교가 몰수되어 조선총독부의 관리하에서 교명이 '경성공업경영전문학교'로 변경되었다가 1945년 8월 15일 해방 이후 미군정청을 비롯한 정부에 의해 대학 기관으로 승격되어 4년제 대학인 '연희대학교'로 명칭이 변경되었다.

알렌(Horace Newton Allen, 1858~1932)은 미국의 의사로서 북장로교의 중국 파송 선교사이다. 그는 중국 상하이 등지에서 선교 활동을 하던 중 조선에 선교의 문이 열린다는 것을 알고 1884년 9월, 26세의 젊은 나이에 미국의 외교관(공사관 의사)으로 또, 미국 북장로교 선교사를 겸하여 조선에 입국하였다.

그는 입국 3개월 후 발생한 갑신정변으로 부상당한 민영익을 한방에서 치료가 안 되는 상처를 서양의학으로 치료함으로써 고종 황제의 신임을 얻게 되었고 1885년 4월 서양식 왕실병원인 '광혜원'을 설립하여 초대 원장이 되었다.

그리고 광혜원(은혜를 베푼다는 뜻)은 곧바로 '제중원(백성을 구제한다는 뜻)'으로 며칠 후 이름을 바꾸었는데 제중원은 우리나라에 세워진 최초의 근대식 왕실(국립) 의료기관이다.

제중원이 설립된 4월에 언더우드 선교사가 입국하였는데 언더우드 선교사는 선교와 교육사업을 하면서 알렌의 제중원에 합류하여 과학 교과로 학생을 가르치는 등 의료 사역도 병행하였다.

그러던 중 조선의 정국이 어수선해지고 위태로워지자 제중원에 왕실의 지원이 끊겼다. 더 이상 병원으로 존재하지 못하게 되자 1894년 미국, 캐나다 장로교 선교부에서 제중원의 운영권을 받아서 민간병원으로서 백성을 치료하고 의료인을 양성하게 되었다.

그러나 당시 병원 인력도 턱없이 부족했고 시설도 형편이 없어서 언더우드와 당시 캐나다 선교사로 의사인 올리버 에이비슨(Oliver R. Avison, 1860~1956)은 미국을 오가며 제중원 운영을 위한 후원금을 얻기 위해 동분서주했다. 그 결과 1899년 당시 미국의 갑부로부터 거액의 병원 선교 후원금을 받게 되었다.

당시 미국에서 은행에 다니던 한 청년이 있었다. 1859년 세계 최초로 유전이 발견되자 친구인 록펠러(John D. Rockefeller)와 함께 석유 회사를 세웠는데 사업은 기대 이상으로 성공했고, 그는 큰 부자가 되었다.

청년은 고향 클리블랜드로 돌아와 새로운 사업을 벌였는데 도시 곳곳에 건물을 세워 누구나 갈 수 있는 학교, 병원, 교회를 지었다. 그리고 완공된 건물을 시에 기증했다. 그의 이름은 루이스 헨리 세브란스(Louis Henry Severance)였고 빈민과 고아를 돌보았던 부모님들의 정신을 이어받아 평생 자선 사업에 충실했다.

　　마침 언더우드와 에이비슨 선교사로부터 조선의 열악한 의료 상황에 대해 이야기를 들은 세브란스는 선뜻 거액의 선교 후원금을 지원하였다. 이 후원금으로 제중원은 1904년 남대문 역 앞에 새로운 서양식 병원을 완공하며 후원자의 이름을 따서 제중원을 '세브란스병원'으로 개명하였다.

　　세브란스 병원은 조선 최초의 근대식 종합병원으로 본격적인 대학식 의학 교육을 시작하여 '세브란스 의학교'에서 일제강점기에는 '세브란스 의학전문학교'로 운영되다가 광복 후인 1947년 '세브란스 의과대학'으로 발전하였다.
　　결국 연희대학교와 세브란스 의과대학은 미국, 캐나다의 장로교 선교부에서 태동되었고 이 두 기관의 주축이며 연결고리는 언더우드 선교사이다.
　　시간이 흘러 1955년 3월, 연희대학교와 세브란스 의과대학 두 기관의 이사회는 근원이 같은 한 뿌리로서 서로 통합하기로 결정히였고 두 기관의 첫 글자를 따서 마침내 '연세대학교'가 되었다.

현재 연세대학교의 건학 정신은
"너희가 내 말에 거하면 참 내 제자가 되고 진리를 알지니 진리가 너희를 자유케 하리라"(요한복음 8:31~32)이다.

학교의 교육 이념 또한

"기독교의 가르침을 바탕으로 진리와 자유의 정신에 따라 사회에 이바지할 지도자를 기른다"고 되어 있다.

제중원(濟衆院)과 근대식 초기 세브란스 병원(1904년)

하나님의 말할 수 없는 은혜와 선교사들의 희생과 헌신으로 만들어진 믿음의 학교가 세상 속에 빛과 소금의 사명을 감당하기를 소망한다.

"내가 진실로 진실로 너희에게 이르노니 한 알의 밀이 땅에 떨어
져 죽지 아니하면 한 알 그대로 있고 죽으면 많은 열매를 맺느니
라" [요한복음 12:24]

91.
착하게 살면 손해 아닌가요?

사람들은 성경대로 살거나 착하게 살면 요즘 같은 경쟁사회에서는 살기 힘들다고 말한다. 정말 착하게 살면 손해일까?

어느 목사님에게 마을에 사는 성도가 찾아와 상담을 했다.

자기가 키우던 돼지 5마리가 이웃집 밭에 들어가 밭을 망쳐 놓았는데, 자신은 양심적으로 보상을 해 주려고 하는데 그 밭의 주인은 돼지들이 한 짓이니 돼지 5마리로 보상을 하라고 억지를 부린다는 것이다.

조금 있으면 새끼를 낳을 돼지들을 달라고 하니 어떻게 하면 좋겠냐고 고민을 털어놓았다.
이야기를 가만히 듣고 있던 목사님이 입을 열었다.

"성도님, 그냥 그 이웃이 해 달라는 대로 해 주세요."

"아무리 그대로 이건 좀 너무하지 않습니까?"

"하나님은 자기 백성을 절대로 손해 보게 하시는 분이 아닙니다. 이웃과 싸우지 말고 그냥 돼지를 주세요."

성도는 눈물을 머금고 새끼를 밴 어미 돼지 5마리를 이웃에게 주었다.

얼마 후 그 어미 돼지들이 새끼를 낳았는데 한 배에 18마리가 넘게 태어나 거의 100마리가 되었다. 그 성도는 이웃집 앞을 지나갈 때마다 손해를 본 느낌에 속이 상했다.

그러던 어느 날, 그 성도가 기쁨에 넘쳐 목사님께 달려왔다.

이웃집 황소 세 마리가 자신의 밭에 들어와 밭을 다 망쳐 놓았다는 것이다.

"목사님, 역시 하나님은 자기 백성이 손해 보게 하지 않으시네요. 이제 황소는 제 것입니다."

"잠깐만요. 하나님을 믿는 사람이라면 좀 달라야 하지 않을까요? 황소를 차지하려 하지 말고 그냥 돌려주세요."

"그냥 돌려주라구요? 그 사람이 저한테 한 대로 그대로 갚아야죠. 안 그러면 저만 너무 손해 보는 거잖아요."

"예. 그렇습니다. 하지만 예수 믿는 사람은 손해를 보며 사는 사람입니다. 다른 사람에게 손해를 끼쳐서는 안 되죠."

할 수 없이 성도는 이웃집에 황소를 돌려주었다.

그러자 이웃집 사람이 깜짝 놀라는 눈치를 보였다. 인간적인 도리를 봤을 때 이건 아니라는 생각을 하게 된 것이다.

결국 이웃 밭의 주인은 자신의 잘못을 뉘우치고 그 성도의 어미 돼지들과 새끼 돼지들을 모두 돌려주었다. 그 성도는 6개월 동안 잘 보살핌을 받은 돼지들을 되찾게 된 것이다.

우리가 이와 같은 상황이라면 어떤 결정을 내렸을까?

아마 매우 억울해하며 당장 이웃에게 복수하고 싶었을 것이다. 황소가 자신의 밭을 망쳐놓았을 때 "얼씨구나!" 하고 무릎을 치며 "눈에는 눈, 이에는 이"라고 처신했을 것이다.

그러나 하나님을 믿는 그리스도인이라면 다르게 행동해야 한다. 성령님의 인도하심을 따라 착한 일을 행해야 하는 것이다.

'양선'은 성령의 여섯 번째 열매이다.

'양선(goodness)'은 '어질고 착하다'는 뜻으로, '착한' 혹은 '좋은'을 뜻하는 헬라어 '아가도스'에서 유래한 말이다.

'선하다' '착하다' '거룩하다'는 하나님의 성품이다. 하나님의 선하심을 체험하고 선을 나누고 베풀면서 하나님 앞에 드리는 삶의 열매이다. 성령이 충만하면 선해지고 착한 삶을 살게 된다.

사람들은 요즘같이 치열한 세상에 착하게 살면 무시당하고 손해를 본다고 말한다. 그러나 지금 당장은 손해를 보는 것처럼 보이지만 선을 계속 행하면 하나님은 복을 주시고 필요를 채워 주신다.

서양 속담에 "선을 악으로 갚는 것은 악마의 일이요, 악을 악으로 갚는 것은 사람의 일이요, 악을 선으로 갚는 것은 하나님의 행동이다."라는 말이 있다.

성경에서 착한 사람이라고 평가받은 인물 중에 '바나바(Barnabas)'가 있다.

"바나바는 착한 사람이요 성령과 믿음이 충만한 사람이라 이에
큰 무리가 주께 더하여지더라" [사도행전 11:24]

바나바는 따뜻한 말로 다른 사람에게 힘이 되고 격려가 되고 위로가 되며 평안을 주었다. 그래서 사도들은 그의 본명인 '요셉' 대신 '위로하는 사

람' '격려하는 사람'이란 뜻의 '바나바'란 이름을 지어 주었다.

바나바는 사도들에게 바울을 소개하여 함께 일하도록 길을 열었고, 고향인 다소에 내려가 있는 바울을 불러다가 안디옥 교회에서 가르치도록 했으며, 함께 선교 여행을 떠나기도 했다. 바나바는 바울의 친구가 되어 바울의 삶을 세워 나갔다. 만약 바울이 바나바를 만나지 못했다면 바울의 리더십은 한동안 발휘되지 못했을 것이다.

착한 사람은 그 인격으로 사람을 구하고 사람을 세운다. 바나바는 바울을 키운 스승이나 다름없지만, 시기나 질투심 같은 인간적 감정에 빠지지 않았고, 오히려 바울이 앞서 일할 때 뒤에서 힘껏 협력했다.

그는 자신의 이름보다 하나님 나라에 집중했던 것이다. 하나님 나라를 위해 자신이 나서야 할 때와 뒤로 물러서야 할 때를 아는 성령 충만한 착한 사람이었다.

그리스도인은 하나님께서 우리의 앞길을 선하게 인도하시고, 또 선하신 하나님의 손길을 늘 경험함으로써 우리 삶 전부가 선하게 되도록 끊임없이 간구해야 한다.

"우리가 선을 행하되 낙심하지 말지니 포기하지 아니하면 때가
이르매 거두리라 그러므로 우리는 기회 있는 대로 모든 이에게
착한 일을 하되 더욱 믿음의 가정들에게 할지니라" [갈라디아서

6:9~10]

"오직 선을 행함과 서로 나누어 주기를 잊지 말라. 하나님은 이 같
은 제사를 기뻐하시느니라" [히브리서 13:16]

92.
종이 되어 섬기는 삶

오래전 미국에서 사망한 한 갑부의 미망인인 할머니가 화젯거리가 된 적이 있었다. 억만장자가 남겨 준 유산을 가지고 본인도 한때는 할리우드의 배우 활동도 했던 73세의 이 할머니는 궁전 같은 저택과 여러 별장이 있고 전속 의사들과 간호사, 미용사, 동서 각국의 요리사, 정원사, 의상실, 영사실, 사교 파티에 음악을 담당하는 전속 악단까지 있었다.

그러나 그녀의 성격은 병적으로 히스테리였다. 자기를 시중드는 사람들이 맘에 들지 않아 수시로 해고시켰고, 누구보다 불만과 불평이 많았다. 주위에서는 감당할 수 없는 그녀의 성격에 지구상의 온 인류가 다 그녀를 섬긴다 해도 고치지 못할 것이라고 평가했다.

성경에도 그런 인물이 있다. 솔로몬은 천 명의 처첩을 거느리고 황금 궁전에서 호의호식하며 살았다. 당대에 가장 지성적이고 예술적이며 없는 것이 없었고 부족한 것이 없었다.

그러나 솔로몬은 결정적으로 그 영광의 정점에서 이 할머니와는 달랐다.

"헛되고 헛되며 헛되고 헛되니 모든 것이 헛되도다. 해 아래에서 수고하는 모든 수고가 사람에게 무엇이 유익한가" [전도서 1:2~3]

같이 헛되게 살면서도 깨닫는 인생이 있고 깨닫지 못하는 인생이 있다.

사람은 남들에게 섬김받고 칭찬받으면 행복할 것으로 안다.
그러나 행복의 법칙은 결코 그렇지 않다.
섬김과 사랑을 받으려고만 하는 인생은 결국 불행해지기 마련이다.
그러나 만인을 사랑하고 섬기는 삶은 행복하고 영원하다.

어느 흑인 노예가 밭에 가라지를 심고 있었다.
주인이 화를 내며 미쳤다고 소리쳤다.
노예는 오히려 주인이 미쳤다고 맞받아쳤다.

"당신이야말로 날마다 악을 심으면서 행복을 거두려고 하는가?"

우리는 되돌아보아야 한다.

"나는 무엇을 심고 있는가?
가라지를 심고 보리를 기대하지 말라.
악습을 심으며 어떤 날 우연히 고매한 품성의 인물이 되리라고 기대하지 말라.

시기와 증오를 심으면서 우정과 사랑을 기대하지 말라.

뱀의 알을 품고 병아리가 깨일 것을 기대하지 말라.

중상과 모략을 심고 선의로 갚아지기를 기대하지 말라.

남의 인격을 멸시하면서 존경받을 것을 기대하지 말라.

이는 마치 탱자를 심어 놓고 감귤을 기대하는 것과 같다.

게으른 사람이 성공을 기대하는 것은 심지 않은 밭에서 곡식의 열매를 기대하는 것과 같다.

심은 대로 거두리라. 이것은 인과의 자연 철칙이요, 하나님의 법칙이다.

지식은 뇌 속에 입력된 만큼 유식할 것이며 선수는 연습한 만큼 좋은 기록을 낼 수 있는 것. 육으로 심은 것은 육이요 영으로 심은 것은 영이니 내 인생의 밭에 영원한 하나님을 심어 양질의 영원한 생명을 거두자.

장사꾼은 돈 냄새를 맡고 정치가는 권력의 냄새를 맡는다. 도둑은 재물의 냄새를 맡고 사냥개는 사람마다 다른 냄새를 맡는다.

우리에게는 예수의 향기가 나야 한다.

내 표정 속에, 내 핏속에, 꿈속에, 무의식 속에, 죽음 속에서도

예수의 향기를 풍겨야 한다."

- 김준곤 목사

제7장

하나님 사랑,
위대한 사랑(great love)

93.
측량할 수 없는 사랑(immeasurable love)

1863년 영국 어느 추운 겨울밤, 갓난아이를 품에 안은 한 여인이 남부 웨일즈의 언덕을 넘어가고 있었다. 갑자기 세찬 눈보라가 몰아닥쳐 더 이상 걸을 수가 없었고, 아무리 외쳐도 도와줄 사람조차 나타나지 않았다.

다음 날 한 농부가 건초 더미를 짊어지고 그 눈 쌓인 언덕길을 넘고 있었다. 농부는 언덕의 한 움푹한 지점에서 이상한 형태의 눈 더미를 발견했다.

그 눈 더미를 헤치자, 그 속에는 알몸으로 얼어 죽은 한 여인이 있었다. 여인의 품에는 그녀의 옷으로 감싼 무언가가 안겨 있었는데, 농부가 옷을 헤치자 아직 숨을 할딱이는 갓난아이가 있었다. 여인은 추위 속에서 자신의 옷을 벗어 아이를 감싸고 자신은 알몸으로 숨을 거두었던 것이다.

이 아이는 커서 변호사가 되고 영국을 대표하는 정치가가 되었다. 이 사람이 바로 영국 자유당 출신으로 제53대 총리(1916~1922)를 지내며 제1차 세계 대전 중 전시 내각을 이끌었고 '베르

사유조약(Treaty of Versailles)'을 성사시킨 '데이비드 로이드 조지(David Lloyd George, 1863~1945)' 총리이다.

그는 한 살 때 아버지마저 세상을 떠나 고아가 되어 외삼촌에게서 자랐는데 그는 외삼촌으로부터 얼굴도 모르는 어머니에 대한 사랑의 이야기를 많이 들었다고 한다. 그렇게 자란 데이비드 로이드 조지는 그의 저서 『제1차 세계대전 회상록』에서 학창 시절 추위에 떨며 죽어 가는 어머니의 모습을 그리며 죽을힘을 다하여 공부하였다고 한다.

그래서 아무리 날씨가 추워도 그는 따뜻한 옷을 입지 않았고 아무리 맛난 음식이 있어도 그는 배불리 먹지 않았으며 아무리 피곤해도 그는 하루 5시간 이상 잠을 자지 않았다고 한다. 그렇게 공부에 전념하면서 자신이 조금이라도 나태해진다는 생각이 들 때면 웨일즈 언덕에 올라 강추위 속에서 자신을 살리기 위해 옷을 벗어 감싸 주는 어머니를 상상하곤 했다고 한다.

그는 죽는 날까지 '어머니의 뜨거운 사랑'을 절대로 잊지 않았으며 그 사랑을 부모 없는 아이들에게 돌려주고자 정치인으로서 노력하였다고 한다. 그래서 그는 영국의 현대 복지국가의 청사진을 제시한 인물로 평가받고 있다.

하나님께서 자신의 아들을 십자가에 내어 주신 사랑은 결코 측량할 수 없고 형언할 수도 없다. 그러나 하나님은 부모의 사랑을 통해 인간이 하나님의 사랑을 느끼고 깨달을 수 있게 하셨다. 세상의 모든 부모의 사랑은 하나님으로부터 나온 것이기 때문이다.

"자기 아들을 아끼지 아니하시고 우리 모든 사람을 위하여 내주신 이가 어찌 그 아들과 함께 모든 것을 우리에게 주시지 아니하겠느냐" [로마서 8:32]

"우리가 지금은 거울로 보는 것같이 희미하나 그때에는 얼굴과 얼굴을 대하여 볼 것이요, 지금은 내가 부분적으로 아나 그때에는 주께서 나를 아신 것 같이 내가 온전히 알리라. 그런즉 믿음, 소망, 사랑, 이 세 가지는 항상 있을 것인데 그 중의 제일은 사랑이라." [고린도전서 13:12~13]

94.
아버지 사랑, 하나님 사랑

경남 산청군 신등면의 작은 마을에서 초등학교를 졸업한 한 학생이 대구의 중학교로 입학하게 되었다. 어려운 가정 형편에 대구까지 학교를 보내는 것은 쉬운 일이 아니었지만, 아버지는 자식의 미래를 위해 결정했다.

하지만 아들은 공부에 전혀 관심이 없었다. 아들은 한 반 68명 중에 68등이라는 성적표를 받았다. 아버지의 실망하는 모습을 견디지 못할 것 같아 아들은 성적표의 68등이라는 숫자를 1로 고쳐 아버지에게 가져다드렸다.

하지만 어설픈 거짓말은 뜻밖의 일로 번지고 말았다. 아버지는 자식의 1등을 축하하기 위해 시골의 재산 목록인 돼지를 잡아 마을 잔치를 연 것이다.

아들은 자신의 거짓말 때문에 가장 큰 재산이었던 돼지를 아낌없이 포기한 아버지의 모습에 평생 지울 수 없는 부담과 죄책감을 마음에 담았다.

이런 일이 있은 후 아들은 그런 아버지를 실망시키지 않기 위해 정말 열심히 공부하기 시작했다. 그리하여 마침내 아들은 박사가 되고, 대학교수가 되었다.

아들은 결혼하고 아이가 태어났고 그 아이가 중학생이 된 어느 날 아들은 마음에 진 부담을 아버지에게 조심스럽게 말했다.

"아버지, 저… 사실은요, 중학교 1학년 때 1등은…"
그때 아버지는 아들의 말을 막았다.
"알고 있었다. 말 안 해도 된다. 손자 듣는다."

아들은 아버지의 사랑에 눈물을 지었다. 자식의 뻔한 거짓말에도 묵묵히 기다려 주셨고 삶의 본이 되어 인생의 나침반이 되어 주신 아버지는 아들의 인생을 아름답게 해 주었다.

이분은 1992년부터 8년간 경북대학교 총장을 두 번 역임한 박찬석 총장의 이야기이다. 세상의 육신의 아버지도 자식을 위해 아끼지 않고 모든 것을 주신다. 하물며 만물을 창조하신 영적인 아버지인 하나님께서 세상의 어떤 아버지도 할 수 없는 일을 나를 위해 해 주셨다. 하나님은 보이지 않는 자신의 사랑을 미련한 우리 인간에게 보이기 위해 십자가의 사랑과 함께 부모님의 사랑을 주셨다.

"자기 아들을 아끼지 아니하시고 우리 모든 사람을 위하여 내주

신 이가 어찌 그 아들과 함께 모든 것을 우리에게 주시지 아니하

겠느냐" [로마서 8:32]

95.
어머니의 기다림

영국에서 여러 곳을 다니며 복음을 전파하는 유명한 설교자 웨버가 어느 날 스코틀랜드에서 집회를 열고 있을 때였다. 설교가 한창 무르익을 무렵 한 여자가 그만 바닥에 쓰러지는 소동이 벌어졌다. 웨버의 설교를 듣다가 너무 감동한 나머지 생긴 일이었다. 의사가 달려와 치료를 하고 나서야 그녀는 깨어났고 여자는 사정을 털어놓았다. 웨버의 설교를 들으며 지난날 자신의 잘못을 뼈저리게 후회하게 되었다는 것이었다.

9년 전의 일이었다. 그녀는 외딴 산골에서 늙은 홀어머니와 가난하게 살았다. 그녀는 지긋지긋한 가난이 싫어 어머니를 남겨 둔 채 산골을 뛰쳐나왔고 그 후 이리저리 떠돌아다니며 어머니조차도 잊고 많은 잘못을 저지르며 살고 있었다.

그런 생활이 계속되던 오늘, 한 설교자로부터 회개하라는 말씀을 듣고 그동안의 삶을 반성하기에 이르렀다는 것이었다. 그녀는 무엇보다 어머니를 그대로 버리고 온 것이 가장 마음 아프다고 고백했다.

웨버의 설교로 회개한 그녀는 어머니에 대한 그리움과 후회로 밤을 꼬박 새우며 눈물을 흘렸다. 마침내 그녀는 어머니를 찾아가 용서를 빌기로 하고 밤이 꽤 깊은 시각에야 어머니가 계신 산골에 도착했다. 달도 뜨지 않아 사방은 캄캄했고 그녀는 외딴집을 향해 오솔길을 더듬어 올라갔다. 더구나 비까지 내려 옷은 흠뻑 젖은 상태였다.

가까스로 집 가까이 다다르자 희미한 불빛이 반짝였다. 그녀는 그 불빛을 보고 마침내 집 앞에 섰다. 두근거리는 가슴을 누르며 그녀는 조심스럽게 현관문을 두드렸지만 아무 기척이 없었다. 다시 한번 문을 두드렸지만, 여전히 반응이 없었다. 불안한 느낌이 밀려왔다.

문을 당겼는데 문은 잠겨져 있지 않았다. 이상했다. 혼자 사는 어머니가 현관문을 열어 둘 리가 없었기 때문이었다. 불길한 예감이 뇌리를 스치면서 혹시나 어머니가 돌아가신 건 아닌지, 그러고 난 뒤 다른 사람이 들어와 사는 것은 아닌지, 온갖 생각이 머리를 어지럽게 했다. 그녀는 떨리는 가슴을 부여안고 희미한 불빛이 새어 나오는 곳을 향해 다가갔다.

불빛이 새어 나오는 방에는 예전에 쓰던 어머니의 침대가 희미하게 보였고, 침대 위엔 누군가가 누워 있는 듯했다. 가까이 다가가자, 인기척에 눈을 뜬 사람이 누가 왔느냐고 물었다.

아 아~, 그것은 그리운 어머니의 음성이었다. 그녀는 떨리는 목소리로 어머니를 불렀다.

"어머니! 저예요. 제가 왔어요."

그 목소리를 들은 어머니는 깜짝 놀랐다. 9년이라는 기나긴 세월을 두고 하루도 잊은 적이 없었던 딸의 목소리였다. 어머니는 자리에서 일어나 딸을 붙잡고 한없이 눈물을 흘렸다. 딸에게 젖은 옷을 새 옷으로 입혀 주고 급하게 부엌으로 가서 딸이 좋아하는 음식을 장만했다. 어머니는 늙으셨지만, 그 사랑은 그대로였다.

그녀는 어머니께 지난날의 잘못을 용서해 달라고 빌었다. 어머니는 말없이 딸을 품에 안는 것으로 모든 것을 용서했다. 그녀는 어머니에게 다정한 눈빛으로 물었다.

"어머니, 예전엔 해가 지기도 전에 문단속을 잘하라고 당부하셨고, 또 몸소 문을 꼭꼭 잠그시더니, 문을 열어 둔 건 웬일이에요? 이 깊은 산중에서, 만약에 무슨 일이 생기면 어떻게 하시려고요?"

어머니는 말했다.

"오늘만 열어 둔 것이 아니란다. 네가 집을 나간 그날 밤부터 문을 잠그지 않았단다. 행여 밤중에라도 네가 돌아올까 싶어 지금까지도 늘 불을 켜 놓았단다."

어머니의 자애로운 얼굴에는 딸을 만난 기쁨이 가득했고 딸은 어머니의 사랑에 감격하여 한없이 눈물을 흘릴 수밖에 없었다.

"이에 일어나서 아버지께로 돌아가니라. 아직도 거리가 먼데 아버지가 그를 보고 측은히 여겨 달려가 목을 안고 입을 맞추니" [누가복음 15:20]

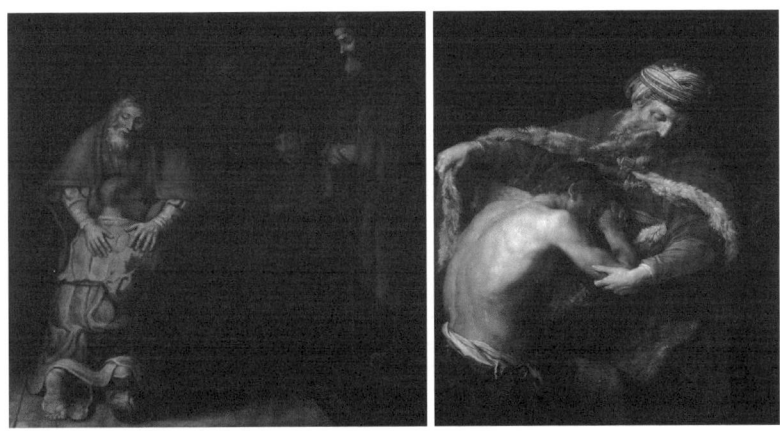

(좌) 「탕자의 귀환」 렘브란트(Rembrandt, 1606~1669) 作
(우) 「탕자의 귀환」 폼페오 바토니(Pompeo Batoni, 1708~1787) 作

96.
나 같은 죄인 살리신 주님

존 뉴튼(John Newton, 1725~1807)은 영국 런던(London)에서 태어나 11살 때 지중해 무역선의 선장이었던 아버지와 함께 바다에 처음 나갔다. 뉴튼은 목회자가 되기를 바랐던 어머니의 간절한 기도를 저버리고, 큰 부를 얻기 위하여 당시 잔인하기 이를 데 없던 아프리카 노예무역선 그레이하운드(Greyhound)호의 선장이 되었다.

그는 노예들을 물건처럼 사고팔며 돈을 벌면서 도덕과 양심을 비웃고 종교를 조롱했다.

그러던 어느 날 밤 그레이하운드호는 엄청난 폭풍우에 직면하게 되었다. 그가 잠을 깨어 보니 선실에 물이 가득 차 있었고 배의 옆 부분이 파손되어 있었다. 그는 밤새도록 배의 물을 퍼냈다. 무려 9시간 동안, 그는 선원들과 함께 배가 가라앉지 않도록 모든 수단을 다 동원했지만, 가망이 없었다. 막다른 골목, 그는 죽음이 임박했다는 것을 깨닫자 어렸을 적 들었던 성경 말씀을 떠올리며 이렇게 호소했다.

"주여, 우리 모두에게 자비를 베푸소서."

신앙 예화 153

그는 자신의 죽음과 심판이 두려웠고 만일 하나님이 정말 살아 계신다면 자신은 절대 용서받을 수 없음을 생각하며 최악의 상황을 기다릴 수밖에 없었다. 그런데 하나님은 뉴튼의 영혼을 불쌍히 여기셨다.

하나님은 자비를 받을 가치가 없었음에도 불구하고 그에게 자비를 베푸셨고, 그의 기도는 까마귀 울음소리 같았지만, 주님은 멸시치 않으시고 그의 기도를 들으셨다.

존 뉴튼과 모든 탑승원들은 죽음에서 살아남았다.

그는 폭풍이 몰아치던 대서양에서의 그날 밤에 나타난 하나님의 자비를 결코 잊을 수 없었다. 이 일을 통해 그는 어떠한 죄인이라도 품어 주시는 자비로운 하나님을 만나게 된 것이다. 죄인 된 자신의 기도조차 들으시고 응답하시는 하나님의 존재, 하나님의 살아 계심과 역사하심을 경험한 것이다.

그는 예수님을 구주로 영접한 후 노예무역을 그만두고, 하나님의 종이 되기로 결심했다. 그리고 1755년 영국 성공회에서 사제서품을 받았다. 그는 추악하고 더러운 범죄 가운데서 있었던 자신을 구원하신 예수 그리스도의 은혜를 일평생 간직하며 자신의 삶에 일어난 하나님의 놀라운 기적과 은혜와 사랑에 기초하여, 찬송가 305장인 '나 같은 죄인 살리신(Amazing Grace, 1779년 作)'을 썼다.

뉴튼은 자신의 묘비에 다음과 같은 글귀를 적어 달라고 유언하였다.

"한때 이교도였으며 탕자였고 아프리카 노예상이었던 존 뉴튼은, 우리 주 예수 그리스도의 풍성하신 자비로 말미암아 용서받고 크게 변화되어 마침내 성직자가 되었으며, 자신이 그토록 오랫동안 부인했던 바로 그 믿음을 전파하며 버킹검에서 16년을, 올니교회에서 27년을 봉사하였다."

"하나님의 은사와 부르심에는 후회하심이 없느니라. 너희가 전에는 하나님께 순종하지 아니하더니~ 이제 긍휼을 입었는지라."
[로마서 11:29~30]

존 뉴튼(John Newton)이 작사한 Amazing Grace, 1779년 作

97.
사랑의 선순환(virtuous cycle)

NGO 단체인 '따뜻한 하루'에서 전해 주는 이야기다.

어느 날 남편이 만원 지폐 몇 장을 꺼내 아내의 손에 꼭 쥐여 주었다. 당신이 지쳐 보인다며 어디 나가면 음료수라도 꼭 사 먹으라는 당부의 말도 잊지 않았다. 아내는 남편이 손에 쥐여 준 돈을 받아 들고는 웃으며 말했다.

"여보, 나 하나도 힘들지 않아요."

며칠 뒤 아내는 노인정에 다니는 시아버지께 남편에게 받았던 돈을 드리며 말했다.

"아버님, 제대로 용돈 한 번 못 드려서 죄송해요. 일마 안 되지만, 다른 분들과 시원한 거라도 하나 사 드세요."

시아버지는 그날 기분이 좋아서 노인정에서 며느리 자랑으로 하루를 다 보냈다. 그리고 그 돈은 쓰지 않고, 방 서랍 깊숙한 곳에 넣어 두었다.

명절날, 손녀의 세배에 기분 좋아진 할아버지는 서랍 속에 넣어 두었던 돈을 꺼내어 손녀에게 주었다. 세뱃돈을 받아 든 손녀는 신이 나 엄마에게 달려가 말했다.

"엄마, 나 세뱃돈 받았어요. 엄마가 가지고 있다가 나중에 가방 사 줘요."

순간 엄마는 요즘 무척 힘들어하는 남편이 생각나서 그 돈을 남편의 주머니에 쪽지와 같이 넣어 두었다. 쪽지에는 이렇게 쓰여 있었다.

"여보 뭐라도 사 드세요. 힘내세요, 사랑해요."

소소하지만 행복한 감동, 사랑이 만들어 내는 아름다운 장면들이다. 돈은 돌고 도는 것이다. 돈이 행복의 척도는 아니지만 이렇게 돌고 돌면서 선순환을 일으킨다. 선순환이 일어나면 사랑이 전해지고 기쁨과 감동이 더해진다. 만원 몇 장으로도 돌고 돌면서 선순환이 되는데 하물며 생명을 살리는 복음과 하나님의 사랑이 흐르고 흐르면 얼마나 큰 선순환이 일어날까?

하버드(Harvard) 대학교 교수이며 심리학 연구소를 설립한 윌리엄 제임스(William James)는
"행동이 반드시 행복을 안겨 주지 않을지는 몰라도 행동 없는 행복이란

없다."고 했다.

아쉽게도 우리 주변에는 많은 사람들이 마음을 닫고 가족끼리도 등을 돌린 채 서로 남처럼 살아가고 있는 경우가 많다. 현대 사회는 서로의 생각과 환경이 다른 여러 사람이 모였기 때문에 예기치 않은 오해와 갈등과 다툼이 일어나기 쉽다.

그러나 우리는 그리스도인으로서 서로 이해하고 공감하고 기도해 주고, 사랑을 베풀며 복음의 증인이 되도록 노력해야 할 것이다.

> "화평하게 하는 자는 복이 있나니 그들이 하나님의 아들이라 일컬음을 받을 것임이요" [마태복음 5:9]

> "이 모든 것 위에 사랑을 더하라. 이는 온전하게 매는 띠니라." [골로새서 3:13]

98.
은혜(grace)와 자비(mercy), 긍휼하심

기독교의 핵심을 표현하는 두 단어가 있다. 바로 은혜(恩惠)와 자비(慈悲)이다. 이 두 단어의 차이를 쉽게 구별하자면 다음과 같이 설명할 수 있다.

"은혜(grace)는 받을 수 없는 것을 받는 것이고 자비(mercy)는 받아야 할 것을 받지 않는 것이다."

햄버거 가게에 가서 3,000원을 내고 햄버거 세트를 받는 것은 당연하다. 3,000원을 냈는데 햄버거도 받고 주인이 시원한 콜라까지 덤으로 준다면 이것은 '은혜'이다.
신호 위반을 하다가 경찰에 적발되어 범칙금을 내는 것은 당연하다. 그런데 경찰관이 다가와서 범칙금을 발부하지 않고 다음부터 조심하라며 그냥 가라고 한다면 경찰이 베푼 것은 '자비'이다.

사람은 세상에 살다가 죽으면 끝난다고 생각한다. 그런데 우리에게 예수님을 보내 주셔서 천국을 선물로 주신 것은 하나님의 '은혜'이다. 사람은 세상에서 반드시 죄를 짓기 마련이다. 그리고 그 죗값으로 반드시 지옥에 가야 한다. 그러나 우리를 지옥에 보내지 않으시고 예수님을 통해 용서해 주시는 것은 하나님의 '자비'가 있기 때문이다.

하나님은 '은혜'의 하나님이시기에 우리에게 천국을 주시고 '자비'의 하나님이시기에 지옥으로 우리를 보내지 않으신다.

결국 '은혜'와 '자비'는 동시에 작동하는 하나님의 성품이다. 그리고 그 성품의 바탕에 인간을 바라보시는 하나님의 '긍휼하심'이 있습니다. 이 '긍휼하심'이 바로 하나님의 '사랑'이시다.

"하나님은 사랑이심이라." [요한1서 4:8, 4:16]

우리는 살다 보면 여러 종류의 사람을 만나게 된다. 가까이하고 싶은 사람과 기피하고 싶은 사람이 있다. 인간관계로 인하여 기쁠 때도 있지만 화가 나고 분노가 생기기도 한다. 우리는 이러한 인간적인 본성을 초월하기 위해 성령님께 의지할 수밖에 없다. 성령님은 이러한 인간의 본성에 하나님의 성품으로 채워 주실 수 있으시기 때문이다.

"사랑하는 자들아 하나님이 이같이 우리를 사랑하셨은즉 우리도 서로 사랑하는 것이 마땅하도다. 어느 때나 하나님을 본 사람이 없으되 만일 우리가 서로 사랑하면 하나님이 우리 안에 거하시고 그의 사랑이 우리 안에 온전히 이루어지느니라" [요한1서 4:11~12]

제8장

순금같이 나오리라,
고난(suffering)과 인내
(patience), 열정(passion)

99.
아우슈비츠 유태인의 노래 '아니마밈'

'아니마밈'은 이스라엘어로 '나는 믿노라'라는 뜻이다. 이 노래
는 본래 제2차 세계대전 중 독일이 만든 아우슈비츠(Auschwitz)
수용소에 갇혔던 유태인들에 의해서 만들어져 불린 노래이다. 이
후 유태인들은 그들의 최대 명절인 유월절(Passover)이 되면 이
노래를 부른다고 한다.

노래의 내용은 이렇다.

"나는 믿노라.
나의 메시아가 나를 돕기 위해서 반드시 나를 찾아오리라는 사
실을."

그러나 그들은 자기의 동족들이 가스실에 끌려가 비참하게 죽
임을 당하는 모습을 보면서 생존에 대한 메시아의 기대를 잃어버
린 채 다음 절을 슬프게 불렀다.

"그런데 때때로 우리를 구원할 그 메시아는 너무 늦게 오신다."

어느 날 아우슈비츠 수용소에 외과 의사 출신의 한 젊은 유태인이 잡혀 들어왔다. 그도 자신의 동족들과 같이 노래를 부르다가 노래 가사가 무언가 잘못되었음을 깨닫게 된다. 그리고 생명을 포기한 채 줄지어 가스실로 향하는 동족들의 처절한 모습에서 그는 살아야 한다는 강한 생명의 의지를 가지게 되었다.

어느 날 그는 우연히 줍게 된 유리 파편 조각 하나를 날카롭게 갈아서 동족들이 깊이 잠든 한밤중에 홀로 일어나 매일 밤 자신의 얼굴을 면도하기 시작했다.

생사를 가르는 독일군 군의관 앞에서 동족들은 죽음을 받아들인 듯 체념하고 가스실로 향했다. 그러나 수염 하나 없이 깔끔한 이 청년의 모습을 본 냉혈한 군의관도 그에게서 삶의 강렬한 의지를 보았고 죽이기에는 차마 아까워 가스실로 보내지 못하게 되었다. 그리고 마침내 전쟁이 끝남으로 그는 수용소에서 살아 나오게 되었다.

그는 자신을 향해 활짝 열려 있는 수용소의 문을 빠져나오면서 동족이 불렀던 '아니마밈'의 노래를 고쳐서 불렀다.

"나는 믿노라.
나의 메시아가 나를 돕기 위해 반드시 나를 찾아오리라는 사실을.
그런데 사람들은 너무 서두른다.
사람들은 너무 서둘러 믿음을 포기한다."

그가 수용소에서 가지고 나온 것은 자신이 사용했던 유리 조각 한 개와 일기장뿐이었다. 그 후 그의 일기가 세상에 공개되었고 그 일기 속에는

"동족들은 한 번 죽는 것으로 족했다. 그러나 나는 살기 위해 매일 죽어야 했다. 고통 속에서 죽음을 택하는 것은 가장 쉽고 가장 나태한 방법이다. 죽음은 이렇게 서두를 것이 못 된다. 죽음 앞에서 살아 보려는 생명에의 의지, 이것이야말로 새로운 창조다."

그 후 그는 스웨덴으로 가서 병원을 개업했다고 한다. 그리고 해마다 유월절이 되면 친척과 그가 고쳐 부른 '아니마밈'을 불렀다고 한다.

절망의 한복판에서도 생명의 끈을 놓지 아니했던 그에게서 우리는 가슴이 먹먹해짐을 느낀다.

"아닙니다. 메시아는 늦게 오시는 것이 아니라 우리가 너무 서두르고 있을 따름입니다."

"ARBEIT MATCH FREI" 영역하면 "Labour makes you free", 즉 "노동이 너를 자유케 하리라"는 말이다. 이 문구는 총통 히틀러(Adolf Hitler)의 선전장관으로 나치 선동의 책략가였던 요제프 괴벨스(Joseph Goebbels)가 유태인 수용소의 입구마다 세웠던 문구다. 악명 높은 아우슈비츠 수용소

의 출입구에도 세워졌다. 경악스럽게도 성경의 "진리가 너희를 자유케 하리라"(The truth will set you free, 요한복음 8:32)라는 말씀을 빗대어 썼다.

100.
이슬람 복음화

이란의 테헤란에 있는 에빈(Evin) 감옥은 세상에서 가장 위험하기로 악명 높은 감옥 중 하나이다. 세계에서 가장 어둡고 고통스럽고 위험한 곳이기도 하다. 이런 곳에 젊은 두 여인, 마르지예 아미리자데(Marziyeh Amirizadeh)와 마리암 로스탐푸르(Maryam Rostampour)가 부당하게 선고를 받고 투옥되었다.

이유는 기독교가 불법인 이란에서 기독교인으로 개종했기 때문이다. 이들은 어떻게 이란에서 기독교인이 되었을까?

이들은 이란에서 무슬림으로 자랐다. 그러던 어느 날 예수님에 관한 꿈과 환상을 보았다.

"제 앞에 예수님이 계셨어요. 빛나는 금으로 덮인 거대한 왕좌 옆에 서 계셨습니다."
이들은 꿈에서 만난 예수님을 환상으로 만났고, 튀르기예(Türkiye)로 가서 신학을 공부했다.

그러던 어느 날 하나님께서 이란이 큰 사막과 같다는 것을 보여 주시면서 "이 땅에는 이제 씨앗이 있다. 씨앗을 심으면 성령의 능력으로 자라게 하겠다"고 말씀하셨다.

이들은 말씀에 순종하여 이란으로 돌아가 처음엔 무엇을 해야 할지, 어떻게 주님을 섬길 수 있을지 전혀 몰라 그저 기도하며 주님께 비전을 달라고 간구했다. 하나님은 이란인들에게 성경을 나눠 주라는 비전을 주셨다. 그들은 배낭에 성경을 가득 넣어 테헤란과 여러 도시에서 2만여 권의 신약 성경을 배포했다. 또 아파트에서 2개의 가정교회를 열었는데 하나는 성매매 여성을 위한, 하나는 청년들을 위한 교회였다.

그러다 2009년, 기독교 신앙을 전했다는 이유로 체포되었다. 이란 당국은 이들을 더럽고 어두운 지하실로 보내어 온종일 심문했고 신앙을 부인하라고 설득했고, 사형시키겠다고 협박했다. 그들은 숱한 고문을 당하면서도 굳건하게 신앙을 지켰다.

이란의 에빈 감옥은 가장 어둡고 고통스럽고 위험한 곳이었지만 하나님께서는 동료 수감자들과 긴수들에게 복음을 전하는 온혜의 장소로 만들어 주셨다. 그리하여 에빈 감옥의 많은 사람들이 하나님을 만난 장소가 되었다.

그들은 거의 9개월을 에빈 감옥에서 보내는 중 전 세계의 기독교인들이 이들의 사건을 널리 알리자 마침내 풀려나게 되었다. 그리고 이란을 탈출해 미국에서 새로운 삶을 시작했다.

이들은 에빈 감옥에서의 포로 생활 259일을 책으로 펴내어 알렸고 전 세계를 다니며 박해에 맞선 그녀의 감동적인 신앙 이야기를 간증하고 있으며, 이란 국민의 자유를 옹호하는 활동을 하고 있다. 이란에는 120만 명 이상의 신자가 현재 박해로 인해 지하로 숨어 신앙을 간직하고 있다고 한다.

이들은 "이란에서 엄청난 각성이 시작됐다"고 말하며 전 세계의 기독교인들에게 이렇게 요청했다.

"우리가 오늘 이곳에 자유롭게 있는 건 먼저 하나님의 은혜와 뜻이 있었기 때문이라고 믿습니다. 두 번째는 전 세계 기독교인들의 지원 덕분입니다. 전 세계 기독교인들이 이란의 신자들을 위해 기도해 주세요. 그들이 더 많은 사람에게 다가가 구원의 메시지를 전할 수 있도록 그리고 그들을 강하게 하셔서 더욱 담대하게 스스로를 옹호하고 자유를 위해 싸울 수 있게 기도해 주세요."

이란에서 복음을 전하는 방송사 모하바트 TV의 마이크 안사리는 인터뷰에서 "이란의 기독교는 세계에서 가장 빠르게 성장하고 있는 지하교회 중의 하나입니다. 매일 수백 명이 예수님에 대해 묻고 있습니다"라고 밝혔다.

하나님께서는 140년 전, 구한말 척박한 대한민국에 자비를 베푸사 어두운 땅에 복음의 빛을 비춰 주셨다. 이처럼 오늘날 세계에서 기독교에 가장 적대적인 이슬람 종주국들이 모인 이란 땅과 중동에서도 그리스도의 복음이 생명력을 발휘하고 하나님을 자유롭게 찬양하고 예배할 수 있는 그날이 오기를 기도해야 한다.

> "누가 우리를 그리스도의 사랑에서 끊으리요, 환난이나 곤고나
> 박해나 기근이나 적신이나 위험이나 칼이랴" [로마서 8:35]

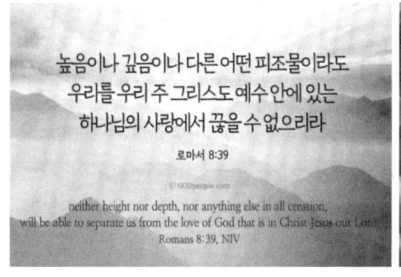

101.
능력이 되는 가시

"나에게 이르시기를 내 은혜가 네게 족하도다. 이는 내 능력이 약한 데서 온전하여짐이라 하신지라 그러므로 도리어 크게 기뻐함으로 나의 여러 약한 것들에 대하여 자랑하리니 이는 그리스도의 능력이 내게 머물게 하려 함이라" [고린도후서 12:9]

1967년 이스라엘 총리로서 연립 내각을 이끌었던 골다 메이어 (Golda Mabovitz, 1898~1978)란 정치가가 있었다. 그녀는 중동 평화를 위해서 많은 애를 썼고, 누구보다도 열심히 살았고 국민들이 잘 살 수 있도록 최선을 다해 노력했다. 사람들은 그녀가 죽은 후에야 12년 동안이나 백혈병을 앓고 있었다는 사실을 알게 되었다.

때때로 골다 메이어 총리는 자기의 약점에 대해서 이렇게 말했다. "저는 제 얼굴이 못생긴 것을 참으로 다행스럽게 생각합니다. 저는 일반적인 다른 사람과 비교해 보았을 때 너무나 못났기에 열심히 기도했고 정말 최선을 다해 공부했습니다. 저의 연약함 때문에 하나님을 더 믿고 더 의지했습니다. 저의 약점과 실망은 곧 하나님의 부르심입니다."

하나님께서는 세상의 미련한 것들을 택하사 지혜 있는 자들을 부끄럽게 하시고, 세상의 약한 것들을 택하사 강한 것들을 부끄럽게 하신다고 말씀하셨다(고린도전서 1:27~28). 이 말씀처럼 여러 약점 속에서도 오히려 하나님의 영광을 위하여 더욱 크게 쓰임 받은 위인들이 많다.

16세기의 대표적인 종교개혁가 존 칼빈(John Calvin, 1509~1564)은 걸어 다니는 병원이라 할 만큼 많은 질병을 가지고 있었다. 그럼에도 그는 천오백 년 이상 말씀에서 벗어나 왜곡된 길을 걸어가던 카톨릭 교회를 하나님 말씀으로 돌아가도록 방향을 전환시키고 개신교의 종교개혁을 완성시킨 인물이다.

페니 제인 크로스비(Fanny J. Crosby, 1820~1915)는 생후 6주부터 95세까지 앞을 볼 수 없는 시각장애인으로 살았지만, 역경을 믿음으로 극복한 후 9,000편에 달하는 수많은 찬송시를 남겨 '한 평생이 아름다운 찬송의 삶'을 살아온 사람이다.

조니 에릭슨 타다(Joni Eareckson Tada, 1950~)는 꿈 많은 소녀였던 17세 때, 디이빙을 히디기 사고로 목을 다쳐 전신마비로 깊은 우울증에 빠졌다. 유일하게 움직일 수 있는 것은 입술이었다. 그는 입술로 그림을 그려 유명한 볼펜 회사 광고에 P.T.L(Praise The Lord, 주님을 찬양하라)이라는 글자를 삽입하는 조건으로 출연했고, 복음 전도자로, 장애인을 위한 인권운동가로 미국 사회에 강력한 영향을 끼치는 지도자로 활동하고 있다. 수십 년간 휠체어

신세를 지고 있는 그녀는, 언젠가 천국에서 그 휠체어에 대해 예수님께 감사드리는 자신의 모습을 상상하며 다음과 같이 말했다.

"천국에 갈 때 휠체어를 가지고 갈 수 있었으면 좋겠어요."

이들은 모두 자기가 가진 연약함 때문에 낙오되고 실패한 것이 아니라, 오히려 주님을 의뢰함으로 지혜 있는 자와 강한 자가 되었다.

사도 바울도 위대했지만 그에게도 육체의 가시가 있었다. 그 가시가 무엇이었는지는 알 수 없지만 바울은 그 가시로 말미암아 몹시 괴로워했다. 바울은 자기 몸에서 가시가 떠나도록 세 번이나 간구하였지만, 하나님은 "내 은혜가 네게 족하도다. 내가 약할 그때에 곧 강함이니라"고 말씀하셨다.

바울은 하나님이 택한 위대한 그릇이요, 하나님의 놀라운 계시와 환상과 묵시를 많이 받은 사람이었다. 그런데도 왜 주님은 사도 바울에게 가시를 주셨을까? 왜 그 가시를 제거해 주시지 않으셨을까?
하나님의 뜻을 분명히 알 수는 없지만 추측하기는 바울의 인격을 다스리시고자 하는 주님의 방법이었다.

"여러 계시를 받은 것이 지극히 크므로 너무 자만하지 않게 하시려고 내 육체에 가시 곧 사탄의 사자를 주셨으니 이는 나를 쳐서

너무 자만하지 않게 하려 하심이라" [고린도후서 12:7]

주님은 바울이 너무 자만해지지 않기를 원하셨다. 바울은 하나님의 손에 이끌려 셋째 하늘까지 올라가 사람의 말로 표현할 수 없는 하나님의 영광을 직접 체험하였다. 그러나 그의 인격은 1차 선교 여행 도중에 귀향한 마가를 비난했고, 2차 선교 여행 때 마가의 동행 여부를 놓고 바나바와 심하게 다투어 서로 결별하기도 했다. 유대인과 이방인에 대한 베드로의 일관성 없는 처신을 면전에서 책망할 정도로 성격이 급한 바울이었다. 하나님의 영광과 인간의 인격을 모두 가진 바울에게 하나님은 교만해지지 않도록 몸에 가시를 주셨고 가시를 통해 그를 다스리셨다.

바울은 이 비밀 알았기에 환난과 곤고와 궁핍과 고난을 기뻐하고 약할 때 하나님의 은혜가 강하게 임하는 것을 알고 약함을 자랑할 수 있었다.

인간의 삶에는 예외 없이 크고 작은 가시가 있기 마련이다. 왜 우리의 삶에 가시가 필요할까? 왜 하나님은 속히 그 가시들을 제거해 주시지 않을까? 그것은 바로 그 가시가 하나님이 일하시는 자리가 되기 때문이다. 그 가시가 하나님의 능력을 체험할 수 있는 도구가 되기 때문이다.

바울이 육체의 가시 때문에 평생을 하나님께 매달리며 하나님이 주시는 힘의 위력을 체험하며 살았듯이 우리의 가시는 우리를 좌절시키는 도구가 아니라 하나님의 손길을 체험하도록 해 주시는 자랑이요, 축복이라는 것이다. 이렇게 확신하는 것이 바로 '믿음'인 것이다.

그리하여 우리의 믿음의 용량이 더 커지고 더 간절히 하나님을 의뢰함으로 우리는 더욱더 온전하여지고 완전하여지는 것이다.

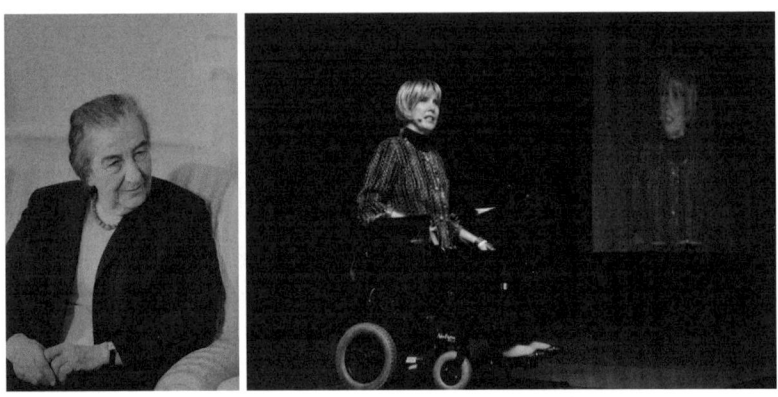

골다 메이어 이스라엘 총리와 조니 에릭슨 타다

빛과 그림자는 항상 같이 온다. 가시와 능력도 같이 오는 법이다. 지난 날의 상처가 별이 되어(Scars into stars) 하나님의 임재를 경험했던 수많은 사람들의 믿음을 본받아 우리도 은혜의 자리로 나아가야 한다.

"이는 아무 육체도 하나님 앞에서 자랑하지 못하게 하려 하심이라" [고린도전서 1:29]

102.
순금같이 나오리라

"그가 왼쪽에서 일하시나 내가 만날 수 없고 그가 오른쪽으로 돌이키시나 뵈올 수 없구나. 그러나 내가 가는 길을 그가 아시나니 그가 나를 단련하신 후에는 내가 순금같이 되어 나오리라" [욥기 23: 9~10]

뉴욕 브루클린 지방 검찰청은 마약, 살인 등 각종 형사 범죄를 전담하는 곳으로, 미국의 엘리트 검사들만 모이는 곳이다. 이곳에 검사 80여 명을 통솔하는 최연소 부장 검사가 되어 현지 언론의 주목을 받고 있는 사람이 있다.

그의 이름은 알렉스 정(한국 이름 정범진)이다. 그러나 그는 어깨 아래를 전혀 움직일 수 없는 전신마비 중증 장애인이다. 그는 어떻게 장애를 극복하고 미국에서 부장검사가 되었을까?

그는 9세 때 부모님의 손을 잡고 미국으로 이민을 왔다. 그는 법대를 졸업한 아버지를 따라 어렵지 않게 조지워싱턴 법대에 진학했고 화려한 학벌, 키 176cm의 미남에 만능 스포츠맨, 결혼을 약속한 여자가 있었던 그는 남부러울 것이 없었다. 그러나 하루아침에 모든 것이 물거품이 되고 말았다.

1991년 25세 때 방학을 맞아 텍사스로 이사를 간 부모님을 만나러 가던 길에 불의의 교통사고를 당했다. 의식을 찾아 몸을 움직이려 했으나 손가락 하나도 말을 듣지 않았다. 자동차 지붕이 머리를 짓눌러 목이 부러지고 만 것이다. 그는 아버지를 비롯한 수많은 한인들이 미국에 정착하면서 미국 법을 몰라 어려움을 겪는 것을 보고 이들을 위해 일하려고 법대에 갔는데 졸업 1년을 남기고 꿈을 접어야 한다는 현실을 받아들일 수 없었다.

처음에는 "치료받으면 나을 수 있겠지"라는 막연한 꿈을 가졌으나 재활 가능성이 제로라는 사실을 깨달았고, 결국 사랑하던 여자마저도 떠나 버렸다. 그는 너무나 절망한 나머지 하나님을 원망했고, 병원 층계에서 떨어져 죽을까 하여 계단을 멍하니 쳐다보기도 했다. 그러나 고국을 떠나 미국에서 고생하시는 부모님 얼굴이 떠올라 발길을 돌리곤 했다.

그러던 어느 날 차를 타고 뉴욕의 퀸스 공동묘지 곁을 지나게 되었는데, 그때 그의 인생을 바꾸는 큰 깨달음을 얻게 되었다.
"한 평도 안 되는 관 속에 누워 있는 것보다는 그래도 휠체어라도 타고 넓은 세상을 돌아다니는 게 훨씬 재미있지 않은가?"

그는 살아 있는 것에 감사하여 다시 일어서 도전하고자 하는 의

욕이 생겼다. 검사는 휠체어를 타고도 할 수 있다는 자신이 생겼다. 그의 생각을 바꾸니 새로운 희망이 생겨난 것이다. 움직일 수 없는 팔에 고리를 채워 손가락 사용법과 글씨 쓰는 법 등을 새로 배우면서 숟가락만 들 수 있는 것도 축복이라고 생각했다. 보통 사람도 힘든 변호사 시험을 전신마비의 몸으로 열심히 공부해서, 사고 후 2년 만인 26세 때 미국 변호사 시험에 당당히 합격했다.

그는 이렇게 고백하고 있다.

"좌절 속에서 저를 건져내신 분은 하나님입니다. 10년 넘게 지금껏 휠체어만 타고 살면서 하나님이 없었다면 오늘의 저는 없었을 것입니다. 삶은 고마운 것이니까 낭비하지 마세요. 뭐든지 노력하면 이룰 수 있습니다."

감사는 상황이나 환경의 문제가 아니라 믿음의 문제이다. 믿음의 눈으로 바라보면 모든 것에 다 감사할 수가 있는 것이다. 참된 믿음의 사람은 어떤 상황 가운데서도 다 감사하며, 살아 있다는 것만으로도 감사해야 한다. 감사할 환경에 감사하는 것은 당연하다. 그런데 감사할 수 없는 상황에서도 감사하는 것이 높은 수준의 감사이다. 살아 있다는 것은 언제든지 인생의 역전을 이룰 수 있는 가능성이 있다는 것이다.

"다만 이뿐 아니라 우리가 환난 중에도 즐거워하나니 이는 환난
은 인내를, 인내는 연단을, 연단은 소망을 이루는 줄 앎이로다"
[로마서 5:3~4]

103.
한 번에 6인치만(6 inches at time)

미국에 마크 웰만(Mark Wellman)이라는 젊은이가 있었다. 그의 취미는 높은 암벽을 오르는 것이다. 1982년 그는 암벽을 등반하다가 추락하는 바람에 하반신이 마비되는 장애인이 되고 말았다. 그러나 그는 암벽등반을 포기하지 않았다.

그의 꿈은 캘리포니아 요세미티 국립공원의 가장 높은 절벽인 엘 캐피탄(El Capitan)을 오르는 것이다. 정상인도 오르기 거의 불가능한 1,000m 높이의 절벽을 말이다. 그는 엘 캐피탄에 도전하기 위해 6개월 동안 혹독한 훈련을 시작하였다.

마침내 그는 1989년 7월 18일, 그의 친구인 마이크 코벳이 암벽에 로프를 걸어 주면 오직 팔의 힘만을 의지하여 한 번 당기는데 6인치(15cm)씩 7천 번의 로프를 잡아당겨 마침내 엘 캐피탄 정상을 정복하였다.

그는 말했다.

"오르는 방법은 간단합니다. 한 번에 6인치만(6 inches at time)

오르면 됩니다. 그리고 꿈이 있다면 그 꿈은 오직 실천할 때만 이루어집니다. 앉아만 있지 말고 나아가 착수하십시오.”

하버드(Harvard) 대학교의 도서관에는 “잠을 자는 자는 꿈을 꾸지만 깨어 있는 자는 꿈을 이룬다”라고 적혀 있다고 한다.

유다 지파 여분네의 아들 갈렙은 출애굽 후 가나안 땅을 정탐하러 간 12 정탐꾼 중의 한 사람이다. 갈렙은 성실한 사람이요 책임감이 강했으며 보이지 않게 뒤에서 협력하는 숨은 일꾼이었다. 그는 독실한 신앙으로 하나님을 온전히 좇았으며 모세가 12지파의 대표를 가나안 땅에 보내어 정탐할 때에 다른 10지파의 대표들은 절망적이며 비관적인 보고를 했으나 갈렙과 여호수아는 매우 희망적이며 낙관적인 보고를 함으로써 가나안 정복에 대한 확신과 승리를 예언하였다. 이는 모세와 하나님을 크게 기쁘게 한 신앙의 고백이 되었다.

갈렙의 신앙은 인간의 사회생활에서 꼭 필요한 두 가지의 자세를 교훈하고 있다.

첫째로, 갈렙은 협력 사역에 성공한 사람이다.

그는 영적으로 여호수아와 대등한 사람이었으나 늘 여호수아를 앞세워 일하는 데 마음의 불편이 없었고 여호수아를 섬기고 봉사하는 데 항상 자기 자리를 지킬 줄 아는 사람이었다. 2인자의 자리에서 불평 없이 만족스럽게 헌신했던 갈렙은 자신을 포기함으로 공동체의 목표를 이룰 수 있도록 협력했던 사람이었다.

둘째로, 갈렙은 열정과 용기로 남을 북돋아 주는 사람이었다.

부정적인 마음으로 두려워하고 있는 이스라엘 자손의 온 회중에게 하나님 편에서 믿음 보고를 한 사람이었다.

"우리가 두루 다니며 탐지한 땅은 심히 아름다운 땅이라. 여호와께서 우리를 기뻐하시며 우리를 그 땅으로 인도하여 들으시고 그 땅을 우리에게 주시리라. 이는 과연 젖과 꿀이 흐르는 땅이니라"고 용기를 북돋아 주었다. 그리고 말씀대로 가나인에 들어가 용감하게 그 거민을 쳐서 정복하였고 정착함으로 가나안 입국의 최고 공로자가 되었다. 가나안 입국 후 갈렙은 헤브론 지방을 차지하게 되었고 그 땅은 이스라엘의 조상 아브라함과 사라의 무덤이 있는 곳이며 그리고 물샘이 많아서 과수 재배가 잘되는 풍요의 땅이었다. 온유한 자가 땅을 차지할 것이라는 말씀이 그대로 이루어진 셈이다.

오늘날 우리 사회에도 문제 앞에 두려워하지 않고 협력하며 섬길 수 있는 사람들이 필요하다. 가나의 혼인 잔치에서 물 떠 온 하인들이 예수님의 말씀에 순종하여 항아리에 물을 채울 때 물이 포도주로 변하는 기적이 일어났고 예수님께서 벳새다 빈 들에서 5천 명을 먹이시는 이적을 베푸실 때에 그 재료로 사용된 것은 한 아이가 가져온 '보리떡 다섯 개와 물고기 두 마리'였다. 그리고 이렇게 바쳐진 오병이어(五餅二魚)를 통해 일어난 기적은 예수님이 바로 우리의 '생명의 양식'이심을 보여 주는 예표적 성격을 가지고 있다. 그리스도인 모두는 하나님의 무궁무진한 자원에 참여하는 하나의 도구로서 귀하게 쓰임 받도록 노력하여야 한다.

"오늘 내가 팔십오 세로되 모세가 나를 보내던 날과 같이 오늘도 내가 여전히 강건하니 내 힘이 그때나 지금이나 같아서 싸움에나 출입에 감당할 수 있으니 그날에 여호와께서 말씀하신 이 산지를 지금 내게 주소서" [여호수아 14:10~12]

엘 캐피탄(El Capitan, 900m)

104.
매 맞으며 전도

6·25 동란이 일어나기 전 황해도 신천에 있는 장개교회에 출석하는 오명신이라는 여집사님이 계셨다. 그녀는 예수 믿고 교회 다닌다는 이유로 남편에게 매를 수없이 맞았으며, 여러 번 집에서 쫓겨났고 애지중지하던 성경 찬송도 불태워졌다. 그러나 오 집사는 남편의 영혼 구원을 위해 계속 눈물로 기도했다.

어느 날 남편이 술에 취한 채 집에 들어와 보니 아내는 부흥회에 참석하러 가고 집에 없었다. 화가 난 남편은 아내를 찾으러 부흥회가 열리는 교회로 갔다. 어두컴컴한 예배당 안에 자기 아내라고 생각된 여자의 머리채를 잡고 밖으로 나와 인정사정없이 두들겨 팼다. 비명을 지르며 쓰러진 여자를 자세히 보니 그 여자는 자기 아내가 아니고 동네 면장 부인이었다. 겁에 질린 그는 면장 부인에게 살려 달라고 애원했다.

면장 부인은 두 가지 일을 하면 감옥에 보내지 않겠다고 했다. 앞으로 오 집사를 때리지 말 것과 교회에 나와야 한다는 것이었다.

그리하여 남편은 그다음 날부터 예수를 믿고 교회를 나가게 되었고 마침내 집사가 되어 교회를 섬기게 되었다.

　　오 집사의 기도 응답을 위해 면장 부인이 대신 매를 맞음으로 오 집사의 남편이 구원받게 된 것이다.

"기도는 만사를 변화시킨다. 한 영혼의 구원은 남을 위해 십자가를 지는 자를 통해서 이루어진다."

"내가 수고를 넘치도록 하고 옥에 갇히기도 더 많이 하고 매도 수 없이 맞고 여러 번 죽을 뻔하였으니, 유대인들에게 사십에서 하나 감한 매를 다섯 번 맞았으며, 세 번 태장으로 맞고 한 번 돌로 맞고 세 번 파선하고 일 주야를 깊은 바다에서 지냈으며, 여러 번 여행하면서 강의 위험과 강도의 위험과 동족의 위험과 이방인의 위험과 시내의 위험과 광야의 위험과 바다의 위험과 거짓 형제 중의 위험을 당하고, 또 수고하며 애쓰고 여러 번 자지 못하고 주리며 목마르고 여러 번 굶고 춥고 헐벗었노라. 이 외의 일은 고사하고 아직도 날마다 내 속에 눌리는 일이 있으니 곧 모든 교회를 위하여 염려하는 것이리." [고린도후서 11:23~28]

105.
기다려 주는 사랑

어린 여자아이가 양손에 사과를 들고 있었다.

엄마가 "네게 사과가 2개 있으니 하나는 엄마 줄래?"라고 말했다.

아이는 고개를 갸웃거리더니 왼손 사과를 한입 베어 물었다. 그리고 엄마를 빤히 바라보다가, 오른쪽 사과를 또 한입 베어 물었다.

엄마는 깜짝 놀랐다. 내 아이가 이렇게 욕심 많은 아이인지 미처 몰랐다고 한탄했다.

그런데 아이는 잠시 뒤 왼손을 내밀면서 말했다.

"엄마! 이거 드세요. 이게 더 달아요."

이 아이는 진정으로 사랑이 많은 아이였던 것이다.

만약, 엄마가 양쪽 사과를 베어 무는 아이에게 곧바로 "이 못된 것, 너는 왜 이렇게 욕심이 많니?"라고 화를 냈다면 어떻게 되었을까? 섣부르게 판단하고 행동하면 아픔과 상처가 남을 수밖에 없다.

조금 기다려 주는 것, 인내가 바로 사랑이다.

"사랑은 오래 참고 사랑은 온유하며" [고린도전서 13:4]

106.
보험왕 폴 J. 마이어

미국의 보험왕 폴 J. 마이어(Paul J. Meyer)는 19세까지 노숙자로 살았지만 27세에 백만장자가 된 입지전적인 인물이다.

그는 취업을 위해 많은 회사에 이력서를 냈지만, 매번 실패했다. 50개의 회사에 면접을 본 뒤에야 겨우 취직의 기회를 잡을 수 있었으나 그마저 말을 더듬는다는 이유로 3주 만에 해고되었다. 하지만 그는 풀이 죽기는커녕 오히려 당당하게 말했다.

"당신은 지금 미국 최고의 세일즈맨을 놓쳤습니다. 저는 반드시 미국 제일의 판매 기록을 만들 것이고 당신들은 그것을 신문에서 읽게 될 것입니다."

폴 마이어는 최고의 세일즈맨이 되겠다고 매일 아침 다짐했다. 그에 따른 모든 계획을 수립하고 행동에 옮긴 끝에 그는 27세의 젊은 나이에 백만 달러의 판매 기록을 올린 세일즈맨으로 성공했다.

하루는 폴 마이어가 세일즈를 위해 대기업의 최고 경영자를 만나러 다닐 때였다. 매번 시간이 없다며 비서실에서부터 문전박대를 하니 그도 차츰 지쳐 갈 수밖에 없었다. 그러다 문득 좋은 생각이 떠오른 그는 고급 포장지에 싼 자그마한 상자를 비서에게 건네며 회장님께 꼭 전해 달라고 부탁했다. 상자 안에는 다음과 같은 편지가 있었다.

"저는 하나님을 매일 만나고 사는 사람인데 어찌하여 회장님을 만나기는 이렇게도 힘들단 말입니까? 훌륭한 세일즈맨으로 성공하고자 하는 젊은이를 위해 잠시만 시간을 내주시면 무한한 영광이겠습니다. 저에게 기회의 문을 조금만 열어 주십시오."

상자를 열어 본 회장은 폴 마이어의 재치와 끈기에 감탄했고 그 일을 계기로 평생 좋은 관계를 유지하게 되었다.

폴 마이어는 "목표 설정을 통해 성공에 이른다"라는 원리를 보험 세일즈 분야에 적용하여 성공한 사람이다. 그의 젊은 열정은 27세에 백만장자로 만들어 주었고, 수십억 달러에 달하는 자기 계발 산업의 개척자이자 리더로 불린다. 그는 1960년 성공을 위한 동기 계발 연구소인 SMI(Success Motivation Institute)와 인재교육기관 LMI(Leadership Management International Inc.)를 설립하였고, 그가 만든 교육 프로그램은 세계 70여 개국에서 23개 언어로 번역, 배포되어 수많은 사람의 삶을 변화시켰다.

그의 저작물과 기록물만으로도 20억 달러가 넘는 수익을 창출해 낸 그는 자기 계발 분야의 살아 있는 전설로 불린다. 그리고 독실한 기독교인으로 자기 재산을 기부하는 기부왕으로도 불린다. 이렇게 포기하지 않고 당당하게 자기 일을 하며 성공한 폴 마이어는 성공과 실패에 관하여 다음과 같이 말했다.

"제가 다니는 교회 교인들 가운데 한 해 첫 시간 아무런 소원, 꿈 없이 맞이하는 사람이 60% 정도였습니다. 꿈을 세운 40% 정도 사람들 가운데에서도 27%는 자신의 소원과 꿈을 기억하지 않습니다. 1년 동안 헛되이 보냅니다. 10%의 사람은 기억은 합니다. 그러나 노력하지 않습니다. 기도하지 않습니다. 단 3%의 사람만이 꿈을 세웁니다. 자신의 꿈을 기억합니다. 붙들고 노력하고 기도합니다. 이 3%의 사람은 한 해가 가기 전에 80%가 응답을 받더군요."

우리는 나의 앞길을 가로막는 '거절의 사회'에 살고 있다. 치열한 입시 경쟁에서의 거절, 더 좁은 취업의 문에서의 거절, 사랑을 찾아 청혼했으나 단칼에 거절당한 경험, 너무 힘들어 어렵게 부탁했지만, 여전히 당하는 거절, 심지어 요즘은 단톡방에서마저도 거절당하기도 한다.

살아가면서 거절당한 경험이 없는 사람은 없을 것이다. 그러나 인생은 실패할 때 끝나는 것이 아니라 포기할 때 끝나는 것이다. 거절당했다고 해서 인생이 끝나는 것이 아니다. 폴 마이어처럼 포기하지 않는 한 기회는 또 찾아오기 마련이다.

우리 주님은 결코 거절하지 않으시고 내쫓지 아니하신다고 약속하셨다. 생명의 떡이신 예수님은 우리를 결코 거절하지 않으신다. 마귀는 거절의 전문가지만 예수님은 초청과 용납의 전문가이시다.

우리는 하나님을 매일 만나는 특권을 가진 하나님의 자녀들이다. 만물을 창조하신 전능하신 하나님을 매일 만나는 사람으로서 기죽지 말고 당당하고 자신 있게 자신의 일을 열심히 하다 보면 반드시 꿈은 이루어질 것이다.

> "아버지께서 내게 주시는 자는 다 내게로 올 것이요 내게 오는 자
> 는 내가 결코 내쫓지 아니하리라" [요한복음 6:37]

107.
환상(vision)을 보는 젊은이

1940년대 미국의 어느 목사님이 학생들을 데리고 영국에 갔을 때 있었던 일이다. 목사님은 학생들과 런던 시내에 있는 감리교 박물관에 갔는데, 그곳에는 존 웨슬리(John Wesley, 1703~1791)의 동상과 웨슬리 교회(Wesley's Chapel), 그리고 웨슬리가 살았던 집이 있었다.

웨슬리의 집에는 그가 살면서 썼던 물건들과 흔적들이 그대로 남아 있었다. 어느 방에 들어가니 낡은 카펫이 깔려 있었는데, 그 카펫에는 두 군데가 유독 낡아서 없어진 부분이 있었다. 왜 이렇게 됐냐고 가이드에게 물었더니, 그곳은 존 웨슬리 목사님이 기도한 자리라며 매일 그 자리에서 무릎을 꿇고 영국과 미국을 위해 기도했다고 설명해 주었다.

같이 방문했던 학생들은 많은 은혜를 받고 돌아가는 버스에 탔다. 그런데 한 학생이 없어졌다. 그 학생을 찾아 여기저기 헤매다 겨우 찾았는데, 그 학생은 아까 방문했던 웨슬리의 집에서 그 낡은 카펫 자리에서 무릎을 꿇고 이렇게 기도를 하고 있었다.

"주여, 다시 한번 역사하여 주옵소서. 이번에는 저를 통해 부흥이 일어나도록 하여 주옵소서."

그 학생은 누구였을까?

바로 '빌리 그레이엄(William Franklin Graham, 1918~2018)' 목사이다.

빌리 그레이엄 목사는 미국의 남침례회 목사로, 그는 아이젠하워 대통령 이후부터 트럼프 대통령 시절까지 역대 미국 대통령들의 영적 조언자였다. 그는 역사상 개신교도 중에서 전 세계에 있는 가장 많은 사람들에게 설교한 목사로서 1993년 한 해 동안 250만 명이 넘는 사람들이 빌리 그레이엄의 설교를 듣고 예수님을 인격적인 구세주로 받아들였다. 그리고 라디오와 텔레비전을 통해서 그의 생애 동안 그의 설교를 들은 청중은 약 22억 명에 달한다고 한다.

그는 일생 동안 400번이 넘는 전도 집회(Crusade)를 전 세계 6개 대륙을 다니며 185개국이 넘는 나라에서 개최했다. 그의 전도 집회에 가장 많은 청중이 모인 집회가 1973년 대한민국 여의도광장에서 열린 집회로서 무려 110만 명의 한국교회 성도가 모여 말씀을 듣고 기도했다.

그의 메시지는 주로 하나님의 사랑과 회개를 강조하는 복음의 핵심을 선포하는 것이었고 설교는 매우 간결하여 누구든지 이해하고 감동받기 쉽게 전달되었다. 1956년부터 복음주의 기독교 잡지 '크리스티에너티 투데이(Christianity Today)'를 발간하고, 매주 전 세계로 나가는 라디오 방송 '결단의 시간(Hour of Decision)'을 50년 넘게 운영했다.

평범한 한 청년이 하나님의 뜻을 향한 열정으로 나아갔더니 하나님은 그를 위대하게 사용하셨다.

"하나님이 말씀하시기를 말세에 내가 내 영을 모든 육체에 부어주리니, 너희의 자녀들은 예언할 것이요, 너희의 젊은이들은 환상을 보고, 너희의 늙은이들은 꿈을 꾸리라." [사도행전 2:17]

1973년 여의도에서 개최된 한국복음화 전도대회와
빌리 그레이엄(William Graham) 목사

108.
작은 것을 꾸준히

1915년, 미국 시카고에 '펩소던트 컴퍼니(Pepsodent Company)'라는 치약을 만드는 작은 회사가 문을 열었다.

당시만 해도 치약은 거품이 없었고, 치약의 향(香)과 입냄새 제거에 대한 개념이 없었다. 하지만 이 회사는 세계 최초로 '거품이 나는 박하향 치약'을 개발하며 시장을 뒤흔들었다.

이 회사의 회장인 찰스 럭맨(Charles Luckman, 1909~1999)은 이 치약의 개발로 중년의 나이에 무일푼에서 성공 신화를 이루었고, 많은 사람들의 부러움을 샀다.

그는 이민자의 가정에서 태어나 어린 시절 가난하게 성장했다. 아홉 살에 길에서 신문을 팔았고 십 대엔 가구 공장의 점원으로, 세일즈맨으로 살면서 꿈인 건축가가 되기 위해 열심히 공부했다. 성인이 된 후에도 특별한 배경이나 자본이 없었다.

그런 그가 어떻게 중년의 나이에 무일푼에서 미국 경제계의 큰 인물로 우뚝 설 수 있었을까?

"어떻게 그렇게 성공하셨습니까? 특별한 비밀이 있습니까?"

기자가 묻자 그는 미소 지으며 이렇게 대답했다.

"제가 이 자리에 올 수 있었던 비결은, 딱 두 가지 결심 때문입니다.

첫째, 중요한 일을 먼저 처리한다.

둘째, 계획을 세운 대로 반드시 실천한다."

그 말을 들은 사람들은 어리둥절했다.

"그건 너무 당연한 말 아닌가요?"

찰스는 고개를 끄덕이며 말했다.

"맞습니다. 너무나 당연한 이야기입니다. 하지만 실제로 그 당연한 것을 꾸준히 실천하는 사람은 거의 없습니다. 저는 매일 새벽에 일어나 오늘 가장 중요한 일이 무엇인지 생각하며 하루를 시작했고, 아무리 바쁘고 피곤해도 그 순서를 지켰습니다. 11년 동안 그 두 가지를 지켰을 뿐입니다."

그는 결국, 펩소던트를 미국의 대표 치약으로 성장시켰고 건축업에도 진출하여 자신의 이름을 딴 '럭맨 아키텍츠(Luckman

Architects)'를 설립해 뉴욕의 메디슨 스퀘어 가든과 LA 국제공항 등의 설계까지 이뤄 냈다.

야고보서 1:22에서 "너희는 말씀을 행하는 자가 되고 듣기만 하여 자신을 속이는 자가 되지 말라"고 말씀한다. 많은 사람들이 성공을 원하지만, 실제 성공의 문을 여는 사람은 그리 많지 않다. 성공한 사람들의 대다수가 하는 말은

"중요한 일을 우선순위에 따라 처리하고, 그것을 실천하라"는 것이다.

성공하는 사람과 못하는 사람의 차이는 '알면서 하는 사람'과 '알면서도 안 하는 사람' 사이에서 나뉜다고 한다. 즉, 문제는 우리가 모르는 것이 아니라 아는 것을 실천하지 못하기 때문이다. 당연한 것을 꾸준히 지킬 수 있는 성실함과 꾸준함이 있다면, 어떤 일이든 성공할 수 있다고 말한다.

이 단순한 원칙은 우리 신앙생활에도 똑같이 적용된다. 신앙생활도 단숨에 만들어지는 것이 아니라, 매일의 작은 습관과 꾸준한 실천이 쌓여 열매를 맺는 과정이다. 말씀을 듣고 행하는 지혜로운 사람은 흔들리지 않는 반석 위에 세워진 집처럼, 비바람 속에서도 무너지지 않는다. 하나님은 우리가 말만 하는 자가 아니라, 행하는 믿음의 사람이 되기를 원하신다. 하나님은 꾸준한 사람, 한결같은 사람, 신실한 사람에게 성공이라는 큰 선물을 허락하신다.

"그러므로 누구든지 나의 이 말을 듣고 행하는 자는 그 집을 반석 위에 지은 지혜로운 사람 같으리니 비가 내리고 창수가 나고 바람이 불어 그 집에 부딪치되 무너지지 아니하나니 이는 주추를 반석 위에 놓은 까닭이요" [마태복음 7:24~25]

109.
고난 위에 세워진 복음

1890년대, 미국 북장로교 소속의 한 젊은 의사가 언더우드 (Horace Grant Underwood, 1859~1916) 선교사의 설교를 듣고 마음 깊은 곳에서 불타오르기 시작했다.

"복음이 전해지지 않은 땅, 조선으로 가라."

그 음성에 순종한 그는 모든 것을 정리하고 생소한 동방의 나라로 향했다.

그의 이름은 바로 윌리엄 제임스 홀(William James Hall, 1860~1894, 한국 이름 정위렴)이다.

조선 땅에 도착한 그는 전라도 지역에 학교와 병원을 세우며 의료와 복음 사역을 동시에 감당했다.

거친 환경, 낯선 언어, 부족한 위생, 이방인에 대한 사회적 편견 등
그러나 그 어떤 것도 그를 멈추게 할 수 없었다.

그의 눈은 언제나 가난하고 병든 자들, 그리고 복음을 알지 못하는 이들을 향해 있었다.

하지만, 그의 선교 여정은 고난의 연속이었다.

조선에서 결혼하여 아들과 딸을 낳았으나 딸은 3살 때 병으로 죽었고 그 자신의 몸도 쇠약해져 갔다.

1894년, 평양에서 복음 사역과 부상당한 조선 군인들을 치료하던 중 전염병과 과로로 고작 34세의 나이로 하나님의 부름을 받았다.

사람들은 말했다.

"너무 허무하다. 너무 안타깝다. 그렇게 일찍 가시다니…"

하지만 그는 마지막까지도 흔들림 없이 믿음을 고백했다.
"나는 실패하지 않았다. 나는 하나님의 부르심에 순종했을 뿐이다."

그가 조선 땅에 심은 복음의 씨앗은 눈물로 적셨고, 그 눈물은 결국 수많은 생명을 살리는 열매가 되었다.

그의 부인 로제타 셔우드 홀(Rosetta Sherwood Hall, 1865~1951)

도 남편 사후 조선을 떠나지 않았다. 남편의 사명을 이어 시각장애인 교육, 여성 의료 사역, 점자 개발 등에 평생을 바쳤다.

로제타 셔우드 홀 역시 미국의 의료 선교사로서 1890년부터 조선 최초의 여성전문병원인 보구여관(普救女館, 현 이화여자대학교 의료원 전신)에서 이화학당 학생 5명에게 의학 교육을 시작하면서 후학을 양성했다. 그녀에 의해 박 에스더를 미국에 유학시키고 지원하여 조선 최초의 양의(洋醫)이자 여의사로 양성시켰다.

그리고 그의 첫째 아들 셔우드 홀도 의사가 되어 조선으로 와 결핵 퇴치와 복음 사역에 헌신했다.

현재 서울 마포구에 위치한 양화진 외국인 선교사 묘지에 묻혀 있는 홀 가족은 모두 5명이다.
윌리엄 제임스 홀, 로제타 셔우드 홀(아내), 닥터 셔우드 홀(아들), 닥터 메리안 홀(며느리), 에디스 마거리트 홀(셔우드 홀 동생)이다.

윌리엄 제임스 홀(William James Hall) 선교사와
아내 로제타 셔우드 홀(Rosetta Sherwood Hall) 선교사

복음은 이렇게, 고난 위에 세워졌다.

오늘 우리가 믿는 복음, 그 뿌리는 140년의 고난과 희생의 역사 위에 세워졌다. 서양에서 온 선교사들은 단지 의술을 전하러 온 것이 아니라 십자가 복음을 품고, 그들의 뼈를 이 땅에 묻으며, 복음의 씨앗을 심었다.

단 한 번의 인생,
하나님께 '예'라고 순종한 사람의 인생은 비록 짧을지라도 결코 헛되지 않다. 흘린 눈물과 헌신은 반드시 열매로 돌아올 것이다.

"내가 달려갈 길과 주 예수께 받은 사명 곧 하나님의 은혜의 복음을 증언하는 일을 마치려 함에는 나의 생명조차 조금도 귀한 것으로 여기지 아니하노라." [사도행전 20:24]

110.
하나님만 아신다

    인도의 썬다 싱(Sundar Singh, 1889~1929)은 인도 전역을 돌며 기독교 복음을 전한 순회 선교사이다. 그는 히말라야산맥을 열 번이나 넘으면서 곳곳에 복음을 전하여 인도의 성자(Sadhu)로 불린다.

    그는 시크교도인 부유한 집안의 막내아들로 태어났지만 젊은 시절 예수님을 만나 기독교로 개종하였다. 당시 교회가 빛을 잃고 많은 성직자가 제국주의의 조력자로 전락한 시절에 말씀만을 가슴에 품고 무소유의 삶을 살았다.

    그는 수행자처럼 머리에는 터번(turban)을 쓰고 몸에는 누런 가사를 걸치고 맨발로 걸식하며 인도 전역과 티베트에서 복음을 전했는데 그가 한평생 의지한 것은 '서로 사랑하라'는 예수님의 말씀과 삶이었다.

    그가 서른이 되던 해 1919년 초겨울, 한 동료와 함께 눈이 많이 쌓인 티베트고원의 산길을 가고 있었다. 눈 덮인 산길을 가면서 지체하다가는 혹독한 추위에 얼어 죽을 것이라고 판단되어 열심히 걷고 있었다.

그들은 도중에 한 사람이 길에 쓰러져 있는 것을 발견했다. 아마도 눈길을 가다가 지쳐 쓰러져서 얼어 죽은 것 같았다.

썬다 싱이 가슴에 손을 댔더니 다행히도 아직 심장이 뛰고 있었다. 그래서 같이 가던 동료에게 말했다.

"이 사람이 아직 살아 있으니 업고 갑시다."

그러나 동행하던 사람은 반대했다. "안 됩니다. 이 험한 눈길에 우리만 가도 위험한데 어떻게 저 사람을 업고 갑니까? 그냥 두고 갑시다. 나는 혼자라도 그냥 가겠소" 하면서 먼저 가 버렸다.

할 수 없이 썬다 싱은 혼자서 그 사람을 업고 힘겹게 걷기 시작했다. 그의 몸에는 열이 나며 땀이 나기 시작했고 땀을 흘리며 그 사람을 업고 가는 동안 업혀 가던 그 사람의 몸에 열이 전달되어 차가웠던 그의 몸에 온기가 돌기 시작했다. 곧 그 사람은 정신을 차리게 되었다.

한참을 가던 이들은 또 한 사람이 눈길에 쓰러진 것을 발견했다. 가슴에 손을 대 보니 그는 이미 죽어 있었는데 이 사람은 다름 아닌 혼자 살겠다고 썬다 싱을 버리고 먼저 가 버린 그 사람이었다.

썬다 싱은 죽어 가던 사람을 업고 간 덕분에 몸의 열기로 죽어 가던 사람도 살리고 또 자신도 살 수 있게 된 것이다.

"누구든지 제 목숨을 구원하고자 하면 잃을 것이요, 누구든지 나를 위하여 제 목숨을 잃으면 찾으리라" [마태복음 16:25]

"어떤 길은 사람이 보기에 바르나 필경은 사망의 길이니라" [잠언 16:25]

여기서 필경이란 단어의 영어 번역은 'it's end', 즉 '길의 끝'이란 뜻이다.

사람은 자신의 생각이 옳고 자신이 가는 길이 늘 바르다고 생각하기 쉽다. 그러나 그 결과는 전혀 다른 상반되는 결과로 나타날 수 있다. 잠시 후에 나타날 일들에 대해 세상 사람들은 그저 행운과 불행으로 치부하지만, 그리스도인은 이 모두가 하나님의 인도하심과 섭리 가운데 있음을 믿는다.

윈스턴 처칠(Winston Churchill) 영국 총리가 한 번은 건배를 들며 이렇게 말했다고 한다.

"나는 누구에게도 건강이나 부를 바라지 않습니다. 그저 행운만을 빕니다. 왜냐하면 타이타닉호에 탔던 대부분의 사람들은 건강했고 부유했지만, 그들 중 운이 좋았던 사람은 거의 없었기 때문입니다."

처칠도 연약한 인간인지라 자신의 미래를 운(運)에 의지할 수밖에 없었을 것이다.

미국 대기업의 한 고위 임원이 2001년 발생한 9.11 테러에서 살아남았다. 그날 아들의 유치원 첫 등교일이라 데려다주느라 폭파된 빌딩에 있는 회사 사무실에 늦었기 때문이었다.

또 한 남성은 도넛을 사러 가는 길이었던 덕분에 목숨을 건졌고 또 어느 여성은 알람이 울리지 않아 늦잠을 자는 바람에 살아남았고, 또 다른 누군가는 뉴저지 교통 체증에 걸려 회사에 늦었다.

또 어떤 사람은 버스를 놓쳤고, 또 다른 이는 커피를 쏟아 옷을 갈아입느라 늦었다. 또 자동차가 시동이 걸리지 않아 사무실에 못 간 사람도 있었고, 또 집에 두고 온 전화를 가지러 되돌아갔던 사람도 있었다.

또 어떤 부모는 아이가 유난히 느리게 준비해서 지각했고, 또 어떤 남성은 택시를 잡지 못해 결국 회사에 가지 못했다.

살아남은 사람 중 가장 인상 깊었던 이야기의 남성은 그날 새 구두를 신고 출근했던 남성이었다. 그는 불편한 새 구두 때문에 발에 상처가 났고 그는 약국에 들러 밴드를 사기 위해 멈췄다. 그 잠깐의 정지가 바로 그의 생명을 구한 것이다.

이런 이야기들을 들어 보면 우리는 세상에서 일어나는 많은 일들을 조금은 다르게 생각해 볼 필요가 있다.

차에 갇혀 길이 막힐 때, 엘리베이터를 놓쳤을 때, 뭔가를 깜빡하고 되돌아가야 할 때, 하루가 계획대로 풀리지 않을 때, 이러한 일들이 결코 '실패'가 아닐지도 모른다. 어쩌면 하나님께서 마련하신 시간표일지도 모른다.

일상생활에서 우리의 아침이 엉망이 되어 버릴 때, 또 아이들이 늦장을 부리고, 열쇠가 어디에 있는지 안 보이고, 빨간 불마다 걸려서 짜증이 날 때 일단은 화를 내지 말자. 스트레스도 받지 말자.
이러한 모든 일들이 어쩌면 하나님의 '변장의 축복'이 될 수 있기 때문이다.

> "이러므로 내 마음이 기쁘고 내 영광도 즐거워하며 내 육체도 안전히 거하리니 이는 내 영혼을 음부에 버리지 아니하시며 주의 거룩한 자로 썩지 않게 하실 것임이니이다 주께서 생명의 길로 내게 보이시리니 주의 앞에는 기쁨이 충만하고 주의 우편에는 영원한 즐거움이 있나이다" [시편 16:9~11]

제9장

영혼의 호흡, 기도(prayer)

111.
스데반(Stephen)의 기도

찰스 스펄전(Charles Haddon Spurgeon, 1834~1892) 목사님이 젊었을 때 어느 집회에서 순교자 스데반에 대해서 설교했다. 설교가 끝난 후 한 성도가 공격적인 질문을 했다.

"스데반이 돌에 맞아 죽게 되었을 때 전능하시다는 하나님은 도대체 무얼 하셨습니까?"

그것은 매우 당혹스러운 질문이었다. 하나님은 아무것도 하신 것이 없는 것처럼 보였다. 하나님은 돌을 옆으로 치우지도 않으셨고, 스데반을 안전한 곳으로 피신시키지도 않으셨다.

시간이 조금 흐른 후 스펄전 목사님은 조용히 대답했다.

"하나님은 스데반으로 하여금 기도할 수 있도록 해 주셨습니다. 주여, 이 죄를 저들에게 돌리지 마시옵소서라고 말입니다."

찰스 스펄전 목사는 그의 나이 15살이던 1850년, 눈보라 치던 아침 한 교회의 이름 모를 평신도 설교자가 한 "하나님을 앙망하라!"는 설교를 통해서 그는 인격적으로 하나님을 체험했다. 그 후 17살 때 목회를 시작했고, 21살 때 그 교회에 청빙을 받아 겨우 80여 명이던 교인들을 1년 만에 2만 명이 넘는 교회로 부흥시켰다.

그 후 30여 년 동안 1천만 명이 넘는 사람들에게 그가 만난 하나님의 복음을 전한 19세기 최고의 설교자이자 사역자가 되었다. 찰스 스펄전 목사님의 영향으로 영국은 부흥의 진원지였고 복음의 열정으로 불타오르는 곳이 되었다. 이로 인해 세계 선교를 위한 선교단체와 선교 헌신자들이 생겨났다.

WE SHALL SEE GOD
우리가 하나님을 볼 것이다

Charles Spurgeon

찰스 스펄전(Charles Haddon Spurgeon, 1834~1892) 목사

하나님께서는 한 사람 한 사람을 귀중히 여기시고 모든 관심을 사람에게 쏟으신다. 하나님께서는 사람을 통해서 일하시고 사람을 통해서 자신의 뜻을 성취해 가신다. 하나님은 각자 우리의 인생에 대한 기대와 미래의 비전을 갖고 계신다.

112.
삶이 곧 기도

자녀가 없는 한 왕이 있었다. 그는 왕위를 물려주기 위해 세 사람의 신하를 데려와 시험을 치렀다.

"이 나라는 성경의 가르침에 따라 기도하는 사람이 다스려야 한다. 성경은 우리에게 쉬지 말고 기도하라고 가르치고 있다. 오늘부터 일주일 동안 '기도'의 말씀을 묵상하고 그 묵상 결과를 알려 주시오."

첫 번째 신하는 일주일 동안 깊은 산속에 들어가 금식하며 열심히 기도했다.

두 번째 신하는 예배당을 순회하며 기도회를 열고 길을 걸으면서도 중얼중얼 기도를 드렸다.

세 번째 신하는 평소처럼 마음속으로 기도하며 맡겨진 직책에서 성실히 봉사하였다. 그리고 많은 사람들에게 친절과 겸손의 미덕을 보여 주었다.

왕은 세 사람이 어떻게 지냈는지 보고를 들은 후 세 번째 신하를 왕으로 지명하며 말했다.

"정직하고 성실한 삶이 좋은 기도다. 진정한 기도는 주위를 변
화시킨다."

이 예화는 생활 기도의 좋은 예가 된다. 기도의 형태를 두 가지로 나눈
다면 하나는 골방 기도요, 하나는 생활 기도이다. 생활 기도는 그리스도
인의 생활이 곧 기도요, 기도가 곧 그리스도인의 생활이라는 것이다. 골
방 기도는 개인이 특정 시간과 장소를 택하여 드리는 기도이다. 예수님의
겟세마네 기도가 골방 기도의 전형이다.

E. M 바운즈(Edward McKendree Bounds, 1835~1913)는 미국의 법률
가요 목사로서 모두 11권의 '기도'에 관한 저술을 한 것으로 유명하다.

그가 저술한 '기도의 능력(Power Through Prayer)'에 관한 책들은 1913
년, 그가 세상을 떠나고 100년 이상의 세월이 흐른 현재에도 여전히 전 세
계 그리스도인들에게 깊은 감동을 주고 있다. 그래서 그를 '기도의 사람',
'기도의 선지자'로 부르고 있다.

그는 언제나 매일 새벽 4시에 일어나 7시까지 기도했고 기도하지 않고
는 말씀을 보지 않았고, 기도하지 않고는 설교나 전도도 하지 않았다고
한다. 그래서 그가 저술한 기도의 책들도 펜으로 기록한 것이 아니라 무
릎으로 기록한 것이다. 그의 열렬한 기도와 기도 응답에 관한 확신의 권

면은 한 세기 전의 글이라 하기에는 믿기지 않을 정도로 현대인들에게도 영혼의 깊은 울림을 남긴다.

"기도는 하나님의 거대한 창고를 여는 열쇠다."

"기도는 하나님과 어떤 관계를 맺고 있는지에 대한 표현이며, 거룩하신 하나님과 교통하는 삶으로 나아가기 위한 부르짖음이다. 하나님은 더 나은 방법을 찾고 계신 것이 아니라 무릎을 꿇고 기도하는 사람을 찾고 계신다."

"거의 기도하지 않는 것'이 '전혀 하지 않는 것'보다 더 악하다고 본다. 왜냐하면 거의 기도하지 않는 것은 일종의 위선이요, 양심의 노예이기 때문이다."

"성도를 만들어 내는 것은 기도의 능력이다. 거룩한 인격은 참된 기도의 능력에 의해 이루어진다."

"우리가 골방에서 하나님과 함께 머무를 수 있는 능력은 우리가 골방 밖에서 하나님과 같이할 수 있는 능력을 결정한다. 성급한 마음으로 골방을 들락날락하는 것은 자기기만이며 게으른 처사다. 우리는 그런 것 때문에 스스로 속을뿐더러 여러 면에서 많은 유산을 잃게 된다."

"나는 포도나무요 너희는 가지니 저가 내 안에 내가 저 안에 있으

면 이 사람은 과실을 많이 맺나니 나를 떠나서는 너희가 아무것도 할 수 없음이라." [요한복음 15:5]

E.M Bounds의 기도

머리보다 마음을 준비하라.
거룩한 기름 부으심을 받으라.
골방의 불꽃에 담금질하라.
기도하고 기도하게 하라.

"하나님을 대신해서 사람들에게
말하는 것도 중요 하지만
사람을 대신해서 하나님께
말씀드리는 일이 훨씬 더
중요하다" E.M 바운즈

113.
기도는 황금 열쇠

18세기 영국교회 복음화와 부흥의 선도자인 존 웨슬리(John Wesley, 1703~1791) 목사의 어머니 수산나는 남편 새뮤얼 웨슬리와의 사이에서 무려 19명의 자녀를 낳았다. 19명의 아이들을 기르면서 수산나가 고민이 하나 생겼다. 독실한 청교도였던 그녀가 기도할 수 있는 시간과 장소를 확보하지 못하는 것이었다.

그래서 수산나는 어떻게 기도했을까? 그녀는 부엌에서 앞치마로 얼굴을 가리고 애들한테 말했다.

"엄마가 앞치마로 이렇게 얼굴을 가리거든 나를 찾지 마라. 기도 중이니까."

그녀는 이렇게 부엌에서 기도했고 존 웨슬리는 동생 찰스 웨슬리와 함께 18세기 복음이 빛을 잃은 영국교회를 새롭게 탄생시켰으며 감리교회(Methodist Church)의 창시자가 되었다.

존 웨슬리는 교회사에 큰 족적을 남겼고, 18세기 산업혁명으로 각종 사회 문제가 산적했던 영국을 변화시킨 위인으로 평가

받고 있다. 그리고 B.B.C에서 선정한 위대한 영국인 중 한 사람이 되었다.

그의 유언은 "The best of all is God is with us"(가장 좋은 것은 하나님이 우리와 함께하시는 것이다)였다.

초대교회 한 교부(敎父)가 이런 말을 했다.

"도둑이 어떤 집에 살그머니 들어가, 그 집에 물건을 훔치려고 하다가 집 안에서 이야기 소리가 들리면 감히 그 집에 들어가지 못한다. 마찬가지로 우리의 대적이 우리의 영혼을 훔치고 그것을 차지하려고 몰래 숨어 들어오려다가 기도가 솟아나는 소리를 들으면 무서워서 감히 들어오지 못한다."

"근신하라. 깨어라. 너희 대적 마귀가 우는 사자같이 두루 다니며 삼킬 자를 찾나니 너희는 믿음을 굳건하게 하여 그를 대적하라."
[베드로전서 5:8~9]

"기도는 모든 문을
여는 황금 열쇠다"

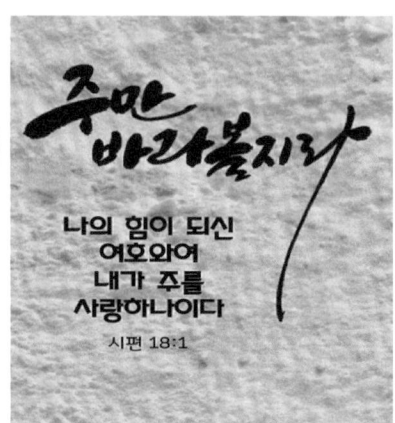

주만
바라볼지라

나의 힘이 되신
여호와여
내가 주를
사랑하나이다

시편 18:1

114.
기도 불패(不敗)

　찬 바람이 부는 겨울 저녁, 어린 소녀 하나가 약국 문을 조심스레 열고 들어왔다. 두 손엔 꼭 쥔 작은 동전 몇 개, 그것이 소녀가 가진 전부였다.

　"동생이 아파요. 이걸로 약을 살 수 있을까요?"
　약사는 난처한 표정으로 말했다.

　"애야, 87센트구나. 이 돈으로 약을 사기엔 너무 부족하구나. 약 값은 비싸단다." 소녀는 고개를 떨구다 말고 다시 들며 조심스레 물었다.

　"그럼 기도를 보태면요? 어젯밤 하나님께 동생을 위해 간절히 기도드렸어요. 기도하고 구하면 이루어 주신다고 했으니 이 돈이랑 기도랑 합치면 충분하지 않나요?"

　그 모습을 옆에서 지켜보던 낯선 한 남자가 조용히 다가와 말했다.

　"이 아이가 필요한 약, 제가 사겠습니다."

그는 근처 병원의 의사였고, 감동을 받은 그는 아이와 함께 집으로 가서 동생의 상태를 직접 살펴보았고 치료까지 해 주었다.

며칠 후, 동생은 건강을 되찾았고, 활짝 웃으며 집 밖으로 나왔다. 소녀는 무릎을 꿇고 하나님께 감사의 기도를 드리게 되었다.

세상에서 부족했던 돈을 기도를 통해 하늘나라의 돈으로 채웠던 것이다.

아이와 같은 믿음의 순수함이 기도의 응답을 부른다. 예수님께서도 말씀하셨다.

"진실로 너희에게 이르노니 너희가 돌이켜 어린아이들과 같이 되지 아니하면 결단코 천국에 들어가지 못하리라." [마태복음 18:3]

우리가 가진 것이 너무 작아 보일지라도, 믿음을 더한 기도는 하늘 문을 여는 열쇠가 된다. 때로는 기도해도 아무 일도 일어나지 않아 낙심할 때가 많다. 그럴 때마다 우리는 스스로의 기도를 되돌아보아야 한다. 왜냐하면 하나님은 우리의 필요는 채워 주시지만, 욕심을 채워 주시지는 않기 때문일 수 있다.

기도 불패(不敗), 기도는 실패가 없다. 기도 불패에는 두 가지의 의미가 있다.

첫째는, 하나님의 불패이다. 그 누구도 하나님을 이길 수 없다.

둘째는, 기도를 통해 합력하여 선을 이루신다. 하나님은 가장 완전한 때, 가장 선한 방법으로 우리의 기도에 응답하신다. 우리가 원하는 것보다 우리가 필요한 것을 더 잘 아시기 때문이다.

그러므로 그리스도인은 '기도 불패'를 늘 가슴에 품고 살아야 한다.

"그러므로 내가 너희에게 말하노니, 무엇이든지 기도하고 구하는 것은 받은 줄로 믿으라. 그리하면 너희에게 그대로 되리라." [마가복음 11:24]

" 하나님은 우리의 필요를 채워주시지만 욕심은 채워주시지 않으신다. "

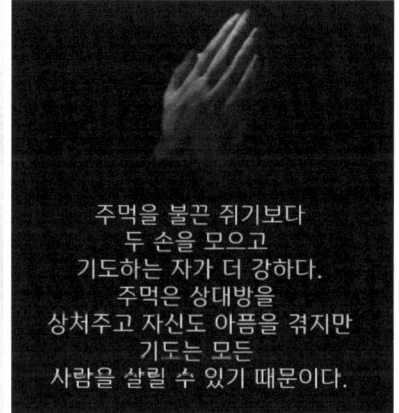

주먹을 불끈 쥐기보다
두 손을 모으고
기도하는 자가 더 강하다.
주먹은 상대방을
상처주고 자신도 아픔을 겪지만
기도는 모든
사람을 살릴 수 있기 때문이다.

제10장

나를 지키는 힘,
정직과 절제

115.
가장 소중하게 지킬 것

"나의 하나님이여 주께서 마음을 감찰하시고 정직을 기뻐하시는
줄을 내가 아나이다. 내가 정직한 마음으로 이 모든 것을 즐거이
드렸사오며" [역대상 29:17]

최태섭(1910~1998) 회장은 1957년 한국유리공업(현 LX글라스)을 설립
하여 당시 전량 수입에 의존하던 유리를 국내 원료와 기술로 국산화하는
데 성공하고, 한국 유리산업의 자립 기반을 마련한 산 증인이다. 독실한
신앙, 유리처럼 투명한 기업 경영, 사회 공헌에도 앞장선 기업가이다. 그
는 자신의 회고록 『사랑에 빚진 자』에서 다음과 같이 간증하고 있다.

저는 평북 정주라는 작은 고장에서 태어났습니다. 가난했지만,
하나님의 은혜는 저의 첫걸음부터 함께하셨습니다. 어릴 적, 남
강 이승훈 선생이 설립한 오산학교에 다니며 배운 것은 단 하나
입니다.

"사람은 정직해야 한다"는 진리였습니다. 그 믿음 하나 붙잡고,
저는 세상 속으로 뛰어들었습니다.

일제강점기, 저는 만주에서 콩을 팔며 무역업을 시작했습니다. 어느 날 계약한 가격보다 콩값이 훨씬 오르는 일이 생겼습니다. 계약을 파기하면 큰 이익을 남길 수 있었습니다. 하지만 저는 "이미 약속한 대로 팔겠습니다"라고 말했습니다. 손해를 봤지만, 그 거래처는 저를 '믿을 수 있는 사람, 앞으로도 함께 일하고 싶은 사람'으로 기억하였습니다.

그때 깨달았습니다. 정직은 손해가 아니라, 하나님의 신뢰를 얻는 길임을 알았습니다. 해방 후, 저는 중국에서 공산당에 체포되어 사형 선고를 받았습니다. 숨이 턱까지 차오르는 순간, 제가 세운 공장의 직원들과 현지 중국 사람들이 증언해 주었습니다.

"저 사람은 정직한 사람입니다. 우리를 도왔고, 절대 해를 끼치지 않았습니다." 그 증언 덕분에 저는 풀려났습니다. 그 순간, "정직은 하나님의 사람의 증표다."라는 하나님의 음성이 마음에 들려오는 듯했습니다.

6·25 동란이 터지고 북으로 진격했던 국군이 중공군에 밀리는 1·4 후퇴 때에 은행에 돈을 갚으러 가니, 은행원이 혼자 남아 지금 상환하지 말고 피난을 가라고 하였지만 저는 상환을 하고 제주도에 피난을 갔습니다.

제주도에서 육군 제1훈련소에 고추장 납품 실적이 좋아서 병참

장교가 생선을 군납해 달라고 요청하였습니다. 당시 사업 자금이 필요해서 은행을 찾아갔으나 거절당했습니다. 은행장을 만나 1·4 후퇴 때 대출을 상환한 영수증을 보여 주었더니 은행장이 깜짝 놀라며 "당신이 바로 그 사람이냐"며 큰돈을 선뜻 빌려주어 사업을 성공리에 진행하였습니다.

6·25 전쟁 이후, 저는 무너진 산업 현장을 바라보며 기도했습니다.

"하나님, 무엇으로 이 나라를 다시 세우겠습니까?"

그때 마음에 '유리'라는 단어가 떠올랐습니다. 아무도 관심을 갖지 않던 분야였지만, 저는 "유리 하나로 이 땅을 섬기리라" 결단했습니다.

유엔의 원조를 통해, 저는 인천에 '한국유리공업주식회사'를 세웠고, 국내 최초로 판유리를 생산하게 되었습니다.

'소유는 하나님께, 나는 청지기일 뿐'이라는 믿음으로 직원들과 함께 흙탕물 속에서 유리를 빚었습니다. 회사가 커졌을 때, 많은 이들이 노조는 위험하고 싸움만 난다고 말렸습니다. 그러나 저는 이렇게 대답했습니다.

"그들은 싸우러 온 게 아니라, 같이 살자고 온 사람들이다."

저는 노동자들과 식탁을 함께했고, 회식도 했고, 급여도 업계 최고로 맞추려 애썼습니다. 회사의 이익이 나면, 20% 이상은 항상 하나님의 일과 이웃을 위해 사용했습니다.

제 삶의 끝자락에서, 저는 이렇게 고백합니다.

"저는 가진 것이 없습니다. 다 주님의 것입니다. 저는 그저 주님께서 맡기신 유리를 통해, 이 나라를 밝히는 데 쓰임 받았을 뿐입니다. 정직과 신뢰, 그리고 하나님을 믿는 믿음이 저를 살렸고, 이 나라를 위해 쓸 유리 한 장이 저를 통해 만들어졌다면 그것만으로 저는 충분히 복된 인생을 산 것입니다."

최태섭 장로는 정직, 신용, 그리고 청지기 정신으로 위기마다 하나님 은혜를 체험하며, 국가 재건과 기업 경영을 선한 영향력으로 이끌어 이 땅에서 성공한 기업인으로 자리매김하였다.

청지기인 그리스도인의 돈과 물질은 하나님이 기뻐하는 곳에 사용되어야 한다. 그러므로 하나님께서 각 개인에게 은사로 주신 '그 무엇'과 '그 어떤 마음'은 우리가 무슨 일을 하든 반드시 그 일에 적용시키고 작동되도록 해야 한다. 그렇게 되기 위해서 우리 스스로가 늘 철통같이 지켜야 할 것은 바로 하나님의 뜻을 이루어 드리겠다는 '우리의 마음'이다.

"하나님이여 내 속에 정한 마음을 창조하시고 내 안에 정직한 영

을 새롭게 하소서" [시편 51:10]

<최태섭 회장, 1910-1998>

최태섭 장로(1910~1998)

116.
좀 더 낮게

가난한 구두닦이 청년이 있었다. 이 청년의 소원은 오로지 부자가 되는 것이었다. 그래서 자기에게 구두를 닦으러 와서 거드름을 피우는 자들에게 한번 뽐내 보는 것이었다.

그래서 틈틈이 로또 복권을 샀다. 몇 년 동안을 꾸준하게 복권에 투자하였지만 언제나 꽝이었다.

그렇게 지나던 중에 어느 날 자기의 눈에 의심이 들 정도로 놀라운 일이 벌어졌다. 로또 복권 1등에 당첨이 된 것이다. 눈을 의심했다. 뛸 듯이 기뻤다. 이제 부자가 된 것이다. 평생 구두닦이를 하지 않아도 되었다.

그는 한강으로 달려갔다. 그리고 있는 힘껏 소리 질러 외쳤다.

"야, 부자 놈들아, 나에게 와서 구두 닦으며 거드름 피우던 인간들아, 이제 까불지 마라. 나도 이제 부자다. 나도 부자가 됐다고, 오~"

하여튼 있는 소리 없는 소리 다 질러 보았다. 마음이 후련해졌다. 그리고 마지막으로 소리쳤다.

"야~ 이제 구두닦이는 안녕이다."

그는 그렇게 크게 외치면서 구두통을 멀리 한강 물속에 힘껏 던져 버렸다.

얼마나 속이 시원했을까? 얼마나 유쾌 통쾌한지 모를 지경이었다. 그는 돌아서서 당첨금을 찾기 위해 은행으로 향했다.

그런데 당첨된 복권을 꺼내기 위해 주머니에 손을 넣었지만, 복권은 없었다. 한참 모든 주머니를 뒤지다가 없어서 가만히 생각해 보니… 아차, 어이할꼬?

아까 한강 물에 던져 버린 구두통 속에 복권을 두었던 것이다. 그만 흥분한 상태에서 복권과 함께 구두통을 넘실거리는 한강 물속에 던져 버리고 만 것이다.

이제 와서 후회한들 무슨 소용이겠는가? 가슴을 친들 되돌릴 수 있겠는가? 부자는 한순간 꿈이 되어 버리고 말았다. 바로 부자가 되었다고 만세를 부르던 그 한순간이 천국에서 지옥의 나락으로 떨어지는 시간이었던 것이다.

조금만 차분하게, 조금만 겸손하게, 조금만 낮은 자세로 살았더라면, 이렇게 비참하지는 않았을 텐데 말이다.

"사람은 행복의 조건을 갖추었기 때문에 행복한 것이 아니라 자신의 조건을 행복하게 생각하기 때문에 행복한 것이다. 세상에는 행복을 만들어 주는 조건은 애당초 없으며 오직 욕망만 있을 뿐이다."

"서로 마음을 같이하며 높은데 마음을 두지 말고 도리어 낮은 데 처하며 스스로 지혜 있는 체하지 말라" [로마서 12:16]

117.
미움을 이기는 기도

한 상점 주인이 자기 선배에게 찾아가서 자기 상점 맞은편에 큰 슈퍼마켓이 생겨서 자기는 망하게 생겼다고 낙담하며 불평을 했다. 자기가 10년 동안 지켜 온 이 상점을 잃어버린다면 자신은 다른 기술이 없으니 망할 것이라며 걱정을 늘어놓았다.

그러자 선배는 이렇게 충고했다.

"그 슈퍼마켓을 두려워한다면 그 주인을 증오하게 될 것이고, 그 증오가 오히려 자네를 파멸시킬 원인이 될 걸세."

"그러면 어떻게 하면 좋을까요?"

"매일 아침 가게 앞에 나가서 자네 상점을 축복하고, 돌아서서 길 건너 슈퍼마켓도 축복하게나."

"아니, 경쟁자이자 저를 파괴시킬 자를 축복하라고요?"

"자네가 그를 축복하는 것은 무엇이든 자네에게 좋게 되돌아올 걸세. 자네가 그를 미워하고 저주하면 그 악은 무엇이든 자네를 더 멸망시킬 걸세."

일 년 후 그 슈퍼마켓 주인은 선배를 만나 이런 말을 했다.

"선배님, 제가 건너편 슈퍼마켓을 시기하고 미워하고 걱정과 근심만 했다면 정말 제 상점을 닫아야 했을 것입니다. 그러나 선배님 말씀대로 그 가게를 축복했더니 지금은 그 슈퍼마켓까지 맡아서 관리하고 있습니다. 지금이 어느 때보다도 장사가 잘되고 있습니다. 감사합니다, 선배님."

마귀의 전략 중 하나는 성도의 마음속에 미움의 씨앗을 뿌리는 것이다. 미움은 분노와 증오를 일으키며 죽음을 몰고 온다. 미움은 사람의 판단력마저 흐리게 한다.

그러나 하나님의 사랑은 모든 것을 이기게 한다.

"나는 너희에게 이르노니 너희 원수를 사랑하며 너희를 박해하는 자를 위하여 기도하라. 이같이 한즉 하늘에 계신 너희 아버지의 아들이 되리니 이는 하나님이 그 해를 악인과 선인에게 비추시며 비를 의로운 자와 불의한 자에게 내려 주심이라" [마태복음 5:44~45]

118.
내가 짊어진 세상의 짐

옛날 뛰어난 용맹과 지략으로 나라의 영토를 끝없이 넓혀 나가는 위대한 왕이 있었다.

어느 날 이 왕이 지배하는 영토를 탐낸 이웃 나라가 군대를 이끌고 침략해 왔다. 하지만 왕은 이웃 나라의 침략을 물리치고 오히려 침략국을 정복하기 시작했다. 왕을 따르는 병사들은 거침없이 적국으로 진군했으며 드디어 적국의 수도가 코앞으로 다가왔다.

그런데 적국의 수도를 향해 가면 갈수록 병사들의 발걸음에는 힘이 없어지고 있었다. 왕이 그 이유를 조사해 보니 병사들이 전투를 치르면서 적국의 마을에서 노획한 전리품들을 잔뜩 짊어지고 있었기 때문이었다. 너무 무거운 짐을 지고 있어서 조금만 걸어도 금방 지쳐 버린 것이었다.

왕은 나무를 모아서 커다란 불을 지펴놓고 병사들에게 엄한 목소리로 명령했다.

"지금까지 노획한 전리품을 모두 이 불에 던져라. 그렇지 않으면 엄벌에 처하겠다."

병사들은 속으로는 불만이 대단했지만, 왕의 명령을 거역하지 못하고 전리품들을 모두 불에 던져 넣었다. 그렇게 몸이 가벼워진 병사들은 적국의 수도를 성공적으로 정복했다.

왕궁을 정복한 왕은 적국의 보물창고를 열도록 하였다. 병사들은 눈이 휘둥그레지고 말았다. 불에 태워 버린 전리품과는 비교도 되지 않는 보물들이 잔뜩 있었던 것이다. 보물을 보며 왕이 말했다.

"이 보물은 목숨을 걸고 열심히 싸워준 너희 것이다. 그러나 과거 작은 것에 욕심을 버리지 못했다면 절대로 이 많은 보물을 얻지 못했을 것이다."

그리스도인은 천국을 향하여 길을 떠난 순례자와 같다. 순례자의 어깨를 무겁게 하는 짐들은 천국 길을 더욱 더디고 힘들게 할 뿐이다. 우리를 얽매이게 하는 짐들이 무엇인지 살펴보면서 천국의 소망으로 가득한 순례의 길이 되도록 해야 한다.

"이러므로 우리에게 구름 같이 둘러싼 허다한 증인들이 있으니 모든 무거운 것과 얽매이기 쉬운 죄를 벗어 버리고 인내로써 우리 앞에 당한 경주를 하며 믿음의 주요 또 온전하게 하시는 이인 예수를 바라보자" [히 12:1~2]

119.
"하나님, 저를 바꾸어 주세요"

20세기 스위스의 신학자이며 목회학 교수인 에두아르트 투르나이젠(Eduard Thurneysen, 1888~1974)의 고백이다.

그는 젊은 시절 "하나님, 저에게 세상을 변화시킬 힘을 주십시오"라고 기도했다. 그러나 그토록 기도하고 애를 썼지만, 세상은 변화되지 않았고, 점점 더 어려워지기만 했다.

결혼을 하고 가족들이 생겼을 때, "하나님, 아내와 아이들을 제 마음에 맞도록 변화시켜 주십시오"라고 기도했다. 그러나 가족들과의 관계는 더 안 좋아졌다.

마흔이 넘어서면서 기도를 이렇게 바꾸었다.

"하나님, 저를 바꾸어 주세요."

자신의 어리석음과 욕심을 내려놓고 바뀌어야 할 사람은 바로 자신임을 깨닫고 나니 자신이 변하는 것만큼 주위 환경, 주변의 사람들, 자신이 속한 공동체가 변하기 시작했다. 그는 고백한다.

"이제 세상과 사람들을 원망하지 않습니다. 맘에 들지 않는 제자나 사람을 만날 때마다 나 자신이 좀 더 변하고 성숙되기를 기도했습니다."

우리의 최종 목적은 그리스도 안에서 하나 되고 회복되는 것이다. 그러나 화해와 회복에는 시간이 걸린다. 그래서 인내가 필요한 것이다. 바울 사도도 젊은 시절에는 선교 사역을 더 중히 여겨 자신의 고집을 고수하기도 했다. 그러나 나이가 든 후에는 서로 용납하고 용서하고 존중하는 것이 중요함을 깨달았다.

성령께서 역사하시면 십자가의 사랑으로 나의 욕심과 미움과 원망과 불평은 자연스레 내려놓게 되고 내 마음은 변하고 성숙하게 된다. 분쟁의 원인이 되는 개인적 신념, 신앙의 스타일보다는 무엇보다도 신앙의 핵심이 우선되어야 한다. 그래서 내 신앙의 컬러, 나의 신앙 경험, 사역의 신념 때문에 신앙의 핵심이나 토대가 무너지면 안 된다.

바울은 최후의 순간에 과거 자신의 1차 전도 여행 시 중도에 포기하고 돌이기 버린 마가를 기억하고 이제는 그를 데려오라고 부탁한다. 마가에 대한 원망이 변하여 진정한 회복이 일어난 것이다. 이로써 주의 백성들은 무엇보다도 서로 사랑하는 것이 예수님의 지상명령임을 잊지 말고, 다른 생각도 서로 존중하며, 오직 예수님만 바라보아야 한다.

"누가만 나와 함께 있느니라 네가 올 때에 마가를 데리고 오라. 그

가 나의 일에 유익하니라" [디모데후서 4:11]

"형제를 사랑하여 서로 우애하고 존경하기를 서로 먼저 하며"
[로마서 12:10]

120.
99의 노예

세상의 모든 것을 가진 왕이 있었다. 하지만, 왕은 행복을 느끼지 못했다. 어느 날, 왕궁을 거닐다가 주방 근처에서 한 요리사가 너무나 행복한 얼굴로 휘파람을 불며 채소를 다듬는 것을 보게 되었다. 왕은 요리사를 불러 행복한 이유를 물었다. 그러자 그는 이렇게 대답했다.

"폐하, 저는 말단 요리사에 불과 하지만, 제 아내와 아이를 먹여 살릴 수 있어서 기쁘고, 또 요리를 해서 사람들을 즐겁게 해 줄 수 있어서 행복합니다. 그래서 필요한 게 많지 않습니다. 비바람을 피할 수 있는 집 한 칸과 배를 불릴 수 있는 따뜻한 음식만 있어도 충분히 행복하지요."

왕은 고개를 끄덕였다. 요리사를 물러가게 하고는 현명하다고 알려진 한 재상을 불러 행복한 요리사의 이야기를 했다. 그러자, 재상은 빙그레 웃으며 말했다.

"폐하, 저는 그 요리사가 아직 '99의 노예'가 되지 않았다고 봅니다."

"99의 노예, 그게 무엇인가?" 하고 왕이 의아해하면서 물었다.

"폐하, 99의 노예가 무엇인지 알고 싶으시다면, 지금 가죽 주머니에 금화 99개를 넣어서 요리사의 집 문 앞에 모르게 가져다 두십시오."

그날 저녁, 왕은 재상의 말 대로 금화 99개가 든 주머니를 요리사의 집 앞에 몰래 가져다 두게 하였다.

하루 일을 마치고 집으로 돌아온 요리사는 금화 주머니를 발견하고는 얼른 집안으로 가지고 들어가 금화를 세어 보기 시작했다. 금화가 99개밖에 되지 않자 요리사는 얼굴을 찌푸렸다. 요리사는 혹시나 한 닢을 어딘가에 떨어뜨렸나 싶어 집 밖을 돌아다니며 금화 한 개를 찾아다녔다. 그러나 금화가 보이지 않자 그는 생각했다.

"열심히 일해서 금화 100개를 채워야겠다."

다음 날 아침, 요리사는 금화를 찾아 헤매느라 피곤했던 탓에 늦잠을 자고 말았다. 그러자 아내에게 화를 내며 자신을 깨우지 않아서, 금화 한 닢을 벌어야 할 귀중한 시간을 낭비했다고 불평했다. 그는 아침 식사도 제대로 하지 않고 출근해서 미친 듯이 일에 몰두했다. 예전처럼 콧노래를 부르거나 휘파람을 불지도 않았다. 얼마나 일에만 몰입했던지 어제의 즐겁고 행복한 모습은 사라져 버리고 금화만을 벌기 위해 애를 썼다.

이런 요리사를 보면서 왕은 크게 놀랐다. 금화가 생겼는데, 더 행복해지기는커녕 오히려 불행해지다니… 왕이 재상에게 그 이유를 물었다.

"폐하, 그 요리사는 99의 노예가 되었습니다. 99의 노예란 가진 것이 아무리 많아도 만족하지 못하고, 부족한 1을 채워 100을 만들기 위해 안간힘을 다해 일에 매달리는 사람을 말합니다."

"오직 각 사람이 시험을 받는 것은 자기 욕심에 끌려 미혹됨이니, 욕심이 잉태한즉 죄를 낳고 죄가 장성한즉 사망을 낳느니라" [야고보서 1:14~15]

"내가 궁핍하므로 말하는 것이 아니니라 어떠한 형편에든지 나는 자족하기를 배웠노니, 나는 비천에 처할 줄도 알고 풍부에 처할 줄도 알아 모든 일 곧 배부름과 배고픔과 풍부와 궁핍에도 처할 줄 아는 일체의 비결을 배웠노라." [빌립보서 4:11~12]

121.
하나님의 전신갑주(Armour of God)

어느 날 한 청년에게 사탄이 찾아왔다. 그는 열 개의 병을 보이면서 "이 중 아홉 개의 병에는 꿀물이 들어 있고, 한 개에만 독약이 들어있는데 열 개 중에 하나를 마시면 엄청난 돈을 주겠다"고 유혹했다. 청년은 고개를 가로저었다.

"아무리 돈이 좋지만, 생명과 바꿀 수는 없다."

그러나 사탄은 청년의 눈앞에 산더미 같은 돈을 보이며 계속 유혹했다. 청년의 마음이 흔들렸다.

"그래, 딱 한 번만 하는 것이다. 이번 한 번이면 평생을 고생 안 해도 될 테니까!"

청년은 떨리는 손으로 진땀을 흘리며 한 병을 골라 마셨다. 아찔했다.

"설마 이것이 독약이 들어 있는 것은 아니겠지, 다시는 이 짓을 말아야지."

중얼대던 청년이 환호성을 질렀다.

"야, 내가 살았구나! 자칫하면 죽을 뻔했어."

사탄은 청년에게 엄청난 돈을 주고 돌아섰다. 그러면서 다음번에 언제라도 아홉 개 중의 또 하나를 마시면 돈을 두 배로 주겠다는 말과 함께 웃으며 사라졌다.

청년은 그 돈으로 흥청망청 오랜 세월을 방탕하게 보내다가 온몸이 만신창이가 되었다. 그리고 돈이 떨어지자 어쩔 수 없이 다시 사탄을 찾았다. 아홉 개의 병을 두고 처음에는 고민했으나 다행히 이번에도 꿀물이 든 병을 골라 마시고 환호성을 질렀다. 돈을 두 배로 받아 다시 방탕의 생활을 지속할 수 있었다.

그리고 그다음에는 이제 어느 병을 골라야 할까 고민하지도 않았다.

시간이 흘러 어느덧 청년은 백발노인이 되었다.

"이제 딱 두 병이 남았습니다." 사탄이 말했다.
노인은 벌벌 떨리는 손으로 그 둘 중의 하나를 골라야 했다.

"돈이냐, 죽음이냐!"

노인은 마침내 마지막 잔을 마셨다. 다행히 노인은 끝까지 살아남았다. 바로 그때, 사탄은 남은 마지막 한 잔을 자신이 훅하고 들이마시며 말했다.

"처음부터 독약이란 없었다. 그러나 너는 돈이라는 나의 독약에 이미 죽어 가고 있어. 나는 너의 청춘을 망가뜨렸지. 사람으로 태어나 다른 것은 아무것도 모르고 오로지 돈만 알도록 최고의 바보로 만들었지. 너는 이제 영원히 지옥에서 죽게 될 거야."

사탄은 큰 소리로 웃으며 유유히 돌아갔다.

사탄은 항상 우리의 약한 곳을 공격한다. 사탄은 그의 때가 얼마 남지 않은 것을 알고 우는 사자와 같이 삼킬 자를 찾기 위해서 두루 찾으러 다닌다고 성경은 말씀한다. 사탄은 세상의 물질 만능주의와 쾌락주의 문화로 우리를 유혹한다. 그 속에서 살아가는 인간은 죄의 문화에 점차 익숙해져 무감각해지고 있다.

세상을 살아가는 그리스도인에게도 예외는 아니다. 누구나 약점이 있고 달콤한 유혹에 약하기 때문에, 나의 약한 곳이 어디인가를 먼저 잘 살펴보아야 한다. 그리고 세상을 분별할 수 있는 영적인 눈을 가져야 한다. 마귀로 하여금 그 틈을 공격하지 못하게 하면서 유혹적인 환경으로부터 멀리 떨어지는 노력도 게을리해서는 안된다. 예수님의 말씀대로 시험에 들지 않게 깨어 기도하는 것이 중요하다.

"근신하라 깨어라 너희 대적 마귀가 우는 사자 같이 두루 다니며 삼킬 자를 찾나니 너희는 믿음을 굳건하게 하여 그를 대적하라"
[베드로전서 5:8]

"끝으로 너희가 주 안에서와 그 힘의 능력으로 강건하여지고 마귀의 간계를 능히 대적하기 위하여 하나님의 전신갑주를 입으라"
[에베소서 6:10~11]

122.
겸손(humility)과 교만(pride)

　미국 흑인들의 애환을 그려 퓰리처상을 받은 소설 『뿌리(Roots)』
의 작가 알렉스 해일리(Alex Haley, 1921~1992)는 자신의 사무실
에 이상한 그림을 걸어 놓았다. 그 그림은 거북이가 높은 담장의
꼭대기에 올라가 있는 그림이다. 그의 사무실을 방문한 사람들이
질문했다.

　"왜 이상한 그림을 걸어 놓았습니까?"
　그러자 해일리는 이렇게 대답했습니다.

　"난 내가 쓴 작품을 볼 때 어떻게 이런 위대한 글을 쓸 수 있었
는가, 어디서 이런 영감을 얻을 수가 있었는가 생각하며 스스로
교만해질 때가 있습니다. 그럴 때마다 저는 저 그림을 보고 생각
합니다. 저 거북이가 제힘으로 스스로 저 높은 담장에 올라갈 수
있었을까? 누군가의 도움으로 올라갔을 것이다. 내가 이렇게 올
라올 수 있었던 것은 오로지 하나님의 도우심이 있었기 때문에 가
능한 것이었다. 이런 생각을 함으로써 스스로 교만하지 않고 하나
님께 감사하는 마음을 잊지 않도록 하기 위함입니다."

알렉스 헤일리(Alex Haley, 1921~1992)

하나님은 겸손한 사람을 크게 사용하신다. 성경의 위대한 인물은 모두 겸손한 사람이었다. 그러나 모든 사람에게는 명예욕이 있고 누군가에게 관심과 인정받고 싶은 욕구도 있다. 그래서 자신을 높이고자 과대 포장하기 쉽다. 한참 인기가 있을 때, 잘나갈 때 자신은 끝없이 올라갈 거라 착각한다. 그러나 그 인기가 누군가의 은혜 덕분이고 누군가의 기도 덕분인지 잘 살펴보아야 한다.

"교만은 패망의 선봉이요 거만한 마음은 넘어짐의 앞잡이니라"(잠언 16:18)고 성경은 기록했다. 항상 하나님을 경외하며 겸손함과 섬김으로 영적 성장을 경험하고 말씀에 순종함으로 그리스도의 향기가 드러나도록 해야 한다.

123.
4×7=27, 미련함과 지혜로움

옛날에 고집 센 사람과 나름 똑똑한 사람이 있었다. 둘 사이에 다툼이 일어났는데, 고집 센 사람은 4×7=27이라 주장했고, 나름 똑똑한 사람은 4×7=28이라 주장했다. 한참을 다투던 둘은 답답한 나머지 마을 원님께 찾아가 누가 옳은지 가려 달라고 요청하였다.

원님은 한심스러운 표정으로 둘을 쳐다본 뒤 고집 센 사람에게 물었다.

"너는 4 곱하기 7을 27이라 말하였느냐?"

"네… 당연한 사실을 당연하게 말했는데, 글쎄 이놈이 28이라고 우기지 뭡니까?"

그러자 고을 원님은 다음과 같이 선고하였다.

"27이라 답한 놈은 풀어 주고, 28이라 답한 놈은 곤장을 열 대 쳐라!"

고집 센 사람은 똑똑한 사람을 놀리면서 그 자리를 떠났고, 똑똑한 사람은 억울하게 곤장을 맞았다.

곤장을 맞은 똑똑한 사람이 원님께 억울함을 하소연하자 원님은 다음과 같이 대답했다.

"4 곱하기 7은 27이라고 우기는 미련하고 무식한 놈과 싸우는 네놈이 더 어리석은 놈이니라!"

우스개 예화지만 우리도 이처럼 말도 안 되는 일로 시간을 낭비할 때가 많다. 인생을 살다 보면 정당한 말과 행동을 했음에도 억울한 일을 당할 때도 많고 오해와 배신을 당할 때도 있다. 그러다 보면 어느 순간 그들과 똑같은 모습으로 진흙탕 싸움을 하면서 시간과 체력과 에너지를 낭비하게 된다.

성경의 출애굽 여정 속에도 이런 유사한 경우가 나온다.

르우벤 자손 엘리압의 아들 다단과 아비람은 모세 때문에 백성이 광야에서 죽게 됐다고 불평하고, 모세가 자신들의 왕이 되려 한다는 근거 없는 비방을 쏟아냈다. 그들은 자신들을 이끄는 모세에게 감사하기는커녕 자신들을 노예 삼아 압제했던 애굽을 도리어 '젖과 꿀이 흐르는 땅'이라고 칭하면서 모세를 모략했다.

"네가 우리를 젖과 꿀이 흐르는 땅에서 이끌어 내어 광야에서 죽이려 함이 어찌 작은 일이기에 오히려 스스로 우리 위에 왕이 되려 하느냐" [민수기 16:13]

모세는 인간적으로 섭섭하고 억울한 감정을 그들에게 바로 반응하지 않고, 그 심정을 그대로 하나님께 토로했다. 하나님께 모든 것을 맡기고 의지했다. 현재 있는 곳에서 묵묵히 최선을 다해 하나님과 동행했다.

그리스도인이라면 억울한 문제를 당했을 때, 먼저 하나님께 나아가 고해야 한다. 나보다 나를 더 잘 아시는 하나님 앞에 내 문제를 들고 나아가는 것이 문제를 해결하는 유일한 길이다. "아무도 나를 이해하지 못한다.", "내 편은 아무도 없다"라고 느껴질 때 이 세상에서 유일하게 내 맘을 아시는 하나님께 더욱더 가까이 나아가야 한다.

"주께서 내 원수의 목전에서 내게 상을 차려 주시고 기름을 내 머리에 부으셨으니 내 잔이 넘치나이다" [시편 23:5~6]

124.
진정한 그리스도인은?

조지 휫필드(George Whitefield, 1714~1770)는 18세기 영국의 유명한 부흥 운동가요 신학자, 설교가이다. 한번은 어떤 사람으로 부터 질문을 받았다.

"목사님, 저기에 서 있는 남자분은 그리스도인인가요?"

그러자 휫필드는 말했다.
"잘 모르겠습니다. 나는 아직 그의 부인 되는 사람과 이야기를 나누어 보지 못했거든요."

동문서답처럼 들리는 말이지만 그의 말에는 깊은 의미가 숨어있다. 그것은 교회에 다니며 입으로 주여, 주여 한다고 해서 다 그리스도인이 아니라는 것이다. 그가 진정한 그리스도인인가를 알려면 먼저 가정에서 그의 인격이 어떻게 비치고 있는지를 그의 아내로부터 들어 봐야 한다는 뜻이었다.

세상 사람들이 교회를 신뢰하지 않거나 예수를 싫어하는 것에 대한 책임은 그리스도인이면서도 이타주의 삶을 살지 않는 우리에게 있다. 그렇기 때문에 우리는 가정이나 직장에서 예수 믿는 사람으로서의 자신을 잘 살펴보아야 한다.

교회에 출석하는 그리스도인들을 분류할 때 일반적으로 다음 3가지 유형으로 분류할 수 있다.

① 인폼드 크리스천(Informed Christian)

박식한 그리스도인이다. 교회에 대해 많이 알고 있는 그리스도인을 말한다. 성경을 많이 알고 교회 생활에 능숙하다. 모태 신앙, 예배드리기 50년 고수로 불린다. 그러나 그리스도인으로 사는 삶의 변화가 없다.

② 컨폼드 크리스천(Conformed Christian)

순응된 그리스도인이다. 신앙 인격과 생활이 모범적이다. 프로그램 참여와 봉사활동에도 열심이다. 그러나 영적 체험이 없어 인간적, 의지적 신앙이다. 전도하러 나가자 하면 부담스러워한다. 나만 충실히 잘 믿으면 된다고 생각한다.

③ 트랜스폼드 크리스천(Transformed Christian)

동화된, 변화된 그리스도인이다. 영적 분별력과 지도력을 겸비하면서 예수님의 모범대로 늘 종의 자세(servanthood)를 견지하며 섬김을 실생활에 실천하려고 노력한다. 삶에 그리스도의 향기가 있고 성령의 열매를 맺는 복음적 삶을 살아간다.

125.
교만은 패망의 선봉

저녁 무렵, 산길을 거닐던 늑대 한 마리가 저녁 햇살에 비친 자기의 긴 그림자를 보고 탄복했다.

"아니, 내가 이처럼 덩치가 크다니. 그런데도 난 사자를 두려워했잖아. 이것 보라구. 내 몸의 길이가 3m도 넘겠어."

그러면서 늑대는 생각했다.

"왕이 되어야지. 그리하여 모든 동물을 다스릴 테야. 물론 사자도 내 밑으로 오게 해야지."

그 후 늑대는 으스대며 만나는 동물들에게 횡포를 부렸다. 그러다 얼마 후 사자를 만난 늑대는 거만하게 굴다 단번에 물려 죽고 말았다.

"교만은 패밍의 신봉이요 거민한 마음은 넘어짐의 앞잡이니라. 겸손한 자와 함께 하여 마음을 낮추는 것이 교만한 자와 함께 하여 탈취물을 나누는 것보다 나으니라" [잠언 16:18~19]

"물고기는 항상 입으로
낚인다. 인간도 역시 입으로
걸린다. [탈무드]

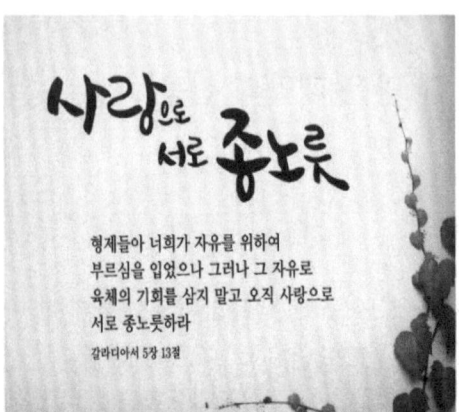

형제들아 너희가 자유를 위하여
부르심을 입었으나 그러나 그 자유로
육체의 기회를 삼지 말고 오직 사랑으로
서로 종노릇하라

갈라디아서 5장 13절

126.
재난의 원인

러시아의 문호 톨스토이(Leo Tolstoy, 1828~1910)의 작품 중에 「재난의 원인」이라는 소설에 다음과 같은 이야기가 있다.

담장을 사이에 두고 사이좋게 지내던 두 집이 있었다. 어느 날 이쪽 집의 닭 한 마리가 담을 넘어 옆집에 가서 알을 낳았다. 이쪽 집 아이가 그것을 보고 옆집의 친구에게 말하기를

"우리 집 닭이 너희 집에 가서 계란을 낳았으니 좀 가져오라"고 했다.
그러자 그 집 아이가 들어가서 보더니 없다고 했다. 그러자 이쪽 집 아이가 거짓말하지 말고 순순히 내놓으라고 했다.

"정말 없었다"고 말하니 "그 말을 못 믿겠다"고 하면서 "분명히 알이 있을 것이라"고 말했다. 결국 알이 있다, 없다 하면서 서로 터지도록 붙어 싸웠다.

이것을 보고 엄마들이 싸웠다. 머리를 잡아당기면서 서로 엉켜 떨어질 줄을 몰랐다.

이 모습을 보고 이제는 아버지들이 가세하여 싸웠다. 그러다 너무 화가 난 한쪽 편의 아버지가 홧김에 그만 저쪽 집에 불을 질러버렸다. 그런데, 삽시간에 불이 번지더니 한 번 바람이 휙 돌아 불어서 이쪽 집도 다 타버렸다.

그래서 두 집이 잿더미 위에 앉아서 하늘의 별을 쳐다보며 하룻밤을 지내면서 반성을 하게 되었다. 도대체 무엇 때문에 이렇게 되었나?

계란 하나 때문이었을까? 아니다! 결코 계란 하나 때문이 아니었다. 그것은 마음속 깊이 들어있던 자존심과 교만 때문이었다. 다시 말해 그 같은 끔찍한 참사의 원인은 사람 마음속 깊은 곳에 도사리고 있는 자존심과 자기만이 옳다는 교만이라는 죄 때문인 것이었다. 이해하지 못하고 양보하지 못하는 사람은 결코 하나님의 평화를 이룰 수 없다.

"만일 서로 물고 먹으면 피차 멸망할까 조심하라" [갈라디아서 5:13~15]

127.
무디(Moody)의 겸손

D.L. 무디(Dwight Lyman Moody, 1837~1899) 목사는 19세기 말, 미국의 유명한 복음 전도자이다. 무디가 미국의 어느 중소도시에서 전도대회를 인도하게 되어, 대회 며칠 전에 그곳에 도착했다.

다음 날, 무디가 아침에 일어나서 신문을 보는데 머리기사로 '교만한 전도자 무디'라는 기사가 실려 있었다. 얼마 전 신문기자들이 요청한 인터뷰를 사정상 거절했는데 화가 난 기자들이 그런 기사를 쓴 것이다. 그 기사를 보고 이번에는 무디의 스태프(staff)들이 화가 났다.

"목사님, 이거 말도 안 되는 기사입니다. 인격 살인이 아닙니까? 어떻게 할까요?" 하고 야단을 했다.

그런데 무디 목사는 가만히 그 기사를 읽더니 껄껄 웃으며 이렇게 말했다.

"이 사람들이 나를 잘 모르는구먼. 나는 이 기사보다 훨씬 더 교만한데, 이만하면 기사를 잘 써 준 거야. 여러분, 이건 하나님께서 우리에게 겸손하라고 말씀하시는 신호입니다. 좀 더 겸손하기 위해서 우리 모두 기도합시다."라고 말했다.

드와이트 무디(Dwight L. Moody, 1837~1899)

무디 목사는 석수인 아버지의 가난한 집안에서 태어나 초등학교 5학년 때 아버지가 사고로 세상을 떠나면서 더 이상의 공부를 하지는 못했다. 그 후 그는 친척의 제화점에서 영업사원으로 일하면서 1855년 주일학교 교사인 에드워드 킴빌의 영향으로 예수님을 믿게 되었다. 무디는 성령으로 충만했고 비록 평신도였지만 24세부터 본격적으로 전임 사역자로서 복음 전도에 헌신하였다. 그리고 미국과 영국을 오가며 청교도 신앙으로 복음의 불길을 붙인 진정한 복음 전도자였다.

"하나님은 교만에 가득 찬 사람을 사용하지 않습니다. 나는 매일 매일 나 자신을 죽이고 내 생활에 아무런 방해 없이 예수 그리스도에게 나아가기를 원합니다. 그러면서도 나는 어떤 일을 함에 있어서 나의 방법대로 되지 않기 때문에 분노를 느낄 때가 있습니다. 그럴 때마다 나는 나의 '교만'을 죽여야 한다고 마음으로 되뇌곤 합니다. 겸손의 방법이 무엇이겠습니까?

하나님을 알고, 하나님 안에서 자신이 누구인지를 아는 것입니다." [무디]

128.
천로역정(天路歷程)

영국 옥스퍼드(Oxford)대학의 학장이며 당대 최고의 신학자였던 존 오웬(John Owen) 박사는 일개 무식한 대장장이였던 존 번연(John Bunyan, 1628~1688)이 런던을 방문할 때면 언제나 그를 찾아가 그의 설교를 듣곤 하였다.

어느 날 찰스 왕(Charles II)이 오웬 박사에게 물었다.

"당신의 학식에 뭐가 모자라서 하필이면 그 천박한 번연의 설교를 들으러 가십니까?"

오웬 박사는 이렇게 대답했다.

"만약 그 땜장이가 가진 은사들을 내가 가질 수만 있다면 저는 기꺼이 저의 학식을 다 포기할 것입니다."

「천로역정(天路歷程, Pilgrim Progress)」은 17세기 영국의 작가이자 침례교 설교가인 존 번연이 쓴 우화 형식의 신앙 소설이다. 그리스도인(Christian)이 멸망을 앞둔 이 세상을 떠나서 하늘나라를 향하여 여행하는 내용의 이야기들로 구성되어 있는데 기독교 역사상 성경 다음으로 많이 읽힌 책이다.

존 번연은 영국 엘스토우에서 대장장이의 아들로 태어났으며, 자신도 대장장이로 일하며 겨우 초등학교만 졸업하였다. 처음에 신앙을 갖고 있지 않던 그는 청교도인 메리와 결혼하면서 개신교 신자가 되었고 예수 그리스도에게 충성하기로 다짐하였다. 개신교 신자가 된 그는 '번연 주교'라는 별명까지 얻을 정도로 복음 전도자로서 설교 활동을 성실히 하였는데 당시 국왕인 찰스 2세는 영국 국교회 즉, 영국 성공회를 제외한 개신교를 탄압했기 때문에 번연은 허가 없이 복음을 전한 혐의로 무려 12년 동안이나 투옥되었다. 그는 감옥에서 일생의 역작인「천로역정」을 썼다.

사람은 평생 싸워야 할 두 가지 적이 있는데, 하나는 자신이 남보다 우월하다고 생각하는 교만이고, 다른 하나는 자신이 남보다 못하다고 생각하는 자기 멸시다. 교만도 멸시도 아닌 겸손이야말로 인생의 험한 길을 무사히 건너게 해 주는 능력이 된다.

129.
가장 어려운 일, 가장 쉬운 일

"미련한 자라도 잠잠하면 지혜로운 자로 여겨지고, 그의 입술을 닫으면 슬기로운 자로 여겨지느니라." [잠언 17:28]

고대 그리스의 철학자 아리스토텔레스(Aristotle, B.C 384~322)는 플라톤의 제자이며, 알렉산더 대왕의 스승으로 유명하다. 그는 서양 철학의 기초를 세웠고 중세 기독교 신학에도 큰 영향을 미쳤다.

그는 아주 박식하여 당시 사람들은 어려운 일이 생기면 그를 찾아가 조언을 구했다.

그런데 어느 날, 한 남자가 아리스토텔레스에게 뜬금없이 수수께끼와 같은 질문을 던졌다.

"선생님 이 세상에서 가장 어려운 일이 무엇이라고 생각하십니까?"
그러자 아리스토텔레스는 그에게 바로 대답했다.

"자신을 아는 일입니다."

그러자 남자는 이번엔 "그럼 이 세상에서 가장 쉬운 일은 무엇이라고 생각합니까?" 이에 아리스토텔레스는 대답했다.

"남 이야기를 하는 것입니다."

우리는 종종 다른 사람에 대해 말하기를 좋아한다. 하지만, 정작 나 자신에 대해서는 얼마나 알고 있을까?

자기를 아는 사람은 남을 쉽게 정죄하지 않는다. 왜냐하면 자신도 연약함과 실수투성이라는 것을 잘 알고 있기 때문이다.

누군가를 비난하고 욕하고 정죄하는 일은 무척 쉽고 또 재미도 있다. 거짓말이나 허위사실에 대해서는 신기하게도 잘 믿고 또 다른 사람에게 더 보태서 전달하는 사람도 많다. 또한 걱정해 주는 것처럼, 또 진심으로 위하여 충고해 주는 척하면서 상처에 소금을 뿌리며 아픔을 끼치는 일도 있다.

그리스도인으로서 가능하면 남의 말은 좋게 하는 것이 좋다. 그것이 어려우면 차라리 침묵하는 것이 낫다. 그리스도인은 기도로서 상대방에게 말할 수 있다. 겸손하게 자신을 낮추며 나를 돌아보는 지혜를 가지고 나의 말을 잘 다듬어서 빛을 내는 하나님의 자녀가 되어야 한다.

"어찌하여 형제의 눈 속에 있는 티는 보고 네 눈 속에 있는 들보는 깨닫지 못하느냐. 보라 네 눈 속에 들보가 있는데 어찌하여 형제에게 말하기를 나로 네 눈 속에 있는 티를 빼게 하라 하겠느냐.”

[마태복음 7:3~4]

"진정한 지혜는 자기 자신을 돌아보는 데서 시작된다. ”

"인간의 마음은 변화무쌍하다. 너그러울 때는 온 세상을 다 받아들이다가도 한번 옹졸해지면 바늘 하나 꽂을 자리도 없다."

130.
삶의 돌부리, 조고각하(照顧脚下)

'조고각하(照顧脚下)'라는 말은 "자기 발아래를 잘 살펴라"라는 뜻이다.

대개 사람이 실수하고 다치게 만드는 것은 큰 것보다는 작고 사소한 일에서 기인하는 수가 많다. 그래서 불의의 사고를 당하지 않으려면 내 발아래, 내 주변부터 잘 살펴보아야 한다는 것이다.

몇 해 전 모 방송국의 '신비한 TV-서프라이즈'에서 미국 나이아가라 폭포에서 떨어지고도 살아남은 남자 '바비 리치'의 이야기가 방영되었다.

1911년 7월 위태로운 모습으로 나이아가라 폭포 위에 한 남자가 서 있었다. 그는 바로 영국 콘웰 출신의 54세인 '바비 리치', 그가 폭포 아래로 몸을 던지는 이유는 자신이 나이아가라 폭포에서 뛰어내려도 무사하다는 것을 보여 주기 위해서였다.

브라질의 이구아수, 잠비아의 빅토리아와 함께 세계 3대 폭포인 나이아가라 폭포는 약 50m 높이로, 이곳에 스스로 몸을 던져 사망한 사람은 무려 5천여 명에 달한다. 그중에는 명성을 얻기 위해 만용을 부려 뛰어내린 경우도 많았는데 대부분 실패해 목숨을 잃었다.

그중 최초로 성공한 남자는 '샘 패치'라는 로드아일랜드 출신의 미국인으로 폭포에서 뛰어내리는 곡예를 선보이기 위해 1829년 나이아가라 폭포에서 뛰어내렸다. 놀랍게도 큰 부상 없이 무사했는데 그 후 뉴욕주 제네시강의 한 폭포에서 또다시 뛰어내리는 도전을 하던 중 안타깝게도 사망하고 말았다.

그리고 1901년, 이번에는 애니 테일러라는 여성이 나이아가라 폭포에서 뛰어내리겠다고 나타났다. 그는 앞서 성공한 샘 패치와 달리 나무통에 몸을 싣고 폭포 아래로 떨어졌는데 다행히 큰 부상 없이 목숨을 구했지만, 상당량의 피를 흘렸다. 그는 인터뷰에서 누구도 자신처럼 이 같은 무모한 도전을 해서는 안 된다고 말했다.

그 후 10년 동안 아무도 나이아가라 폭포에서 뛰어내리지 않았다. 그런데 1911년 바비 리치가 이 무모한 도전을 하겠다고 나섰다. 그는 쇼 극단에서 수년 동안 공연해 온 스턴트맨이었다. 우연히 나이아가라 폭포에서 뛰어내리고 살아남은 두 사람의 이야기를 접하게 되었는데, 그도 나이아가라 폭포에서 뛰어내리면 세계적인 명성을 얻고 큰돈을 벌 수 있지 않을까 하고 생각했다. 이에 주변 사람들은 그를 만류했지만 소용없었다.

애니 테일러처럼 통에 몸을 싣고 폭포 아래로 떨어지겠다고 생각한 그는 나무 대신 강철로 된 특수통을 제작했다. 그렇게 완성된 원통 모양의 통은 지름 0.8m, 길이 2.4m로 성인 남성이 들어갈 수 있는 크기였다.

당일, 소문을 듣고 많은 사람들이 찾아왔고 사람들의 관심 속에서 그는 폭포 아래로 떨어졌지만, 다행히 살아남았다. 그러나 무릎과 턱이 골절되는 등 큰 부상을 입어 6개월 동안 병원 신세를 져야만 했다.

그로부터 15년이 지난 1926년 어느 날, 목숨을 건 수많은 도전으로 용감하기 그지없었던 바비 리치는 뉴질랜드에서 길을 걷다가 오렌지 껍질에 그만 미끄러져 다리에 골절상을 입었다. 그러나 불행하게도 상처에 세균이 침투하는 바람에 다리까지 절단해야 했다. 결국 두 달 후 그날의 사고 합병증으로 사망하고 말았다.

그리스 철학자 탈레스는 우주를 연구하기 위해 하늘을 쳐다보며 걷다가 웅덩이에 빠지는 곤욕을 치렀다고 한다. 알프스를 올랐던 어떤 세계적 산악인은 자기 집 담장을 넘다 발을 헛디뎌 다리가 부러졌다고 한다. 바로 자기 앞을 잘 살피지 못했기 때문이다. 초원의 사자가 제일 무서워하는 것도 덩치 큰 짐승이 아니라 자기 몸에 달라붙는 모기라고 한다.

아프리카의 기근이나 이웃 나라의 지진 같은 거대한 재난이 우리 가정과 공동체의 행복을 무너지게 하는 경우는 아주 적다. 오히려 나의 작은 말 한마디로 부부관계에 금이 가고 가정의 평화가 깨어지며 지도자의 부주의한 말 한마디가 사회 전체를 소란스럽게 만든다.

발밑을 살피듯 혀끝을 조심하고, 매사에 행동을 조심하고 삼가야 할 것이다. 유명 정치인이나 연예인들이 대중의 지탄을 받는 것도 큰일을 잘못한 경우보다 자신의 주변 관리를 잘못한 사소한 경우가 더 많다.

세상에는 작은 돌부리에 걸려 넘어지는 사람은 있어도 큰 산(山)부리에 걸려 넘어지는 사람은 없는 법이다. 세상에서 자신의 성공만을 도모하며 줄달음치는 사람들 중에는 가까이 있는 자신의 발밑을 보기보다는 높은 빌딩이나 나보다 앞서간 사람의 뒷모습만을 쳐다보며 살아가는 사람들이 많다.

그러니 '참 나'를 사는 것이 아니라 '남이 만들어 놓은 삶의 틀이나 방식'에 자신을 맞춰 살 수밖에 없다. 자신을 살피지 못하고 타인의 욕망이나 성취를 맹목적으로 따라가기만 하면 우리는 결코 '나'의 참 행복을 만날 수 없다.

깨달음도 멀리 있는 것이 아니라 항상 가까이에 있다. '조고각하(照顧脚下)', "자기 발아래를 잘 살펴라"는 말은 놓치기 쉬운 사소한 것들의 중요성과 일상의 소중한 관계를 소홀히 하는 사람들이 꼭 유념해야 할 말이다.

자신의 발아래를 잘 살피려면 고개를 숙여야 한다. 제아무리 지위가 높아도 자기 신을 신고 벗으려면 고개를 숙이지 않을 수 없다. 이렇게 함으로써 어디서나 겸손과 낮아짐이 일상의 습관이 되는 유익도 있다.

진정 소중한 것들은 먼 데 있지 않다. 내 밖에 있지 않고 내 안에, 바로 내 아래에 있다. 내 가까운 곳에 있다. 자신의 주위를 밝히고 살피는 것이 중요하다.

"그러므로 생명을 사랑하고 좋은 날 보기를 원하는 자는 혀를 금하여 악한 말을 그치며 그 입술로 궤휼을 말하지 말고 악에서 떠나 선을 행하고 화평을 구하여 이를 쫓으라" [베드로전서 3:10~11]

131.
하나님의 능하신 손 아래에서 겸손하라

유대인의 속담에 "태양은 당신이 없어도 떠오르고 당신이 없어도 진다"라는 말이 있다. 나를 위하여 태양이 뜨고 나를 위하여 태양이 지는 것 같은 착각을 가지고 사는 교만한 사람을 두고 한 말이다.

오늘날 현대인들은 네 가지의 교만을 가지고 살아간다고 한다.

지적 교만, 권력적 교만, 도덕적 교만, 종교적 교만이다.

이런 교만으로 인해 하나님을 부인하고 탐욕이 가득하며 쾌락 추구와 타락으로 망해 가고 있다는 것이다.

그래서 신학자들은 "피조물인 인간이 하나님을 부인하는 순간 인간 스스로의 존재도 함께 부인되었다"라고 말했다.

우리에게 있어서 가장 큰 교만은 하나님 없이 살 수 있다는 생각이다. 물을 떠난 고기가 잠깐은 살 수 있어도 곧 죽을 수밖에 없듯이 하나님을 떠난 교만한 인생은 결코 행복하게 살 수가 없다. 참혹한 형벌뿐이다.

"눈이 높은 것과 마음이 교만한 것과 악인이 형통한 것은 다 죄니라" [잠언 21:4]

옛날 어느 나라의 임금이 신하들을 데리고 사냥을 나갔다가 어떤 목동을 만나게 되었다. 준수하게 생긴 청년이었다.

왕은 단번에 그가 신실할 뿐 아니라 지혜로운 사람이라는 것을 알아채었고 그 목동을 왕궁으로 데리고 와서 여러 가지 일을 시켜보았다. 생각했던 바와 같이 그는 모든 일에 충성스러웠고 지혜 있게 일을 처리했다.

왕은 그를 크게 신임하게 되었고 그를 왕궁의 재산관리인으로 세웠다. 왕궁의 모든 재산을 그가 도맡아서 관리하게 된 것이었다.

당연히 다른 신하들이 그를 질투하기 시작했다. 어디서 웬 촌스런 목동이 들어와 자기들을 제치고 왕의 신임을 독차지하고 있느냐며 어떻게 해서든지 그 목동을 쫓아낼 궁리를 했다.

신하들은 그에게서 허물을 찾아 그를 고소하는 길밖에 없다고 판단하고 허물을 찾으려고 했으나 찾을 수 없었다. 그는 너무나도 매사에 신중하였고 충성스러웠기 때문이었다.

그러나 드디어 신하들은 그에게서 한 가지 이상한 행동을 찾아내었다.

그것은 그가 가끔 왕궁 꼭대기에 있는 창고에 몰래 들어갔다 잠시 후에 나오고 하는 것을 발견한 것이다.

더욱 의심스러운 것은 그 창고의 열쇠를 자기만 간직하였고 그 부근에 어떤 신하도 접근하지 못하게 하고 있었다.

신하들은 이제 되었다고 쾌재를 불렀다. 그가 왕의 재물을 빼돌려 그 비밀창고에 보관하는 것이 틀림없다고 생각했던 것이다.
그들은 왕에게 달려가 그 신하를 고발했고 왕은 그 말을 듣고 엄히 조사하라고 명령을 내렸다.

신하들은 왕의 명령대로 왕궁 꼭대기에 있는 비밀창고의 문을 열고 그 속을 샅샅이 뒤졌다.

그런데 금은보화가 숨겨져 있을 것이라는 그들의 기대와는 달리 귀한 것이라고는 아무것도 찾아내지 못했고 한쪽 구석에 다 낡아빠진 조끼 한 벌과 너덜너덜한 장화 한 켤레가 놓여 있을 뿐 아무것도 없었다.

왕은 신하들의 보고를 받고서 그 목동 신하를 불렀다.

"그대가 창고에 보관하고 있는 그 보잘것없는 것들이 무엇인고? 왜 그것을 보물처럼 감추어 두었느냐?"

그러자 그는 이렇게 대답했다.

"폐하, 제가 폐하의 부르심을 받았을 때 제가 가진 것이라고는 그 두 가지밖에 없었습니다. 저도 사람인지라 때로는 폐하의 은혜를 잊어버리고 제 마음이 높아지려고 할 때마다 저는 그곳에 가서 저의 옛 모습을 생각하며 나를 낮추었고 폐하의 은혜를 다시금 생각하였습니다."

그 말은 들은 왕은 크게 기뻐하며 다 낡아빠진 조끼 한 벌과 너덜너덜한 장화 한 켤레를 오래도록 보존한 그 신하에게 큰 상을 내렸다.

그리스도인도 예외는 아니다. 많이 배울수록, 높은 자리에 오를수록, 직책이 올라갈수록, 가진 것이 많을수록, 더 올라가고 싶고, 더 가지고 싶고, 더 섬김받고, 더 대접을 받고 싶어 한다.

그러나 예수님은 참 제자가 되기 위해서는 낮아지고 다른 사람을 섬기라고 말씀하신다. 그래서 그리스도인의 첫째 되는 덕행은 겸손이며, 둘째도 겸손이요, 셋째도 겸손인 것이다.

그러므로 우리가 가진 모든 것이 하나님에게서 시작되었음을 항상 잊지 않고 겸손함으로 하나님의 도구가 되어야 한다.

"너희 중에 큰 자는 너희를 섬기는 자가 되어야 하리라 누구든지 자기를 높이는 자는 낮아지고 누구든지 자기를 낮추는 자는 높아지리라" [마태복음 23:11~12]

"사람이 교만하면 낮아지게 되겠고 마음이 겸손하면 영예를 얻으리라" [잠언 29:23]

"하나님의 능하신 손 아래에서 겸손하라. 때가 되면 너희를 높이시리라" [베드로전서 5:6]

제11장

하나님의 선물, 지혜의 삶

132.
지혜로운 사또

옛날 한 부자가 길에서 그만 돈 자루를 잃어버렸다. 부자는 자신의 돈 자루를 찾는 사람에겐 사례금으로 백 냥을 주겠다고 약속했다.

그리고 며칠 후, 한 소년이 돈 자루를 들고 부자에게 찾아왔다. 돈을 찾은 기쁨도 잠시 부자는 소년에게 사례금 줄 것을 생각하니 아까워서 잔꾀를 내었다.

"돈이 꼭 백 냥이 모자라는데 네가 미리 사례금을 챙긴 모양이구나. 이렇게 돈을 찾아 주어서 고맙다. 인제 그만 가 보아라."

소년은 약속을 지키지 않는 부자의 행동에 화가 났고 억울한 마음에 마을 사또를 찾아가 사정을 호소했다. 사또는 부자와 소년을 불러서 먼저 소년에게 물었다.

"너는 자루에서 돈을 꺼낸 일이 있느냐?"
"없습니다."
사또는 부자에게 다시 물었다.

"자네가 잃어버릴 때 돈 자루에는 얼마나 들어 있었나?"

"오백 냥입니다."

"소년으로부터 받을 때는 얼마나 있었느냐?"

"사백 냥입니다."

그러자 사또는 이렇게 판결을 내렸다.

"그럼 이 자루는 자네가 잃어버린 돈 자루가 아니구먼! 오백 냥이 들어 있는 자루를 다시 찾아 보거라. 그리고 소년이 찾은 돈 자루는 진짜 주인이 나타날 때까지 우리가 보관하다가 기한 내에 주인이 나타나지 않으면 절반은 어려운 사람들을 위해 사용할 것이고 나머지 절반은 이 소년에게 줄 것이다."

참 지혜로운 사또의 판정이었다.

탐욕은 수많은 열매를 맺는 불행의 씨앗과 같다. 탐욕은 갈등을 낳고, 소중한 시간을 낭비하게 만들고 더 중요한 것을 놓치게 만들기 때문이다.

인간의 욕심은 마치 풍선과 같다.

풍선에 공기를 넣을수록 점점 커지다가, 결국엔 터지고 만다.

필요 이상의 것을 탐하면 모든 걸 잃게 될 수도 있다.

만남의 반대말이 이별이라면, 사랑의 반대말은 무관심이다.

그렇다면 행복의 반대말은 무엇일까?

행복의 반대말은 불행이 아니라 욕심이고 탐욕이다.

그리고 욕심과 탐욕의 반대말은 무욕이 아니라 만족이다.

결론적으로 만족을 느끼는 것이 행복한 것이다.

철학자 플라톤(Plato)은 당시 인간의 행복 조건으로 재산, 용모, 명예, 체력, 말솜씨 등 다섯 가지를 말하고 있다.

첫째, 먹고 입고 살고 싶은 수준에서 조금 부족한 듯한 재산.

둘째, 모든 사람이 칭찬하기에 약간 부족한 용모.

셋째, 사람들이 자신이 가지고 싶은 것에서 절반 정도밖에 알아주지 않는 명예.

넷째, 겨루어서 한 사람에게 이기고 두 사람에게 질 정도의 체력.

다섯째, 연설을 듣고서 청중의 절반 정도만 손뼉을 쳐 주는 말솜씨이다.

성경은 가르친다.

"삼가 모든 탐심을 물리치라. 사람의 생명이 그 소유의 넉넉한 데
있지 아니하니라" [누가복음 12:15]

133.
"미국에는 이처럼 맛있는 사과는 없습니다"

예로부터 우리나라에서 사과(Apple) 산지로 유명했던 곳은 경북 대구와 북한 황해도의 황주군이었다. 사과는 상대적으로 추운 기후와 일조량이 많은 곳에서 재배되는 과일이기 때문에 아무래도 남쪽의 대구 사과가 북쪽의 황주 사과 인기를 따라가지 못했다고 전해진다. 특히 황주 사과는 당도가 높기로 유명했다고 한다.

우리나라에 서양 사과가 처음 전해진 시기는 언제고 전해 준 사람은 누구일까?

문화 역사학자들은 1900년대 초 미국 선교사인 윌리엄 스왈른(William L. Swallen, 1865~1954, 한국 이름 소안련)에 의한 것으로 보고 있다. 그는 미국 오하이오주에서 태어나 농과대학을 졸업하고 미국 북장로회 소속 맥코믹 신학교를 졸업하였다. 그 후 한국에 선교사로 파송되어 1892년, 스물일곱의 젊은 나이에 부인과 함께 우리나라에 첫발을 디뎠다. 그는 서울, 원산, 평양 등지에서 전도했고 1901년 9월에 선교사와 한국인 대표가 참여하는 '조선 예수교 장로교 공의회'의 회장까지 역임했다.

그는 새뮤얼 모펫(Samuel Austin Moffet, 한국 이름 마포삼열) 선교사와 함께 평양신학교를 세우는 일에도 힘을 썼고 초기 한국 교회의 지도자인 김익두, 이기풍 목사 등의 회심에도 결정적인 영향을 끼쳤다고 전해진다. 그리고 찬송가 326장 '네 죄를 회개하고'를 작사하였다.

1900년대 초 그는 안식년 차 미국에 다녀오면서 농과대학 출신답게 미주리, 캔자스 종(種)으로 불리는 세 종류의 사과나무 묘목 300개를 부산 항구로 가지고 왔다. 그리고 대구에 있는 선교본부에 묘목 150개를 전달하고 대구 근방 기독교인에게 나누어 주어 심게 하였다고 한다. 그리고 150개는 평양에 있는 선교본부에 전달하여 평양 근처와 황해도의 황주에 있는 신도들에게 나누어 주고 심게 하였다.

이것이 오늘의 우리나라 대구와 황주 사과의 유래가 된 시발점이었다. 그 후 사과나무는 우리 기후와 토양에 맞게 접목되고 개량되어 전국적으로 퍼져 나갔다.

시간이 흐른 후 어느 날 스왈른 선교사가 황주의 사과 과수원을 방문하게 되었다. 잘 가꾸어진 과수원에는 사과가 탐스럽게 익어가고 있었다. 이곳 사과가 어떻게 전래되었는지를 잘 모르는 과수원 농부는 자신이 잘 가꾼 사과를 자랑이라도 하려는 듯 선교사에게 사과 하나를 따 주면서 의기양양하게 물었다.

"선교사님, 미국에도 이런 맛있는 사과가 있습니까?"

스왈른 선교사는 잠시 머뭇거린 후 웃으면서 대답했다.

"아닙니다. 미국에는 이처럼 맛있는 사과는 없습니다."

과수원 농부는 사과의 유래를 몰랐기에 여전히 의기양양했다.

사랑은 남을 배려하고 자신이 아는 것도 모르는 체한다.

배려는 상대방의 필요를 눈치채는 것이다.

격려와 칭찬은 삶에 기쁨의 에너지가 된다.

"사람은 그 입의 대답으로 말미암아 기쁨을 얻나니 때에 맞는 말
이 얼마나 아름다운고" [잠언 15:23]

"말은 곧 사람의 거울이다.
어떤 말을 하느냐가 곧
당신의 모습이다" [탈무드]

134.
배려와 존중의 말

가정에 충실한 남편이 있었다. 아내의 생일을 준비하기 위해 케이크를 사 들고 퇴근하다가 불의의 교통사고를 당했다. 다행히 목숨은 건졌지만 한쪽 발을 쓸 수가 없었다.

아내는 발을 절고 다니는 장애인 남편이 싫어졌다. 그녀는 남편을 무시하며 '절뚝이'라고 불렀다. 그러자 마을 사람들이 모두 그녀를 '절뚝이 부인'이라고 부르게 되었다. 그녀는 창피해서 더 이상 그 마을에서 살 수가 없어서 부부는 모든 것을 정리한 후 다른 낯선 마을로 이사를 갔다.

어느 날 아내는 자신을 그토록 사랑해 주던 남편을 무시한 것이 얼마나 잘못이었는가를 문득 깨닫고 크게 뉘우치게 되었다. 아내는 그 마을에서 이제 남편을 '박사님'이라 부르기로 했다. 그러자 마을 사람 모두가 그녀를 '박사님 사모님'이라고 불러 주었다.

상처를 주면 상처로 돌아오고 희망을 주면 희망으로 돌아온다. 남에게 대접받고 싶은 만큼 먼저 대접할 줄 알아야 한다.

"말이 입힌 상처는 칼이 입힌 상처보다 깊다"는 속담이 있고 "말은 깃털처럼 가벼워 주워 담기 힘들다"라는 탈무드의 교훈도 있다.

상대를 낮추며 자신을 올리려는 사람들이 있다. 그러나 상대를 무시하면 자신도 무시당하게끔 되어 있다. 배려와 존중의 말이 자신의 격을 높이는 길임을 알아야 한다.

"그러므로 무엇이든지 남에게 대접을 받고자 하는 대로 너희도 남을 대접하라. 이것이 율법이요 선지자니라."(마태복음 7:12)는 말씀은 기독교의 황금률(Golden Rule)이다. 이 말씀은 "네 이웃 사랑하기를 네 몸과 같이 사랑하라"(레위기 19:18)는 말씀과 함께 기독교의 윤리관을 가장 정확하게 표현한 말이다.

황금률이라는 표현은 17세기(1674년 이후)부터 사용되었다고 알려져 있다. 기원은 정확히 알 수 없으나, 3세기의 로마 황제 세베루스 알렉산데르가 이 성경 말씀을 금으로 써서 거실 벽에 붙인 데에서 유래한 것으로 알려져 있다. 황금(黃金)이 다른 모든 금속보다 귀중한 것처럼 이 말씀이 다른 말씀보다도 더 귀중하다는 의미였기 때문이다.

이 계명은 이웃에 대한 그리스도인 의무의 요약이고 기본적 윤리원칙(A fundamental ethical principle)으로서 세상의 모든 인간들이 상호 간에 무한한 행복을 누리기 위해서 반드시 적용되어야 할 이념적, 도덕적 규범이기도 하다.

"욕심은 부릴수록 더 부풀고

미움은 가질수록 더 거슬리고

원망은 보탤수록 더 분하고

아픔은 되씹을수록 더 아리며

괴로움은 느낄수록 더 깊어지고

집착은 할수록 더 질겨지는 것이다.

그러나

칭찬은 해 줄수록 더 잘하게 되고

인정은 나눌수록 더 가까워지며

사랑은 베풀수록 더 편안해지고

몸은 낮출수록 더 겸손해지며

마음은 비울수록 더 편안해지고

행복은 감사할수록 더 커지는 것이다."

"아무 일에든지 다툼이나 허영으로 하지 말고 오직 겸손한 마음
으로 각각 자기보다 남을 낫게 여기고" [빌립보서 2:3]

135.
칭찬과 격려가 만든 열매

사람이 인생을 살아가노라면 뜻대로 되지 않아 의기소침해지고 자신감을 잃는 경우가 있다. 이럴 때 가장 소중한 도움은 깊은 사랑에서 우러나오는 누군가의 격려다. 그 격려는 사람의 암울한 정신에 깊은 용기를 던져 주고, 오랜 세월 흔들리는 마음을 다잡아 주는 기둥이 되어 준다.

세계적인 소프라노 가수가 오랜 해외 순회공연을 마치고 귀국하여 독창회를 열기로 했다. 많은 팬들은 그의 금의환향을 반가워하며 소문으로만 듣던 그의 목소리를 듣기 위해 극장으로 몰려들었다. 그런데 막상 공연을 알리는 벨이 울리자 사회자가 사색이되어 뛰어나왔다. 마이크를 잡은 그는 당황한 목소리로 객석을 향해 이렇게 말했다.

"청중 여러분, 대단히 죄송합니다. 여러분들이 기다리는 가수가 비행기가 연착되어 좀 늦을 것 같습니다. 그래서 잠시 우리나라에서 촉망받는 신인가수 한 분이 나와 노래를 들려드리겠습니다. 정말 죄송합니다. 너그러이 양해해 주시기 바랍니다."

청중들은 매우 실망했다. 고대하던 가수가 어쩌면 아주 못 올지도 모른다는 생각에 장내는 아쉬움과 배신감으로 꽁꽁 얼어붙었다.

잠시 후 사회자가 소개한 신인 가수가 무대에 나타났다. 그는 예절 바르게 인사를 했지만, 청중들은 본 체도 하지 않았다. 이렇듯 냉랭한 분위기였지만 그는 최선을 다해서 노래를 불렀다. 그러나 노래가 끝난 후에도 박수를 치는 사람은 아무도 없었다. 그때였다. 갑자기 극장의 2층 출입구에서 한 아이가 큰 소리로 외쳤다.

"아빠, 정말 최고였어요!"

이 소리를 들은 신인 가수는 희미한 미소를 지으며 그 아이를 바라보았다. 조명에 비친 그의 눈에는 그렁그렁 고인 눈물이 반짝였다. 몇 초가 지났을까. 얼음처럼 차가웠던 청중들의 얼굴에 따스한 미소가 번지기 시작했다. 그들은 자신도 모르게 하나둘 자리에서 일어섰다. 그리고 곧 우레와 같은 박수갈채가 신인가수를 격려하며 오랫동안 극장 안에 울려 퍼졌다.

그가 바로 루치아노 파바로티(Luciano Pavarotti)이다.

그는 이런 무명의 시절을 거치면서 스페인의 플라시도 도밍고(Placido Domingo), 호세 카레라스(Jose Carreras)와 함께 20세기 성악계를 이끈 세계 3대 테너로 자리매김한 성악가이다. 그때 어린이의 격려가 오늘의 위대한 그를 만드는 밑거름이 된 것이다.

따뜻한 격려 한 마디는 지친 영혼의 오아시스이다. 사막과 같은 세상을 살아가면서 좌절 속에서 헤매고 있는 누군가에게 따뜻한 격려의 한마디는 새로운 희망이 될 수 있다.

"격려의 말을 필요로 하는 이에겐 머뭇거리지 마십시오. 꽃으로 가득한 세상이 되기 위해선 수많은 나비가 필요하듯이 꽃같이 아름다운 당신의 미소가 필요한 곳이 바로 우리의 삶의 현장입니다."

"또 약속하신 이는 미쁘시니 우리가 믿는 도리의 소망을 움직이지 말며 굳게 잡고 서로 돌아보아 사랑과 선행을 격려하며" [히브리서 10:23~24]

루치아노 파바로티(Luciano Pavarotti, 1935~2007, 이탈리아)

136.
천국 훈련소

어떤 사람이 죽어서 하늘나라에 갔다. 가는 길에 금빛 찬란한 궁전이 있는 것을 보고 안으로 들어갔다. 궁전 주인이 나오자 그는 말했다.

"나는 그동안 인간 세상에서 한평생을 죽도록 고생만 했소. 이 젠 일하는 것이 죽기보다 싫소. 그저 먹고 마시고 자고 싶은 생각 뿐이오."

그러자 궁전 주인은 이렇게 말했다.
"그렇다면 여기서 묵으시오. 가장 맛있는 음식과 호화로운 침 대가 당신을 기다리고 있소. 또 해야 할 일도 하나도 없소."

그는 궁전에서 매일 먹고 자고만 하면서 행복하게 지냈다. 하지 만 시간이 흐를수록 왠지 점점 따분하고 허전해지는 것은 어쩔 수 없었다. 결국 이 생활을 더 이상 참지 못하고 그는 궁전 주인에게 말했다.

"이젠 이런 생활이 지겹소. 뭔가 할 일을 찾고 싶소."

하지만 궁전 주인은 단호하게 말했다.

"미안하지만 이곳엔 당신이 할 일이 없소."

다시 몇 달이 흐르고, 할 일 없이 보내는 세월을 더 이상 견딜 수 없게 된 그는 다시 궁전 주인에게 말했다.

"어서 일자리를 주시오. 만약 안 주면 나는 차라리 지옥으로 가겠소."

그러자 궁전 주인은 뜻밖이라는 표정으로 말했다.

"그럼, 여기가 천국인 줄 알았소? 여기가 바로 지옥이오!"

사람이 일을 할 수 있는데도 안락과 쾌락만 즐기다가 보내는 허송세월은 인간의 큰 수치이다. 인간으로서 가장 부끄러운 일이다. 일할 수 있고 봉사할 수 있고 섬길 수 있는 건강이 있는 것도 감사이다.

우리가 살고 있는 이 지구촌이 때로는 지옥같이 느껴질 때가 많지만 사실은 천국으로 가기 위해 땀 흘려 훈련받는 '천국 훈련소'이다. 우리는 이곳에서의 훈련을 통하여 천국 백성의 품격을 갖추게 된다.

그러므로 세상에서 말하는 허무와 아픔만 남기고 되돌아가는 빈손 인생이 아니라 날마다 하나님과 함께하여, 늘 새로운 인생의 가치와 보람과 기쁨을 누리는 하루하루가 되어야 한다.

"누구에게서든지 음식을 값없이 먹지 않고 오직 수고하고 애써 주야로 일함은 너희 아무에게도 폐를 끼치지 아니하려 함이니"

[데살로니가후서 3:8]

137.
말 한마디

어느 작은 시골 마을의 성당에서 한 신부가 미사를 드리고 있었다. 그런데 신부 곁에서 시중을 들던 어린 소년이 그만 실수로 성찬 예식에 사용될 포도주잔을 엎질러 버리고 말았다.

포도주잔은 모두 깨어졌고 포도주도 바닥에 쏟아졌다. 신부가 노하여 소년에게 소리를 질렀다.

"다시는 제단 앞에 나타나지 마라"며 호되게 나무랐다.

그리고 이와 비슷한 사건이 가까운 이웃 성당에서도 있었다. 그 성당의 신부는 실수한 소년에게 화를 내지 않고 조용히 말했다.

"괜찮다. 나도 어렸을 적에 너 같은 실수를 많이 했단다. 실망하지 말고 힘을 내거라." 신부는 소년을 다독였다.

그로부터 수십 년 후 한 번의 실수로 성당에서 쫓겨났던 소년은 정치가로 커서 유고슬라비아의 대통령이 되었다. 그리고 아주 포악한 독재자로 군림했다. 그 이름은 '요시프 브로즈 티토(Josip

Broz Tito)'로, 1953년부터 1980년까지 무려 28년간이나 유고슬라비아를 악명 높게 통치한 독재자가 되었다.

그리고 또 똑같이 포도주를 엎지르고도 신부로부터 따뜻한 위로를 받은 그 소년은 성장해서 훗날 천주교 대주교에 올랐다. 그의 이름은 '풀턴 쉰(Fulton J. Sheen)'으로 미국의 로마 카톨릭 대주교였다.

부주의한 말 한마디가 싸움의 불씨가 되고,
잔인한 말 한마디가 삶을 파괴한다는 말이 있다.
쓰디쓴 말 한마디가 증오의 씨를 뿌리고,
무례한 말 한마디가 사랑의 불을 꺼 버리기도 한다.

인자한 말 한마디가 길을 평탄케 하고,
칭찬의 말 한마디가 하루를 즐겁게 한다.
유쾌한 말 한마디가 긴장을 풀어 주고,
사랑의 말 한마디가 삶의 용기를 선물한다.
함부로 뱉는 말은 가슴을 찌르는 비수가 되지만,
슬기로운 사랑의 말은 남의 아픔과 상처를 낫게 한다.
한마디 말! 말 한마디가 사람의 인생을 바꾸어 놓기도 한다.
어차피 하는 말, 말의 씨가 뿌려서 거두는 열매들을 잘 살펴보아 가능한 한 긍정과 기쁨의 말로 늘 시작되고 마쳐야 한다.

138.
말 한마디의 가격

프랑스의 지중해 휴양도시 니스(Nice)의 한 카페에는 이런 가격표가 붙어 있었다고 한다.

⊙ Coffee! – 7 Euro

⊙ Coffee Please! – 4.25 Euro

⊙ Hello Coffee Please! – 1.4 Euro

우리말로 바꾸면

⊙ 그냥 '커피'라고 반말하는 손님은 '1만 원'을

⊙ '커피 주세요.'라고 주문하는 손님은 '6천 원'을

⊙ '안녕하세요, 커피 한 잔 주세요.'라고 예의 있게 주문하는 손님은 '2천 원'을 받는다는 의미이다.

이런 특이한 가격표를 만든 카페 주인은 손님들이 종업원에게 함부로 말하는 것을 보고 아이디어를 냈다고 한다. 다시 말해 그 카페에서는 말 한마디를 예쁘게 하는 것으로 똑같은 커피를 5분의 1 가격으로 마실 수 있는 셈이다.

우리 속담에도 "말 한마디로 천 냥 빚을 갚는다"고 한다.
말을 잘하면 어려운 일도 해결될 수 있다는 뜻이다.

상대방을 헤아리는 말, 겸손한 말, 칭찬하는 말, 위로하는 말,
무엇보다 진심에서 우러나오는 말은 상대방을 감동시킬 수 있다.

반대로 잘될 일도 말 한마디 잘못해서 감정을 상하게 하고, 결국 일을
그르치는 경우도 많다.

성경에도 사람이 말하는 혀와 입의 중요성에 대하여 많이 강조하고 있
다. 그리스도인은 변화된 인격을 나타내기 위해 늘 품격 있는 말로 세상
을 비추는 빛의 자녀들이 되도록 노력해야 한다.

"우리가 다 실수가 많으니 만일 말에 실수가 없는 자라면 곧 온전
한 사람이라. 능히 온몸도 굴레 씌우리라. 우리가 말들의 입에 재
갈 물리는 것은 우리에게 순종하게 하려고 그 온몸을 제어하는 것
이라." [야고보서 3:2~3]

139.
자업자득(自業自得)

어느 마을에 가축을 도축하며 사는 박씨 성을 가진 백정(白丁) 이 있었다. 하루는 박 씨에게 한 양반이 찾아와 이렇게 말했다.

"네 이놈, 상길아. 여기 고기 한 근만 가져오너라."
백정은 묵묵히 고기 한 근을 썰어다 내어 주었다.

잠시 후 다른 양반이 찾아와 주문하였다.
"여보게 박 서방, 여기 고기 한 근만 주게나."

백정은 고기를 앞 번 양반 것보다 더 큼직하게 썰어 양반에게 내어 주었다.

그것을 본 첫 번째 양반은 벌컥 화를 냈다.

"예끼, 이놈아! 어찌하여 저 양반의 고기는 많고 내 것은 이리 도 작단 말이더냐!"

그러자 박씨 성의 백정은 웃으면서 대답했다.

"대감께서 사신 고기는 백정 상길이가 드린 것이고, 저분이 사신 고기는 박 서방이 드린 것이옵니다. 서로 대접이 다른데 어찌 고기 크기를 같이 드릴 수 있으리이까?"

첫 양반은 얼굴이 빨개져 아무 대꾸도 하지 못하였다고 한다.

옛말에도 "입은 화를 부르는 문이요, 혀는 몸을 자르는 칼이다."라고 하였다. "콩 심은 데 콩 나고, 팥 심은 데 팥 난다."고도 하였다. 이것은 자연의 법칙인 동시에 성경의 법칙이기도 하다.

자기에게서 나간 것이 자기에게 돌아오고 자기가 던진 것이 자기에게로 다시 돌아오게 마련이다. 그래서 자업자득(自業自得), 부메랑(boomerang) 같은 인생이라고 한다. 오늘 우리가 심은 것이 내일 그 어떤 열매로 되돌아오게 된다면 오늘 우리는 무엇을 심고 있는지 늘 기도하면서 좋은 씨를 뿌릴 수 있도록 노력해야 한다.

"스스로 속이지 말라 하나님은 업신여김을 받지 아니하시나니 사람이 무엇으로 심든지 그대로 거두리라" [갈라디아서 6:7]

140.
유머로 여는 하루

일요일 아침 예배 시간에 한 경건한 신도가 맨 앞줄에 앉아 있었다. 설교가 시작되었는데 그가 왠지 신발 한 짝을 벗는 것이었다. 예배 중에 그가 이처럼 기이한 행동을 하자 사람들이 소리를 죽이며 웃었다. 사람들의 관심이 모두 그에게 쏠렸다.

신발을 벗은 그 신도는 다시 양말을 벗기 시작했다. 그러자 분위기를 알아챈 목사가 설교를 중단하고 그에게 무슨 일이 있냐고 물었다.

"별일 아닙니다. 양말 한 짝을 뒤집어 신은 것을 발견해서요."

목사가 점잖게 말했다.
"그렇다면 형제여, 예배가 끝날 때까지 기다렸다가 양말을 고쳐 신을 순 없겠습니까?"

그러자 그 신도는 대답했다.
"아닙니다. 목사님! 잘못된 것이 있으면 당장 고쳐야죠. 설교 말씀처럼요."

목사는 아무 말도 못 하고 신도들은 그저 깔깔 웃고 말았다.

'유머(humor)'란 말은 라틴어 '흙(humus)'에서 유래되었다고 한다. '인간 (human)'이란 단어도 '흙(humus)'에서 유래되었다. 하나님께서 사람을 창 조하실 때 '흙(humus)'으로 '인간(human)'을 만드신 것이니 어원이 같다.

그러므로 동일한 '흙(humus)'에서 유래한 '인간(human)'과 '유머 (humor)'는 동일한 본질을 가지고 있다. 그것은 바로 인간이 '웃을 수 있 는 존재', '웃는 존재'라는 것이다.

유머가 주는 웃음 행위는 인간이 가지는 가장 본질적인 속성이다. 웃음 은 지구 생명체 중 유일하게 인간만이 가지는 표현 방식으로, 인간의 가 치와 품격을 가장 잘 표현하는 최상의 행위이다.

"사람이 웃으면 악마는 제힘을 잃는다"는 말이 있다.

유머가 없는 메마른 시대를 살아가고 있는 현대인들에게 우리는 그리 스도인으로서 늘 아름답고 즐거운 웃음으로 주위를 환히 밝히는 하나님 의 자녀들이 되어야 한다.

"화평하게 하는 자는 복이 있나니 그들이 하나님의 아들이라 일 컬음을 받을 것임이요" [마태복음 5:9]

141.
온유함(gentleness, 溫柔)

어느 학교에서 동물원 원장을 초청하여 강연회를 가졌다. 원장은 각 동물의 특성과 수명에 대해 학생들에게 자세히 설명했다. 강연이 끝난 후 질문 시간이 되었을 때 어느 학생이 질문을 했다.

"동물 중 어느 동물이 가장 빨리 죽나요?" 원장은 이렇게 대답했다.

"호전적이고 성질이 급하고 사나운 놈, 덩치가 큰 놈들이 빨리 죽습니다. 그러나 온유한 동물들은 오래 삽니다. 또 곤충 가운데서도 투구벌레처럼 등딱지가 딱딱한 놈들이 빨리 죽습니다."

세상에는 성격이 강하고 독선적인 사람들과 함께 부드럽고 따뜻한 사람이 같이 존재한다. 성경에서 말하는 '온유'는 영어로 'gentleness'로서 성령의 열매 중 여덟 번째 열매이다. 'gentleness'란 부드럽고 따뜻함, 상냥함, 정다움을 의미한다.

그러나 현대인들은 약육강식의 경쟁사회에서 강한 자만 살아남을 수 있다고 생각하기 쉽다. 마음이 온유한 자는 오히려 손해 보고 빼앗기는 패배자로 보기 쉽다. 그리하여 부모들은 자녀 교육에서도 어떻게 하면 자식들을 강하게 키울까에 가장 큰 관심을 기울인다. 그래서 마음이 따뜻하여 남에게 항상 잘해주고, 좋은 것은 다 양보하고, 남이 부탁하는 것을 다 들어주는 아이에게 부모는 마음이 상할 때가 많다.

"너는 그렇게 나약해서 어떻게 이 험한 세상을 살아가려고 그러니? 그러다 이용당하고 배신만 당한다"고 가르친다. 온유한 품성을 칭찬하고 격려해 주기보다는 오히려 걱정하면서 더 강하고 독해지라고 말한다.

물론 현실적인 말이고 모두 틀렸다고 말할 수는 없다. 그러나 성경의 가르침은 역설적이다. 분명히 "온유한 자가 복이 있다"고 말씀하고 있다. 예수님도 온유한 분이셨다.

예수님에게서 볼 수 있는 '온유함'이야말로 우리 그리스도인들이 평생을 걸고 훈련받아야 할 인격의 소중한 열매이다. 그리고 하나님은 온유한 사람을 사용하신다. 하나님은 온유한 사람에게 복을 주시고 온유한 사람이 땅을 기업으로 받는 최후 승리자가 되게 하신다. 그러므로 우리는 예수님의 온유함으로 잘 빚어져 세상을 따뜻하게 하고 선한 영향력을 끼치는 사람들이 되어야 한다.

"수고하고 무거운 짐 진 자들아 다 내게로 오라 내가 너희를 쉬게 하리라 나는 마음이 온유하고 겸손하니 나의 멍에를 메고 내게 배우라 그리하면 너희 마음이 쉼을 얻으리니" [마태복음 11:28~29]

142.
외상 장부

옛날 어느 고을에 지혜롭고 의술이 뛰어난 한 의원이 살고 있었다. 그는 여러 자녀를 두었고, 생활은 그리 넉넉지는 않았다. 자녀들 공부도 할 만큼 다 시켰고 의술은 남보다 뛰어났지만 그렇게 부자는 아니었다. 돈이 없어 치료하지 못하는 사람들을 위해서 항상 외상으로 치료를 해 주었기 때문이다. 그래서 그 집안의 보물 제1호가 외상 장부였다.

자식들은 아버지가 돌아가시고 나면 물려받을 재산이 하나도 없다는 것이 항상 불만이었다. 그렇게 세월은 흘러 아버지도 어쩔 수 없는 세월 앞에 노환으로 병들어 눕게 되었다.

마침내 아버지는 아들들을 불러 모아 놓고 내 마지막 유언은 꼭 들어주어야 한다고 신신당부하였다. 자식들이 말했다.

"아버지 말씀하세요. 무엇이든지 다 들어 드리겠습니다."

아버지는 숨을 몰아쉬면서
"내 외상 장부책을 가져오너라."

자식들이 장부책을 가져왔다. 자식들은 혹시나 우리에게 외상 값을 받아 쓰시게 하려나 보다 하고 토끼처럼 귀를 쫑긋 세웠다. 아버지는 말했다.

"내 마지막 유언인데, 이 외상 장부책을 태워라. 그래야만 내가 편히 눈을 감을 수 있을 것 같다."

자식들은 말했다.

"안 됩니다. 아버지, 이건 안 됩니다."

극구 반대하며 숨을 헐떡이는 아버지와 실랑이하고 있었다. 아버지는 혼신의 힘을 다해 말했다.

"태워라. 태워야 한다. 너희들을 위해서 태워야 한다. 어서 태우거라."

아버지의 간절한 바람에 자식들은 어쩔 수 없이 눈물을 삼키며 외상 장부를 태웠다.

그 후, 마을 사람들은 아버지의 아들들이 지나갈 때마다 칭송이 자자했다. 그 아버지의 자녀라는 것 하나만으로.

그리고 그 후 외상을 진 환자들은 병이 다 완쾌되어 외상값을 가지고 하나, 둘 몰려들었다. 그 외상값이 얼마나 많았던지 외상 값을 주려고 줄을 잇게 되었다.

아버지의 유언대로 외상 장부를 불태워 버렸기 때문에 아버지와 자식들은 명예를 얻었고 또 외상 진 사람들은 아버지를 고마워했다. 지혜로운 아버지는 외상 장부를 태움으로써 재산만 물려준 것이 아니라 가문의 명예도 남기는 진정 위대한 유산을 물려준 것이었다.

살다 보면 때론 잃어버린 것 같지만 잃지 않고 더 이자가 붙어 돌아올 때가 있다.

"사랑과 베풂은 미래의 저축이요 큰 자산이 된다."

"이같이 너희 빛이 사람 앞에 비치게 하여 그들로 너희 착한 행실을 보고 하늘에 계신 너희 아버지께 영광을 돌리게 하라" [마태복음 5:16]

143.
아버지의 교훈

어느 나이 든 아버지가 손에 낡은 회중시계를 내려다보며 아들에게 말했다. 아버지가 평생을 보물처럼 간직하던 시계였다. 이제 삶의 끝자락에 온 것을 안 아버지는 시계를 아들에게 건네며 부탁했다.

"아들아, 이 시계는 우리 가문 대대로 내려오는 보물이란다. 이제 네게 물려주려 하는데 그 전에 한 가지 부탁이 있구나."

"말씀하세요. 아버지."

"시내에 있는 보석상에 가서 이 시계의 가치가 어느 정도인지 좀 알아보거라."

아들은 아버지의 부탁에 보석상으로 향했다. 잠시 후 돌아온 그의 얼굴엔 실망감이 가득했다.

"아버지 죄송해요. 보석상 주인은 이 시계가 오래된 모델이라 100달러밖에 안 된다고 하네요."

아버지는 생각에 잠기다니 다시 입을 열었다.

"그러면 이번에는 전당포(pawnshop)에 가서 물어보거라."

아들은 고개를 갸웃했지만, 아버지의 부탁에 전당포로 향했다. 잠시 후 그는 더욱 어두운 얼굴이었다.

"아버지 전당포에서는 고작 30달러밖에 쳐주지 않겠대요."

그러자 아버지는 희미한 미소를 지으며 침묵했다. 아버지가 다시 힘겹게 입을 열었다.

"아들아 마지막으로 한 번만 더 부탁하마. 이 시계를 시내에 있는 박물관에 가져가서 그들이 뭐라고 하는지 들어 보거라."

아버지의 간절한 눈빛에 거절할 수 없어 아들은 박물관으로 향했다. 얼마 후 그는 믿기지 않는 눈빛으로 집에 돌아와 외쳤다.

"아버지, 박물관 학예사가 이 시계를 보더니 귀한 골동품이라며 30만 달러에 사겠다고 해요."

아버지는 조용히 미소 지으며 아들의 어깨를 토닥였다. 그 손길에는 깊은 사랑이 묻어 있었다.

"아들아, 지금부터 내 말을 깊이 새겨들어라. 세상은 너를 향해 각기 다른 평가의 저울을 들이댈 것이다. 하지만 꼭 기억해라. 그 저울 위에 너 자신을 억지로 올려놓을 필요는 없단다. 이 시계처럼 어떤 이는 너를 쓸모없는 골동품처럼 여길 수도 있고, 어떤 이는 그저 평범한 물건으로 치부할 수도 있다. 하지만 아들아, 세상 어딘가에 너의 진정한 가치를 알아보고 너를 특별하고 무한한 가능성을 지닌 존재로 받아들이는 사람도 분명히 있다는 걸 명심하여라."

당신은 세상의 단 하나뿐인 너무나 귀한 존재입니다.
하나님께서 직접 창조하신 천하보다도 귀한 존재입니다.
빛의 자녀로 세상을 밝히는 하나님의 귀한 자녀입니다.

"너희는 택하신 족속이요, 왕 같은 제사장들이요, 거룩한 나라요, 그의 소유가 된 백성이니, 이는 너희를 어두운 데서 불러내어 그의 기이한 빛에 들어가게 하신 이의 아름다운 덕을 선포하게 하려 하심이라" [베드로전서 2:9]

144.
역사를 보는 눈

1912년 4월 10일, 영국 사우샘프턴(Southampton) 항구는 떠들썩한 환호와 기대로 가득 차 있었다. 역사상 가장 크고 호화로운 여객선, 타이타닉(Titanic)호가 2,223명의 승객을 태우고 미국으로 첫 항해를 떠나는 날이었기 때문이었다.

"이 배는 절대 가라앉지 않습니다!"

설계자들과 선박 회사 관계자들은 자신만만하게 선언했다. 당시 최고의 기술력을 집약하여 건조된 타이타닉호는 16개의 방수 격실을 갖추고 있어, 설령 몇 개의 격실이 손상되더라도 배가 침몰할 가능성은 없다고 여겨졌다.

이 말을 철석같이 믿은 선장과 승무원들은 속도 경쟁에 열을 올렸다. 뉴욕까지의 항해 기록을 세우겠다는 야망이 그들을 더욱 서두르게 만들었다.

항해를 시작한 지 사흘째인 4월 14일, 북대서양의 밤바다 위에서 타이타닉호는 전속력으로 질주하고 있었고, 그날 하루 동안 빙산 경고가 무려 6차례나 무선으로 전달되었지만, 선장은 이를 대수롭지 않게 여겼다.

"우리 배는 가장 안전한 배다. 아무 문제 없어!"

그러던 밤 11시 40분, 경비를 서던 선원이 갑자기 거대한 흰 그림자가 눈앞에 나타난 것을 발견했다.

"빙산이다! 빙산이다! 방향을 틀어!" 하지만 너무 늦고 말았다.

타이타닉호는 빙산에 큰 충격으로 부딪혀 오른쪽 선체 아래쪽이 길게 찢어졌다. 눈에는 보이지 않는 상처였지만, 타이타닉호의 운명을 결정짓는 치명적인 손상이었다. 물이 빠르게 차오르기 시작했고, 방수 격실 중 5개 이상의 격실이 파괴되었다. 설계를 담당했던 토마스 앤드루스는 선장의 눈을 바라보며 침울하게 말했다.

"배는 가라앉을 겁니다. 최대 두 시간 남았습니다."

얼마 지나지 않아 배의 선미가 하늘을 향해 들리기 시작했고, 배는 점점 수직으로 기울며, 절망적인 비명이 밤하늘을 가득 메웠다.

1912년 4월 15일 새벽 2시 20분, 거대한 철의 성채였던 타이타닉호는 결국 두 동강 나며 바닷속으로 사라졌다.

수백 명이 차가운 얼음 바다에 던져졌지만, 구조된 사람은 소수였다. 1,514명이 희생되는 인류 역사상 최악의 해상 참사였던 타이타닉호의 침몰은 단순한 사고가 아니었다.

'가라앉지 않는 배'라는 인간의 오만함과 안전을 무시한 탐욕이 만든 비극이었다. 이 사건 이후, 국제 해상 안전 규정이 대폭 강화되었고, 모든 선박에는 충분한 구명보트가 구비되어야 한다는 법이 제정되었다.

성경에 나오는 바벨탑 이야기와 타이타닉호의 비극이 주는 교훈은 단순한 옛이야기가 아니다. 최고가 되고자 하는 욕망, 하나님보다도 인간의 과학 기술에 더 의존하는 과신으로 인간은 같은 실수를 반복하며 살아가고 있다.

사람들은 말한다.
"내 삶은 내가 알아서 한다."
"내 운명의 주인은 나이고, 내 인생의 방향도 내가 결정한다."고.

하지만 이런 생각이야말로 하나님이 이끄시는 역사를 보지 못하게 만드는 장애물이라는 것을 알아야 한다. 솔로몬도, 나폴레옹도 히틀러도 자신의 능력을 절대적으로 신뢰하며 끝없는 전쟁을 벌였다. 그러나 결국은 몰락의 길로 갈 수밖에 없었다.

이렇게 내가 내 삶의 주인이 될 때, 결국 그 끝은 한계와 절망뿐이다. 인간의 지혜와 능력은 완전하지 않기 때문에 실패와 실망을 피할 수 없다. 그러나 하나님이 내 삶의 주인이 되실 때, 내 인생의 역사는 완전히 달라질 수 있다. 하나님은 우리의 시작과 종말을 아시는 분이시기 때문에 우리를 가장 최적의 방식으로 인도하신다. 그리고 우리를 가장 선한 방향으로 인도하신다.

우리가 온전히 하나님의 뜻을 따르고 맡길 때 비로소 참된 평안과 기쁨, 자유를 경험할 수 있게 된다.

1912년 4월 10일 사우샘프턴을 출발한 타이타닉호

교만은
패망의 선봉이요

거만한 마음은
넘어짐의 앞잡이니라

(잠언 16:18)

145.
제비꽃처럼

옛날 어느 나라의 임금이 하루는 정원에 나가 보니, 화단의 꽃과 나무들이 시들어 가고 있었다. 깜짝 놀란 임금은 먼저 키가 짤막한 참나무에게 가서 왜 죽어 가고 있느냐고 물었다. 참나무는 힘없이 대답했다.

"전나무처럼 키도 크고 늘씬하지 못한데 살아서 뭣 하겠어요?"

임금은 키가 큰 전나무에게 죽어 가고 있는 이유를 물었다. 그러자 전나무는 대답했다.

"포도나무처럼 좋은 열매도 맺지 못할 바에야 차라리 죽는 게 낫지요."

임금님은 다시 포도나무를 찾아가서 죽어 가는 이유를 물었다.

"장미처럼 아름다운 꽃을 피울 수 없을 바에야 살아서 뭘 하겠어요?" 하며 눈물을 흘렸다.

그런데 작고 가냘픈 제비꽃만은 혼자 예쁘고 생생하게 피어 있었다. 임금이 제비꽃에게 그 비결을 물었다.

"비결은 없습니다. 임금님이 저를 여기에 심은 까닭은 제가 제비꽃으로 잘 자라 아름답게 피어나기를 바라시는 것이기에 저는 임금님께 감사하며 열심히 꽃을 피우고 있을 뿐입니다."

"모든 만물이 피곤하다는 것을 사람이 말로 다 말할 수는 없나니 눈은 보아도 족함이 없고 귀는 들어도 가득 차지 아니하도다." [전도서 1:8]

현대 사회의 특징 중 대표적인 것 하나가 바로 '풍부 속의 빈곤'이다. 역사적으로 볼 때 오늘날처럼 인간이 잘 먹고 잘살던 시절은 없었다. 그러나 물질의 풍부와는 반대로 마음의 빈곤은 이루 말할 수가 없다. 왜 그럴까? 욕망의 크기가 크기 때문이다.

욕망의 크기와 불만족의 크기는 비례한다. "열 길 우물은 채울 수 있어도 한 길 사람의 마음은 채우기 어렵다"는 말이 바로 인간의 한없는 욕망을 잘 나타내고 있다.

그리스도인은 삶의 표본이신 예수님의 단순하고 청빈한 삶을 살기 위해 자신을 돌아보고 스스로 자족함을 배워야 한다. 부단한 자기 절제, 자기 통제를 통해 불만족 속에서 욕심이 잉태되지 않도록 노력하면서 언제나 내 삶을 넉넉하게 채우시는 하나님의 인도하심을 믿고 나아가야 한다.

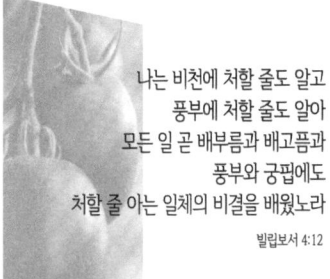

나는 비천에 처할 줄도 알고
풍부에 처할 줄도 알아
모든 일 곧 배부름과 배고픔과
풍부와 궁핍에도
처할 줄 아는 일체의 비결을 배웠노라

빌립보서 4:12

신앙이란 자신을 쳐서 복종시키는 것이다

Faith is to strike yourself into submission

146.
부요(富饒)한 사람

한 지방의 자치단체에서 연말을 맞이하여 저소득층 가정의 어린이가 편지를 보내면 산타가 30만 원 이하의 선물을 전해 주는 '소원 편지 행사'를 진행했다.

대부분의 아이들은 문구류나 옷, 자전거 등 자신이 갖고 싶었던 선물을 적어 보냈다.

그런데 한 아이가 적은 선물은 특별했다.

그 아이는 자신의 선물이 아닌 할머니의 선물을 대신 부탁했던 것이었다. 그 아이의 편지에는 이렇게 쓰여 있었다.

"산타 할아버지, 저보다는 제 할머니에게 패딩을 보내 주세요. 한 달 뒤에 생신이시고, 며칠 전에 할아버지가 돌아가셨어요. 할머니 패딩이 너무 오래돼서 여기저기 뜯어졌어요. 할머니 패딩을 바꿔 드리고 싶어요…. 그리고 산타 할아버지, 제 가방끈이 망가져서 가방이 계속 내려가요. 제 것은 내년에 꼭 부탁드려요."

가방이 필요한데도 할머니를 먼저 챙긴 이 12살 소년의 사연은 행사 관계자의 심금을 울렸다.

그리고 산타 할아버지가 할머니의 패딩과 소년의 가방을 같이 선물로 전달하기로 하였다.

어린 나이임에도 할머니를 먼저 생각한 마음은 어떤 부자보다도 풍요로운 마음이다.

가난한 사람은 '남에게 줄 것이 없는 사람'이다.
그러나 남에게 줄 것이 없는 사람보다 더 가난한 사람은 '줄 마음이 없는 사람'이다.

그러나 나눌수록 많아지고 줄수록 커지는 것이 있는데 바로 하나님의 은혜와 축복이다. 비록 물질적인 것은 아니지만 영적으로 더 귀중하고 소중한 것들이며 나눌수록 줄어들 염려도 없다.

결국 그리스도인의 부요함은 '돈으로 살 수 있는 것'을 많이 가진 것이 아니라 '돈으로 살 수 없는 것'을 많이 가지는 것이다.

나아가 사도 바울이 말한 '부요(rich, 富饒)한 사람'은 모든 것을 가진 자가 아니라 자기가 가진 것을 온전히 누리는 사람들로 자기가 가진 것을 주변에 나눌 줄 아는 넉넉한 마음을 가진 사람들을 말한다.

그리스도인은 항상 세상을 아름답고 따뜻하게 만들어야 할 의무가 있다. 그리고 긍휼한 마음으로 병든 사회를 치유하고 어려움 속에 빠진 사람들을 사랑으로 인도하는 존재들임을 늘 명심하여야 한다. 그리스도인이 가지는 '사회적 책임(Social Responsibility)', 이 거룩한 책임으로 인하여 그리스도인은 세상의 빛이 되고 소금이 되는 것이다.

> "근심하는 자 같으나 항상 기뻐하고 가난한 자 같으나 많은 사람을 부요하게 하고 아무것도 없는 자 같으나 모든 것을 가진 자로다." [고린도후서 6:10]

제12장

행복한 가정, 작은 천국

147.
위기의 가정

"여호와 하나님이 이르시되 사람이 혼자 사는 것이 좋지 아니하니 내가 그를 위하여 돕는 배필을 지으리라 하시니라" [창세기 2:18]

미국의 자동차왕으로 20세기 마이 카(My car) 시대를 연 헨리 포드(Henry Ford, 1863~1947)는 대기업을 일으킨 후 고향 미시간주에 조그마한 집을 한 채 지었다. 그런데 그 집은 대기업 총수가 살기에는 매우 작고 초라하고 불편한 집이었다.

"회장님, 이 집은 너무 초라하지 않나요? 그래도 회장님 댁인데 호화롭지는 않더라도 체면을 유지할 정도는 되셔야지요."

주위 사람들은 걱정스럽게 포드에게 물었다. 그러자 그는 얼굴 가득 미소를 띠며 대답했다.

"가정은 건물이 아닙니다. 비록 작고 초라하더라도 예수님의 사랑이 넘친다면 그곳이야말로 가장 위대한 집이지요."

자동차의 도시라고 불리는 디트로이트(Detroit)에 있는 헨리 포드의 기념관에 가면 다음과 같은 글을 볼 수 있다고 한다.

"헨리는 꿈을 꾸는 사람이었고 그의 아내는 기도하는 사람이었다."

헨리 포드의 성공 이면에는 하나님이 허락하신 꿈과 비전, 기도하는 사람과 함께 이룬 아름다운 가정이 있었다.

여론조사에 의하면 "내 삶에서 가장 상처를 준 사람은 누구인가?"라는 질문에 놀랍게도 부모를 포함한 '가족'이라고 답한 사람이 50%가 넘었다고 한다. 그런데 "내 삶에서 가장 행복한 힘을 준 사람은 누구인가"라는 질문에도 역시 과반수가 가족이라고 답했다.

이처럼 가족은 한 개인의 인생에 빛이 되기도 하고 그늘이 되기도 한다. 행복의 출발점과 불행의 출발점이 동시에 되는 것이다.

요즘은 아예 결혼을 거부하고 가족을 만들지 않겠다는 젊은이들이 늘어 가고 있다. 현실과 기상 세계를 넘나들 정도로 발전한 정보화 시대 속에 살면서 굳이 가족을 만들 필요성을 느끼지 못하는 젊은이들이 많아진 것이다. 이들은 가족이라는 상대방에게 내가 받을 수 있는 에너지보다 내가 소모해야 할 에너지가 더 많을 것이라는 산술적 계산이 깔려 있기 때문이기도 하다.

그래서 서로 탓하고, 상처를 주고, 간섭하는 가족 대신 사생활을 침범당하지 않는 자신만의 공간 속에 살면서 자신이 좋아하는 일을 하고, 반려견을 키우고, 취미생활을 하며 사는 것이 훨씬 편할뿐더러, 골치 아프고 방해받는 일로부터 해방되고 싶어 한다.

물론 뛰어넘기 어려운 현실적인 문제도 있다. 한 번뿐인 인생인데 자녀를 낳고 기르기에는 너무 경제적, 정신적, 신체적 희생이 클 것으로 예상한다. 어차피 가족 공동체의 삶을 즐기지 못할 것이라면 독신으로 살고자 한다. 결혼이나 가족을 대처할 수 있는 다양한 정보 기반 플랫폼에서 만족감을 누리면 된다고 생각한다.

이러한 시대에 과연 우리 부모들은 자녀들에게 어떻게 가족의 의미와 가정의 중요성을 심어 주어야 할까? 이는 현시대를 살아가는 우리 부모들에게 주어진 무거운 과제, 난제이기도 하다.

가정은 하나님께서 아담에게 하와를 중매하시는 것으로 시작된 인간 사회의 첫 제도였고 첫 사회이다. 사회의 모든 기본이 가정과 가족에게서부터 시작되었다고 볼 수 있다. 하나님께서 태초에 천지를 창조하시고 남자와 여자를 만드신 후 그들에게 주신 가장 큰 축복의 선물이 '가정'이다. 그리고 가족을 주셨다. 가족의 창조자이신 하나님은 자신이 창조하신 모든 가족으로부터 '하나님 되기'를 원하신다.

아침에 집을 나서 각자의 일의 터전에서 활동하던 사람들이 저녁이 되면 누구나 할 것 없이 자신의 가정으로 돌아간다. 이 세상에서 돌아가고 싶거나 돌아가야 할 가정이 있는 사람은 행복한 사람이다.

그러므로 하나님께서 주신 이 축복의 산물인 가정을 잘 가꾸는 것이 우리의 사명이요 행복한 삶을 소유할 수 있는 비결이다. 또한 그리스도인의 신앙생활이 가장 구체적으로 응용되고 적용되는 곳도 바로 '가정'이다 하나님 중심으로 살고 하나님의 말씀을 가족의 규칙으로 삼고, 그 하나님이 가족을 인도하시고 지켜주시기를 기도하면서 서로 존중하고 격려하면 가족의 소중함과 행복은 지속될 것이다.

> "여호와께서 집을 세우지 아니하시면 세우는 자의 수고가 헛되며
> 여호와께서 성을 지키지 아니하시면 파수꾼의 깨어 있음이 헛되
> 도다" [시편 127:1]

148.
기다리는 마음

대한민국이 OECD 34개 국가 중 자살률 1위의 오명을 10년째 지키고 있다는 사실은 정말 부끄러운 기사이다. 그런데 그중에서도 특별히 노인 자살률이 높다고 한다.

자살하는 이유는 부도, 이별, 퇴직, 경제난, 낙방, 성적 비관, 실연 등 표면적인 이유도 다양하다. 하지만 그 안을 좀 더 깊이 들여다보면 결국 인생을 포기한 사람들에게는 외로움과 정체성 상실이라는 가장 큰 절망감이 있다.

인간은 다 연약하고 낙심하는 존재이다. 위대한 선지자 엘리야 역시 인생을 포기하고 싶은 위기의 순간을 만났다. 그러나 성도는 이런 절망적 상황에서도 엘리야가 만난 하나님, 인생의 밑바닥에서도 여전히 동행하시는 하나님, 우리에게 참 평안과 참 쉼을 주시는 하나님을 기억하고 있어야 한다.

엘리야는 로뎀나무 그늘 아래서 주님의 어루만져 주심을 맛보고 주님이 주시는 말씀의 떡과 성령의 생수를 먹고 마시어 다시 새 힘을 얻었다. 그리하여 마침내 하나님의 산 '호렙'에 이르게 되었다.

이처럼 로뎀나무 아래로 엘리야를 찾아오신 하나님은 우리에게도 모른 체하고 외면하지 않으신다. 결코 우리를 인생의 광야에서 고통 중에 죽어 가게 만들지는 않으신다.

진정한 평안과 안식은 하나님의 품과 그늘 아래에만 있다.

다음은 미국의 어느 신문에 게재된 그림으로, 자식의 소식을 손꼽아 기다리는 부모의 마음을 그린 것이다. 우리도 자식을 기다리는 하나님의 마음을 빨리 헤아려 주님 앞으로 나아가야 한다.

149.
자식은 여호와의 기업(heritage)이자 숙제(homework)

"보라 자식들은 여호와의 기업이요 태의 열매는 그의 상급이로 다" [시편 127:3]

1900년대 초 이탈리아 로마 빈민가의 소외된 아이들은 방치되고 있었다. 하루 먹고 사는 데 급급한 부모들이 일하는 사이에 아무것도 배우지 못한 아이들은 할 일 없이 마을을 떠돌아다니고 있을 뿐이었다.

보다 못한 뜻있는 사람들이 힘을 모아 아이들을 한 건물에 모아서 관리하려고 했다. 하지만, 그 사람들 역시 아직 어린아이들을 어떻게 교육해야 할지 몰랐다. 한참을 고민하던 중에 의사이자 교육자인 한 여성이 모두에게 말했다.

"밝은 빛이 들어오는 따뜻한 교실에 아이들의 몸에 꼭 맞는 책상과 걸상을 마련합시다. 그리고 아이들을 순수하게 지켜봐 주세요. 어느 순간 아이들이 자기 일에 몰입하면 교사들은 간섭하지 말아야 합니다."

하지만, 대부분의 다른 사람들은 줄 맞춰 서는 것도 못 하는 아이들을 통제하기 위해서는 선생님이 아이들을 호되게 다루어야 한다며 "놀이를 통해 아이들은 스스로 배운다"라는 그녀의 말에 의아해했다.

그런데 어느 정도 시간이 지나자 아이들의 변한 모습에 지켜보던 사람들은 놀라고 말았다.

식사 시간에 줄을 서서 음식을 받고, 자기보다 작은 아이를 돕고, 어느 순간 글을 읽고 쓰게 된 아이들은 선생님에게 감사 인사를 할 줄 아는 어린이들이 되었다. 모두가 기적이라고 감탄할 때 그 여성 교육자는 담담히 말했다.

"절대 기적이 아니에요. 어린이들은 내면에 보물을 가지고 있고, 발견되기를 기다리고 있을 뿐이에요."

이 사람은 바로 세계적인 교육자 마리아 몬테소리(Maria Montessori, 1870~1952)이다. 그녀에 의해 세계 최초의 어린이집, 유치원 교육이 시작되었고 어린이의 권리와 인권에 눈을 뜨게 되었다. 그리고 어린이의 교육과 성장에 희망의 빛을 비추었다.

"어린이의 감춰진 힘을 알아내어 칭찬하고 그 힘의 성장을 돕고 보조하겠다는 의도를 가지고 겸손히 다가가야 합니다. 그렇게 하면 어린이의 진정한 품성이 내면의 힘을 가지고 우리 앞에 드러날 것입니다."

그녀는 또 이렇게 말했다.

"아무리 작고 약하고 어려도 어린이 역시 한 명의 인지력을 가진 존재이며, 그 안에 어른보다 더 찬란한 보물을 가지고 있습니다. 그 보물이 찬란하게 빛날 수 있도록 슬기롭게 닦아주는 것이 바로 어른의 의무입니다. 우리의 할 일은 가르치는 것이 아니라 스스로 자기 발달을 할 수 있도록 아이들의 마음을 돕는 것입니다."

고대로부터 동서양을 막론하고 어린이들은 인정받지 못했고 예수님 당시에도 로마에서는 아버지가 자식들을 물건처럼 팔기도 했다고 한다.

우리나라에서도 '어린이'란 용어가 생긴 지는 불과 100여 년 정도밖에 되지 않았고 아이들은 그저 부모나 사회의 부속물 정도로 취급되었다. 어른들이 아이들을 부를 때도 '이놈, 어린 것'이라고 불렀다.

이를 안타깝게 여겼던 소파 방정환 선생이 1920년대에 '어리신 이'란 뜻으로 '어린이'란 말을 처음 사용했고 하나의 인격체로 선언했다.

성경에서는 자식을 '여호와의 주신 기업', '상급'이라고 하고 있는데 여기서 '기업'이란 말을 '숙제(homework)'라는 단어로 바꾸어서 번역하기도

한다. 즉, '하나님이 내게 주신 숙제'라는 것이다. 그래서 자녀는 평생 감당해야 할 큰 숙제이자 큰 부담이기도 하다. 하지만 성장하는 자녀들을 보면서 많은 기쁨과 사랑으로 진정한 행복을 느낄 수 있으니 과연 여호와께서 주신 기업과 상급이 되는 것이다.

> "또 아비들아 너희 자녀를 노엽게 하지 말고 오직 주의 교훈과 훈
> 계로 양육하라."
> "이 세상에서 가장 행복한 사람은 가족에게 좋은 추억을 많이 남
> 긴 사람이요, 가장 불행한 사람은 가족에게 상처를 주며 사는 사
> 람이다." [에베소서 6:4]

몬테소리(M. Montessori, 1870~1952),
몬테소리 교육법 중의 하나인 촉감을 통해 물체를 파악하는 학습 과정의 모습

150.
부부(夫婦)의 믿음

안데르센이 들려주는 동화 '썩은 사과' 이야기이다.

한 농부 부부가 살았다.

남편이 부인의 허락을 얻어 자기 집에 애지중지 키우던 말을 더 좋은 말로 바꾸기 위해 말을 끌고 시장에 나갔다. 가는 도중에 살진 암소를 보고 그만 마음을 빼앗겨 자기의 말과 바꾸었다.

또 길을 가던 중 두툼한 양을 보고 마음이 또 빼앗겨 암소와 양을 바꾸었다. 그리고 조금 더 가다가 털이 멋있는 거위를 보고 양을 거위와 바꾸었다. 또 조금 가다가 멋있는 닭이 있어서 거위를 닭과 바꾸었고 마지막으로 닭을 썩은 사과 한 자루와 바꾸어 버리고 말았다.

날이 저물어 썩은 사과 한 자루를 가지고 여관방에 들른 농부는 두 사람의 귀족을 만났다. 말 한 마리를 썩은 사과 한 자루와 바꾼 자초지종을 들은 귀족들은 농부를 놀렸다.

"집에 돌아가면 부인이 화가 나서 당신을 당장 내쫓을 것이오" 라고 단언했다.

그러나 농부는 "아니요, 아내는 내가 한 어떤 일도 참 잘했다고 할 것이오"라고 반박했다. 이렇게 내기가 시작되어 귀족은 만약 당신의 아내가 당신에게 잘했다고 칭찬한다면 자신들이 가진 금화 한 자루를 몽땅 주겠다고 약속했다.

　　이튿날 농부의 아내는 썩은 사과를 한 자루 메고 돌아오는 남편을 환하게 웃으며 맞이했다. 농부는 아내에게 일어난 일의 자초지종을 모두 말해 주었다.

　　"처음에는 말과 암소를 바꿨지."
　　"우유를 먹게 되었으니 고맙지요." 하고 부인은 좋아했다.
　　"그런데 다시 암소와 양과 바꿨어."
　　"그건 더 좋지요. 양이 먹을 풀은 들에 가득하고 또 양젖을 먹고 털옷까지 입게 되었으니 참 잘했어요."
　　"그런데 그걸 거위와 바꿨지."
　　"잘했네요. 따뜻한 거위털 이불을 덮을 수 있겠네요."
　　"그런데 그걸 암탉과 바꿨지."
　　"잘 바꿨어요. 암탉은 알을 낳고 알이 햇병아리가 되면 우리는 양계장 주인이 되겠군요."
　　"이번엔 암탉과 썩은 사과 한 자루와 바꿨어요."
　　"그럼 더 칭찬해야겠네요. 그러잖아도 식초를 만들기 위해 썩은 사과가 필요했는데 참 잘 되었군요. 오늘 저녁에는 사과파이를 먹을 수 있겠군요."

부인의 칭찬에 귀족들은 깜짝 놀랐다. 결국 내기에서 진 귀족들은 자신의 금화를 모두 농부에게 주었고 농부는 큰 부자가 되었다.

한스 크리스티안 안데르센(Hans Christian Andersen, 1805~1875)은 덴마크의 동화작가이자 소설가이다. 그는 덴마크의 오덴세에서 가난한 구두 수선공의 아들로 태어났다.

독실한 루터교 신자인 어머니는 안데르센에게 예수를 공경하는 순수한 개신교 신앙을 심어 주었고, 아버지는 인형극과 독서를 통해 어린 그에게 옛날 이야기와 『아라비안나이트』를 자주 들려주며 상상력과 교양을 심어 주었다.

그러나 어린 시절 아버지의 갑작스러운 별세로, 가장의 자리가 비게 되자 안데르센은 어린 나이에 공장에서 일하고, 어머니는 빨래를 대신해 주는 일을 하고, 할머니는 병원에서 청소 노동자로 일할 정도로 가난하여, 안데르센의 성장 과정에 큰 영향을 끼쳤다.

1819년에는 연극배우의 꿈을 품고 코펜하겐으로 갔으나 목소리가 좋지 못하다는 판정을 받고 꿈을 접어야 했다. 더구나 가난 때문에 정규교육을 받지 못해서 문법과 맞춤법이 엉망인 그의 연극 대본은 동료들에게 핀잔을 받고 자살을 생각할 정도로 극심한 마음의 고통에 시달렸다.

다행히 그의 작가로서의 재능을 알아본 덴마크 의회 의원인 요나스 콜

린의 후원으로 학교 교육을 받을 수 있었다.

차츰 작가의 재능을 나타내면서 1835년부터 본격적인 동화 저작에 들어갔는데 어른들도 읽을 정도로 독자들의 반응이 좋았다. 하지만, 일부 문학비평가들은 "안데르센이 어린이를 속이는 이야기나 쓴다."는 가혹한 비판을 하기도 했다.

1872년까지 발표한 총 160여 편의 동화 작품은 모두 유명해져서 세계적인 동화작가로 널리 알려졌고 1875년 코펜하겐에서 세상을 떠났을 때는 장례식에 덴마크 국왕과 왕비가 참석하여 그의 동심을 어루만지는 순수한 작품들에 찬사를 보냈다.

안데르센은 어릴 적 자신이 누리지 못했던 아픔의 기억들을 승화시켜 어린이를 위한 아름다운 동화로 태어나게 한 것이다.

"아내들아 남편에게 복종하라 이는 주 안에서 마땅하니라. 남편들아 아내를 사랑하며 괴롭게 하지 말라." [골로새서 3:18~19]

151.
가장 아름다운 이름 'M'

미국의 어느 초등학교 과학 시간에 선생님이 아이들에게 시험 문제를 냈다. 시험문제는 "첫 글자가 M으로 시작하는 단어 중 상대방을 끌어들이는 성질과 힘을 가진 단어를 쓰시오"였다.

정답은 'Magnetic(자석)'이었다.

그런데 85% 이상의 학생들이 답을 'Mother(엄마)'라고 썼다.

고민하던 선생님은 마침내 'Mother'를 정답으로 처리할 수밖에 없었다. 아이들을 향한 어머니의 역할이 단적으로 각인된 학생들의 응답이었다.

세계 비영어권 102개국의 4만 명을 대상으로 조사한 '세상에서 가장 아름다운 말' 1위로 선정된 단어 역시 'Mother'였다. 사람들이 상대를 끌어들이는 성질을 가진 단어를 'Mother'로 기억하는 것은 너무나 당연한 일이고, 가장 아름다운 단어가 'Mother'인 것도 누구나 다 인정하는 일이다.

그런데, 현재, 이 아름다운 'Mother'라는 호칭이 사라질 위기에 처한 나라도 있다. 스웨덴에서는 엄마 아빠란 호칭 대신에 '부모 1', '부모 2'라는 단어를 사용한다고 한다. 왜냐하면 엄마 아빠라는 단어가 차별의 언어가 될 수 있다는 황당한 이유 때문이다.

이렇게 상식적으로 납득하기 어려운 일들이 지금 미국이나 캐나다, 유럽에서 일어나고 있다. 차별금지 및 동성애 관련 문제 때문이다. 그리고 이런 나라들에 발생한 사회적 병폐 때문이다.

이러한 병폐는 하나님의 창조물인 인간의 존엄성과 가치를 파괴하고 타락과 방탕함을 부추기는 나쁜 현상들이 대부분이다. 동성 간의 결혼을 허용하고 남녀가 공용으로 공중화장실을 사용하는 것과 여행이나 캠핑 시 남녀가 같은 숙소를 동시에 사용하는 등, 성평등과 차별금지라는 이름으로 상식 밖의 가증스러운 일들이 벌어지고 있는 것이 심히 안타까운 일이다.

이것이 과연 안전하고 건강한 사회로 가는 길일까, 아니면 혼란과 죄악으로 가는 길일까?

가정은 부모를 중심으로 자녀들과 맺어진 사랑과 행복의 공동체이다. 이는 주님이 오시는 날까지 유지되어야 한다. 그러나 현실은 영적 전쟁의 시대를 맞이하고 있다. 마귀는 가족 간의 분열과 혼돈을 야기하고 화합과 일체감을 교묘히 파괴하고 있다. 가정이 깨지면 우리 사회도 온전히 존재할 수 없다.

그래서 지금이야말로 이러한 현상을 막아내야 하는 영적 골든타임 (Spiritual Golden time)일 수밖에 없다. 그러므로 모든 그리스도인은 이런 문제에 대하여 영적으로 항상 깨어 있어야 한다.

"그때에 두 사람이 밭에 있으매 한 사람은 데려가고 한 사람은 버려둠을 당할 것이요, 두 여자가 맷돌질을 하고 있으매 한 사람은 데려가고 한 사람은 버려둠을 당할 것이니라, 그러므로 깨어 있으라 어느 날에 너희 주가 임할는지 너희가 알지 못함이니라" [마태복음 24:40~42]

152.
행복한 가정을 위한 남편과 아내에게 주는 글

과학자들이 밝혀낸 바에 의하면 인간의 뇌에서 분비되는 페닐에틸아민 (PEA)은 청춘 남녀에게 애정을 일으키는 화학물질로 모든 것이 사랑스럽게 보이도록 한다고 한다. 하지만 이 물질은 결혼 후 9~36개월 사이에 점차 소멸하기 때문에 처음의 콩깍지가 벗겨진다고 한다. 그래서 결혼 후 부부간의 사랑은 자연스레 식게 되는 것이다.

그러나 하나님은 평생 해 아래에서 수고하고 얻은 나의 몫으로 지금의 배우자를 선물로 주셨고, 그 사랑하는 아내(남편)와 함께 '즐겁게' 살라고 말씀하셨다. 어떻게 하면 검은 머리가 파뿌리가 될 때까지 사랑하며 살 수 있을까?

'행복한 가정 세우기'를 위해 30여 년간 사역해 온 가정사역 연구소 '하이 패밀리(Hi Family)'에서 남편에게 주는 글 「검은 머리가 파뿌리로」 이다.

결혼 30주년을 맞이한 60세 동갑 부부가 있었다.
결혼기념일에 천사가 나타나서 소원을 한 가지씩 들어주겠다고 했다. 아내가 먼저 말했다.

"그동안 워낙 가난하게 살다 보니 여행을 못 했는데 세계 일주 여행을 한번 해 보았으면 좋겠네요."

그러자 천사가 항공권과 여행 경비를 건네주었다.

소원을 말하자마자 이루어지는 것을 지켜본 남편이 아내의 눈치를 슬슬 살피더니 멋쩍게 웃으면서 말했다.

"나보다 30살 젊은 여자와 살았으면 좋겠네요."

그 말에 천사는 난처한 표정을 지으면서 "그동안 두 분이 열심히 살아서 드리는 혜택인데… 약속대로 소원을 안 들어 드릴 수도 없고… 아무튼 그렇게 원하신다면 이루어 드리지만… 그러나 참 이상한 소원도 다 있네요."라면서 남편을 향해 날개를 폈다.

그런데 순식간에 바뀐 것은 30살 젊고 예쁜 새댁이 나타난 것이 아니라 남편이 폭삭 늙어 90세의 노인이 되어 버렸다.

분수를 모르는 사람의 욕심이 얼마나 허망한 것인지를 알게 해 주는 이야기이다.

100세의 장수를 누렸던 미국 대통령 지미 카터(Jimmy Carter, 1924~2024)는 74세에 쓴 자신의 자서전 『나이 드는 것의 미덕』에서 이렇게 말했다.

"(아내 로잘린과 결혼 후) 52년을 함께 산 우리는 상당히 가까운 사이입니다. 우리의 유대감은 나이가 들어 가면서 더욱 튼실해졌고 서로의 필요성을 절실히 느끼게 되었습니다.

단 하루만 떨어져 있어도 마치 신혼 때 일주일이나 그 이상 먼 바다에 나가 있었을 때처럼 왠지 외롭고 공허한 느낌이 듭니다. 나이 들면 젊었을 때보다 더 서로에게 헌신적으로 된다는 점에는 의문의 여지가 없습니다.

인생의 황혼기에 들어선 우리에게 가장 중요한 것은 가능한 한 오래 사는 것이 아니라 기쁨과 흥분과 모험과 성취가 가득한 매 순간을 맛보는 것입니다."

황혼 이혼, 졸혼이라는 말이 나도는 요즘 시대에 어떻게 하면 카터 부부처럼 검은 머리 파뿌리가 될 때까지 사랑을 유지하며 서로 아끼고 살 수 있을까? 행복한 가정을 위해 이 땅의 남편들은 어떻게 해야 할까?

▶ 지금 내 옆에 있는 아내를 사랑하고 그 사랑을 표현하십시오.
"병든 아내가 불쌍한 것이 아니다. 신앙으로 이기면 된다. 가난한 아내가 불쌍한 것이 아니다. 마음만 넓으면 이긴다. 그러나 남편의 사랑을 받지 못한 아내는 그 어떤 사람보다 불쌍하다."

▶ 남편은 아내의 사랑스러움을 가꾸는 정원사가 되십시오.

결혼기념일과 아내의 생일을 잊지 말고, 평소 아내의 옷차림과 외모에 관심을 보여 사랑을 표현하십시오.

▶ 모든 일에 아내의 동의를 적극적으로 구하십시오.

모든 일 특히 시댁 일, 재정이 필요한 일들을 아내와 의논하고 결정하십시오.

▶ 아내의 모든 일에 칭찬과 감사의 말을 잊지 마십시오.

아내가 만든 음식에 대해 말이나 행동으로 아내에 대한 감사를 표시하십시오. "사랑해, 미안해, 고마워, 수고했어, 멋져, 예뻐, 최고야…"

▶ 남편은 신앙의 족장이 되십시오. 가정의 왕이 되지 마십시오.

집안의 왕은 하나님이십니다. 남편은 하나님을 섬기는 신앙의 족장이 되십시오. 가정 제단에서 예배를 집례하십시오.

▶ 아내에게도 몸과 마음의 휴가를 주십시오.

휴가를 통해 보고 배우는 것이 많아지면 쌓였던 스트레스도 해소되고, 사람의 육체를 가진 아내의 몸이 쉼을 얻을 것입니다.

▶ 세상에서 가장 소중한 것 중의 제일이 아내임을 잊지 마십시오.

아이들은 잠시라도 엄마가 안 보이면 "엄마 어디 있어?"라고 제일 먼저 찾습니다. 남편도 아내가 보이지 않으면 아이들에게 "엄마 어디 있어?"라고 찾으십시오.

이렇게 귀한 아내가 만일 없다고 생각해 보십시오.

세월은 기다리지 않습니다. 지금 아껴 주십시오.

"네가 젊어서 취한 아내를 즐거워하라." [잠언 5:18]

다음은 아내에게 주는 글 「로또 같은 남편과 살아남기」이다.

시골에서 행복하게 생활하는 중년 부부가 방송에 출연하였다.

진행자가 아내에게 물었다.

"남편은 어떤 분이에요?"

그 아내는 잠시도 머뭇거리지 않고 대답했다.

"로또 같은 사람이에요."

인생의 대박 같은 사람이라는 아내의 대답을 듣고 남편과 진행자는 흐뭇한 미소와 함께 다시 물었다.

"어떤 면에서 남편을 로또라고 생각하세요?"

아내는 또 머뭇거리지 않고 툭 내뱉었다.

"정말 안 맞아도 이렇게 안 맞을 수가 없어요."

아내들에게 남편의 성격이나 취향, 취미나 가치관, 유머 코드 등이 잘 맞느냐고 물어보면 대다수의 아내가 잘 안 맞는다고 말한다. 그러면 이렇게 안 맞는 남편 또는 아내와 행복하게 살아갈 수 있을까?

한 아내의 이야기이다.

어느 부인이 자신의 가정생활을 비관하며 간절히 기도했다.
"하나님! 너무 힘들어요. 어서 저를 천국에 데려가 주세요."

그때 하나님이 나타나서 말했다.
"힘들지? 네 마음을 이해한다. 네 소원을 들어주기 전에 내 말
대로 한번 해 보거라."

그 부인은 대답했다. "예! 순종하겠습니다."

그러자 하나님이 말했다.
"집 안이 너무 지저분한데 죽은 후 집 정리를 잘하고 갔다는 말
을 듣도록 청소를 좀 하거라."

"그렇지, 내가 산 집을 깨끗이 해 놓고 죽어야지."
그녀는 열심히 집 안 청소를 했다. 3일 후, 하나님이 다시 말했다.

"아이들이 맘에 걸리지? 죽은 후 아이들이 엄마가 우리를 정
말 사랑했다고 느낄 수 있도록 3일 동안 최대한 사랑을 표현해
보거라."

3일 동안 그녀는 아이들을 사랑으로 품어 주고 정성스럽게 요리도 만들어 주었다. 다시 3일 후 하나님이 말했다.

"이제 갈 때가 됐다. 마지막으로 남편 때문에 상처받고 미웠지? 그래도 장례식 때에 아내는 참 좋은 아내였는데…라는 말이 나오게 3일 동안 남편에게 최대한 친절하고 상냥하게 대해 주거라."

내키지 않았지만, 천국에 가고 싶어 그녀는 3일 동안 남편에게 온갖 친절을 베풀었다.

다시 3일 후 하나님이 말했습니다.

"이제 천국으로 가자! 마지막으로 네 집을 한번 돌아보려무나!"

그래서 집을 돌아보니 깨끗한 집에서 아이들 얼굴에는 웃음꽃이 피었고, 남편 얼굴에는 흐뭇한 행복감이 흐르고 있었다. 그 모습을 보니 갑자기 천국 가는 것보다는 여기서 살고 싶은 생각이 들었다.

결혼 후 처음으로 "내 집이 천국이구나!" 하는 것을 깨닫게 되었다. 부인이 말했다.

"하나님! 이 행복이 어디서 왔죠?" 하나님이 말했다.

"지난 9일 동안 네가 만든 거란다!" 그때 부인이 말했다.

"정말이요? 그럼 이제부터 여기서 천국을 만들어 가며 살아갈 래요!"

천국 만들기는 어디에서나 누구에게나 가능하다. 그러나 천국을 위해 나에게 딱 맞는 남편이나 아내는 없으며 서로 노력하고 양보하며 천국을 만들어 나가야 한다. 행복한 가정을 위해 아내는 어떻게 해야 할까?

▶ 청결한 아내가 되라고 합니다.

청결(cleanliness)은 성결(Holiness)과 형제란 말이 있습니다. 겉옷보다 속옷을, 속옷보다 몸을, 몸보다 피를, 피보다 영혼을 깨끗이 하라고 합니다.

▶ 밝게 웃으라고 합니다.

아내는 '안의 해'에서 유래했습니다. 집안의 해가 흐리면 집안 분위기가 흐려집니다. 바가지보다 더 나쁜 것은 무관심이라고 합니다. 남편은 아내가 항상 웃으며 건강하게 자신을 맞아 주길 바라고 있습니다.

▶ 경건한 아내가 되라고 합니다.

아침에 남편이 눈을 떴을 때 아내의 기도하는 모습을 보았을 때나, 성경을 읽는 모습을 보았을 때, 퇴근길에 아내가 부르는 찬송 소리를 들었을 때 남편은 아내에 대한 경외심을 갖게 된다고 합니다.

▶ 남편에게 의로운 선지자가 되라고 합니다.

남편은 밖에서 불신앙과 접하게 되고 많은 유혹이 주변에 도사리고 있습니다. 남편의 신앙이 식어질 때 이끌어 주고, 낙심되고 실망할 때 위로자가 되라고 합니다.

▶ 기다릴 줄 아는 아내가 되라고 합니다.

잔소리로 남편을 변화시키기는 어렵습니다. 남편에게 요구보다는 스스로 자원하기를 기다려야 합니다. 남편은 밖에서 가족을 위해 일하다 지칠 대로 지친 몸으로 돌아옵니다. 그것으로 족하니 편안히 쉬게 하라고 합니다. 집 안 청소를 해 달라, 시장에 같이 가자는 등의 부탁도 필요하지만, 남편이 자원해서 해 주면 감사하라고 합니다.

▶ 남편의 짐을 함께 나누는 아내가 되라고 합니다.

남편이 끊지 못하는 것, 술이나 담배, 중독, 힘들어하는 것이 있다면 비난하고 정죄하기보다는 합심해서 기도하라고 합니다.

하이 패밀리(Hi family)에서 제시한 「부부 십계명」

1. 하나님께 감사하며 기도하는 시간을 갖자.

2. 두 사람이 동시에 화를 내지 말자.

3. 집이 불이 났을 때 외에는 고함을 지르지 말자.

4. 눈이 있어도 흉을 보지 말고, 입이 있어도 상대의 실수를 말하지 말자.

5. 아내나 남편을 다른 사람과 비교하지 말자.

6. 아픈 곳을 긁지 말자.

7. 화를 간직한 채 잠자리에 들지 말자.

8. 처음 사랑을 잃지 말자.

9. 결단코 단념하지 말자.

10. 서로 숨기지 말자.

"아담이 이르되 이는 내 뼈 중의 뼈요 살 중의 살이라 이것을 남자에게서 취하였은 즉 여자라 부르리라 하니라 이러므로 남자가 부모를 떠나 그의 아내와 합하여 둘이 한 몸을 이룰지로다." [창세기 2:23~24]

153.
어머니와 아내

"어머니가 중요합니까? 아내가 중요합니까?"라는 질문에 중국 알리바바 그룹(Alibaba Group)의 회장 마윈(馬雲, 1964~)의 인간적이고 따뜻한 답변이다. 그는 2024년 순자산 195억 달러로 포브스(Forbes) 선정 중국 제일의 갑부에 오르기도 했다.

어머니는 아버지에게 중요한 사람이고, 아내는 나에게 중요한 사람입니다.

나는 어머니가 낳았기 때문에 어머니가 나한테 잘해 주는 건 의무이지만, 아내는 장모님이 낳았기 때문에 아내가 나한테 잘해 주는 건 의무가 아닙니다.

어머니가 나를 낳을 때 고통은 아버지가 만들어 낸 것이므로 아버지는 어머니한테 잘해야 할 의무가 있지만, 아내가 아이를 낳을 때 고통은 내가 만들어 낸 것이므로 나는 당연히 아내한테 잘해야 합니다.
내가 어떻게 하든 어머니는 영원한 나의 어머니지만, 내가 잘못하면 아내는 남의 아내가 될 수도 있습니다.

내가 백 살까지 산다고 가정할 때 어머니는 나의 어린 시절부터 내 인생의 1/4을 책임지지만, 아내는 결혼부터 내 인생의 3/4을 책임집니다.

아내는 어머니가 낳은 나의 후반생을 보살피므로 어머니는 아내에게 감사해야 하고 어머니의 노후도 아내가 보살피니까 나는 나의 어머니를 보살피는 아내한테 응당 감사해야 합니다.

장모님은 아내를 고생 한번 안 시키고 나한테 시집보냈고 아내는 시집와서 한 번도 못 해 본 고생을 하는 것은 나를 믿고 결혼했기 때문입니다. 아내는 바로 그런 사람입니다.

그런 아내란 어떤 사람인가요?

바가지를 긁으면서 그 바가지로 가족을 위해 밥을 해 주는 사람이다. 아이들을 혼내고 뒤돌아서 아이들보다 더 많은 눈물을 흘리는 사람이다.
남편과 같은 편이 된 이유로 친정의 물건을 훔쳐서라도 가족들을 위하고 결국엔 남편과 아이만 보고 울고 웃다가 이 세상을 떠나는 사람이다.

가족들이 잘되면 그것을 최고의 기쁨으로 여기고 자신을 돌보지 못해 손이 거칠고 살이 쪄 뚱뚱해져도 엄마라는 이름으로 항상 아름다운 사람이다.

가족이 먹다 남은 밥을 먹으면서도 행복해하는 사람이며 남편이 저세상 가는 길에도 끝까지 홀로 남아 못다 한 정 아파하며 울어 주는 사람이다.

속이 상해도 드라마 보다가 남편과 아이들 잘못을 금세 잊어버리기도 하며 잃어버린 1,000원에 안절부절못하면서도 남편과 자식을 위해서는 모든 것을 내어 주고 희생하는 사람이다.

밥 한 끼보다 수고했네! 사랑해! 한마디에 더 배부른 행복을 느끼는 단순한 사람이며 때로는 엄마로, 아내로, 며느리로, 맞벌이 주부로 1인 4역을 끄떡없이 해내고 있는 무한한 에너지의 소유자이기도 하다.

이 세상에서 이와 같은 만능 아내에게 에너지를 충전해 줄 수 있는 사람은 오직 남편 한 사람뿐이다. 남편의 따뜻한 포옹으로, 고마워! 사랑해! 하는 말 한마디에 아내는 이 세상을 들었다 놓았다 할 수 있을 만큼의 큰 에너지를 충전 받는다.

아주 작은 것에 상처받고 아주 작은 것에 큰 감동을 받는 여자의 이름은 바로 '아내'이다. 어찌 평생토록 아끼며 사랑해야 하지 않을까?

우리는 가족 간 갈등, 불화, 불통 등으로 가정이 붕괴되는 위태로운 위기의 시대에 살고 있다. 또, 동성애로 성경적 가정이 해체되고 있다. 아름답고 행복한 그리스도인의 가정이 보호되도록 예수님의 심장으로 늘 기도하지 않을 수 없다.

"이와 같이 남편들도 자기 아내 사랑하기를 자기 자신과 같이 할 지니 자기 아내를 사랑하는 자는 자기를 사랑하는 것이라" [에베소서 5:28]

기쁨은 근육과 같아서
쓸수록 늘어난다.
Joy is like a muscle, the
more you use it, the more
it grows.

신앙 예화 153

ⓒ 강형선, 2025

초판 1쇄 발행 2025년 11월 3일

지은이   강형선
펴낸이   이기봉
편집   좋은땅 편집팀
펴낸곳   도서출판 좋은땅
주소   서울특별시 마포구 양화로12길 26 지월드빌딩 (서교동 395-7)
전화   02)374-8616~7
팩스   02)374-8614
이메일   gworldbook@naver.com
홈페이지   www.g-world.co.kr

ISBN   979-11-388-4853-4 (03230)